La ville à l'usage

Grand Prix de l'urbanisme 2024

Cet ouvrage est le fruit d'entretiens avec Claire Schorter et son équipe menés par Ariella Masboungi et Antoine Petitjean en juillet et août 2024.

Directeur de la publication :
Philippe Mazenc

Responsable de l'action Grand Prix de l'urbanisme et relecture :
Pauline Sirot, Mathurin Basile

Coordination éditoriale :
Antoine Petitjean

Conception graphique :
Laurent Ciry, Claude Gentiletti

Réalisation graphique :
Claude Gentiletti

ISSN 1280-2654
ISBN 978-2-86364-424-9

La ville à l'usage

Claire Schorter

Grand Prix de l'urbanisme 2024

Ariella Masbougi et Antoine Petitjean

Un urbanisme de l'hospitalité

Cette année, le Grand Prix de l'Urbanisme est attribué à Claire Schorter. Le jury international, réuni par le ministère en charge de l'urbanisme, a choisi de distinguer cette praticienne pour son approche renouvelée de l'acte de construire et d'aménager.

Claire Schorter, architecte et urbaniste de formation, ancre son travail de conceptrice dans un rapport étroit avec les habitants et les usages, nourri de son attrait pour différentes disciplines, comme la sociologie et la philosophie.

Elle remet en cause les formes urbaines standardisées en prônant la diversité des quartiers et des territoires. Les citoyens sont replacés au cœur des projets, mettant la création architecturale et urbaine au service des populations. Claire Schorter construit ainsi ce qu'elle appelle des projets urbains à « impact positif » : ses travaux, plébiscités par les habitants, sont reconnus pour l'harmonie qu'ils confèrent aux lieux que l'architecte s'emploie à transformer. La notion d'hospitalité, garante du vivre ensemble, est au cœur de sa réflexion.

Le travail de Claire Schorter propose une nouvelle approche des interventions urbaines, qui reflète le temps long de la construction de la ville. Elle privilégie la métamorphose des espaces par l'ajout plutôt que par le remplacement, démontrant ainsi qu'il est possible de mener d'ambitieux projets de transformation des territoires tout en respectant l'existant et en valorisant les initiatives locales.

Parmi les projets à son actif, la friche ferroviaire Saint-Sauveur, progressivement réinvestie, témoigne du rôle de l'urbanisme transitoire et de la concertation pour transformer la ville de manière co-construite avec les Lillois. Le quartier République de l'île de Nantes a aussi été le lieu de nombreuses expérimentations en faveur d'une meilleure habitabilité.

Claire Schorter nous invite également à réfléchir à la résilience des territoires, en insistant sur le destin commun de l'urbanisme et de l'agriculture. Son travail intègre pleinement l'adaptation des territoires face au changement climatique.

Je suis heureuse que le Grand Prix de l'Urbanisme récompense cette année une praticienne dont le parcours, les travaux, la pensée et l'engagement renouvellent les pratiques des aménageurs. À travers des réalisations ambitieuses et originales, Claire Schorter nous démontre que la ville standardisée n'est nulle part une fatalité et que chacun peut contribuer à créer des quartiers où nous aimons vivre.

Valérie Létard
Ministre du Logement et de la Rénovation urbaine

SOMMAIRE

Double page suivante :
Le quartier Plaisance
en construction,
à Rennes, 2024.

L'amour des quartiers

Claire Schorter, le colibri

Ariella Masboungi

Agir à tout prix sur les problèmes environnementaux, le plaisir de vivre la ville, la qualité de l'habiter, la réparation des sols... Claire Schorter aime ajouter sa touche délicate à un contexte global qu'elle analyse comme délétère, sans sombrer dans le fatalisme et en agissant à son échelle, avec ses outils, son talent et ses mots ; tel le colibri s'opposant par ses faibles moyens à l'incendie de la forêt.

S'opposant à une fabrique urbaine massive, elle joue avec les contraintes des projets «périmétrés» et les acteurs tels qu'ils sont pour glisser vers d'autres approches plus soucieuses des usages qu'elle analyse avec attention, s'interrogeant constamment sur le bien habiter et le vivre ensemble. Elle s'applique les mêmes règles que celles qu'elle propose aux autres en tant qu'urbaniste, suivant en cela les préceptes de Gandhi : «Soyez le changement que vous voulez voir dans le monde». Ce qui l'amène à refuser des commandes contraires à son éthique et parfois à abandonner un projet s'il oublie sobriété, réparation des sols, réemploi du bâti ou mixité sociale. Elle s'abstient de répondre sur des sites imposant des déplacements trop longs, notamment pour mieux porter attention à ses projets tout au long de leurs développements, enrichissant constamment les espaces créés ou recomposés. Concentrée sur sa profession de conceptrice urbaine, elle assume l'exclusivité de son domaine de compétence tout en s'autorisant à avancer des hypothèses qui dépassent l'échelle de ses projets, sur des sujets qui la hantent telles la dégradation de la biodiversité, l'alimentation de proximité ou la gestion de l'eau. Et pourtant les missions qu'on lui confie n'échappent pas aux périmètres opérationnels figés, rarement les bons pour agir à juste échelle sur l'environnement, et sont soumises à une logique économique qui rend ardue la prise en compte des préoccupations écologiques. Ces dernières ne sont pourtant guère du luxe au regard de la rapide dégradation de l'environnement tandis qu'il semble par ailleurs impératif de s'attaquer à l'obsolescence des modèles en cours.

Elle a eu des maîtres ! Et non des moindres, tels Paul Chemetov et Bernard Reichen pour qui elle a travaillé, mais aussi des inspirateurs de pensée tels Michel Conan ou Chris Younès. Familière de la science des tracés, elle la métisse de méthodes participatives, de souci de la diversité, d'invention de jeux parcellaire favorisant diversité spatiale et évolutivité, sans oublier l'appropriation par l'usager qu'elle favorise autant que faire se peut. À l'instar du colibri, Claire Schorter sait prendre son temps. Le temps de réinterpréter la leçon de ses maîtres et, par exemple, de faire siens les acquis de son partenariat avec l'équipe de Jan Gehl. Elle ouvre ainsi des marges de manœuvre, apprenant des autres acteurs du territoire comme récemment avec des experts de la régénération des sols, et reformule patiemment sa propre doxa.

Exerçant souvent dans des contextes favorables de villes et métropoles dirigées par des élus visionnaires et engagées pour la qualité urbaine (comme à Rennes ou à Nantes), dotées de structures d'aménagement haut de gamme, elle sait trouver ses marques dans les échanges partenariaux qu'elle affectionne. Enfant des périphéries urbaines, des banlieues où la nature affleure, elle aime le rapport au paysage, au vivant, à la terre nourricière. Elle intègre ce sujet dans son approche à petites touches, prenant son temps pour étudier, proposer et convaincre afin d'apporter sa pierre à une écologie qu'elle aborde toujours par des approches projectuelles, ce qu'elle assume pleinement.

Enfin, elle est femme ! Cela change-t-il son mode de faire ? Est-ce plus difficile dans un monde où il est encore ardu d'exister à part entière pour une femme architecte et urbaniste ? Vaste sujet, car il n'est pas aisé de faire valoir ce qui est étrangement considéré être du domaine féminin : le soin, l'attention au bien vivre, au bien habiter, que les femmes interrogent souvent de manière bien pertinente, ouvrant la voie aux autres professionnels pour une approche du *care* comme fil conducteur des projets. Que dire de l'accès à la reconnaissance et à la notoriété ? Nombre d'études démontrent que, partout dans le monde, rares sont les femmes en première ligne, notamment dans les domaines de l'architecture, du paysage et de l'urbanisme. La France ne brille guère en la matière, il suffit de constater la proportion de personnalités féminines dotées de prix nationaux. Pourtant Claire Schorter ne considère pas que ce fut pour elle un handicap dans la création de son agence ni dans l'obtention de missions de qualité, admettons-le ! L'attribution du Grand Prix de l'urbanisme 2024 reste un message d'espoir pour nombre de femmes bien trop souvent dans l'ombre malgré leur talent et leur aura !

AUTOV
€35.-
per dag
MACHINES - STEIGER

L'amour des quartiers en fil conducteur

Comprendre large, agir serré

Ariella Masboungi et Antoine Petitjean

AM + AP : *En agissant à l'échelle de l'opération d'urbanisme, votre principal terrain d'exercice, vous cherchez à démontrer, à partir du réel, qu'il est possible de dépasser des injonctions parfois théoriques pour mieux influencer le devenir d'un territoire. Vous développez à partir de cette approche des méthodes spécifiques.*

CS : Tout projet répond idéalement à un récit politique qui dépasse son périmètre strict d'intervention.

Sur le terrain, je tire souvent parti des récits politiques mais aussi des documents de planification et de leurs objectifs ambitieux pour justifier nos propositions parfois jugées trop audacieuses, socialement et écologiquement. En tant qu'urbaniste, je suis attentive à ces visions politiques plus ou moins explicitement formulées pour mieux m'exprimer là où je me sens pleinement légitime, c'est-à-dire à des échelles expérimentables et qui impactent la vie quotidienne. Face à l'urgence climatique, j'assume un principe de réalisme qui trouve son origine dans l'échelle du quartier, au sein de métropoles qu'il nous revient de réinscrire dans leurs interrelations territoriales et leurs cycles naturels. Il m'apparaît important d'assumer cet ancrage dans la fabrique de projets de réparation *in situ*, à travers des commandes urbaines. Comprendre les tenants et aboutissants de ces dernières, parfois les reformuler en traduisant des sous-entendus ou en les raccrochant à un objectif politique ambitieux énoncé à une échelle plus large, participe du travail de projet.

Pour y parvenir, vous avez constitué une équipe, l'agence Laq, et mis au point une méthode collaborative qui repose sur votre présence soutenue et fait de la nuance et de la complexité deux vertus cardinales du projet urbain.

S'engager dans la durée sur les territoires et ne pas s'en éloigner une fois le concours gagné en pensant que le développement du projet se limite au traitement des affaires courantes est au cœur de notre philosophie d'agence. Pour rester présente tout au long des projets et m'investir équitablement entre tous les sujets, ne pas dépasser la quinzaine de collaborateurs et de sujets s'impose. Nous limitons aussi nos périmètres d'action à deux heures de train de nos agences nantaise et parisienne. Cette rigueur garantit notre capacité à mener les combats jusqu'au bout

Page de gauche :
Claire Schorter, voyage à Amsterdam 2014.

avec l'attention et la permanence qu'ils méritent, car maints enjeux, notamment concernant les usages, se traitent lors de la mise au point puis de la mise en œuvre des projets architecturaux. Il faut être présent à toutes les phases d'étude et sur le chantier pour maintenir la hauteur de vue du projet, son ambition comme sa résolution dans les moindres détails.

Pratiquer le projet urbain, c'est aussi être capable d'adopter simultanément différents regards et d'animer un travail associant des compétences techniques pointues.

Saisir les particularités d'un contexte géographique, d'histoires sociales, d'un climat et de la multitude des regards qui sont portés sur une situation vécue implique d'intégrer les expertises techniques quant aux sols, à l'eau ou à la biodiversité... De la conception à la réalisation des projets, nous travaillons étroitement avec les partenaires pluridisciplinaires : hydrologues, écologues, paysagistes... avec qui nous arpentons les sites. Nous procédons également par *workshops* minutieusement préparés, chacun travaillant « son » sujet en amont sur des problématiques que nous formulons collectivement. Pour porter tous leurs bénéfices, ces *workshops* sont horizontaux : l'urbaniste ne propose pas un plan auquel chacun doit contribuer, mais chaque compétence explore le site et énonce des enjeux et des propositions depuis sa culture professionnelle. Le débat en équipe construit alors le projet et l'urbaniste tente une articulation des visions, voire des projections que chacun produit à partir de sa discipline. En découle une complexification positive du processus de conception qui est, à mon sens, la clef d'un projet singulier qui sait comprendre « large » et agir « serré », c'est-à-dire s'inscrire pleinement dans un site, tirer parti de ses forces et soigner ses dysfonctionnements. Au lieu de simplifier le propos, nous prenons plaisir à superposer les calques de chacun. Cela demande une grande capacité d'écoute de l'urbaniste, jusqu'au moment où une direction claire aiguillée par un consensus fort émerge. Le tout, en gardant en tête que le projet doit demeurer « ouvert », réactif : il est avant tout un guide pour l'action qui doit être en mesure d'accueillir l'inattendu.

Votre démarche demande du temps pour développer les outils de conception et de représentation idoines, parfois « classiques » à commencer par la carte, d'abord dessinée à la main, et la maquette à une échelle permettant à tous de comprendre les formes urbaines en jeu.

Le temps est indispensable au projet : remettre l'ouvrage sur le métier à de nombreuses reprises permet d'arriver à la plus juste réponse urbaine. Dès le diagnostic, nous prenons le temps de lire la géographie et saisir l'histoire (grande et petite) d'un site. Il s'agit de comprendre les logiques qui ont présidé à la création puis à la stratification de l'établissement humain sur lequel il nous revient d'intervenir. Cette première étape correspond à la compréhension des besoins qui ont généré les tracés fondateurs de la ville et de ses différentes composantes : des raisons militaires, agricoles, hydrauliques, parfois topographiques, qu'il faut comprendre et reformuler pour fonder une approche contemporaine adéquate. Nous dessinons beaucoup, de manière « directe », sans peur de nous tromper, avec la conscience que ce travail est potentiellement infini car toujours remis en cause. Ces esquisses « spontanées » sont ensuite testées en plan puis en volume, ce qui initie une série d'allers et retours entre l'équipe, les élus et l'équipe technique de la maîtrise d'ouvrage. Ces croquis de travail n'imposent rien mais permettent de faire réagir nos interlocuteurs et de stimuler la discussion. Dans l'idéal, les habitants, associés en tant que panel ou comité citoyen, peuvent alors donner leur avis sur différents scénarios, ce qui dote la démarche de projet d'une vision complémentaire et l'enrichit en conséquence[1].

Proposer une démarche nuancée et complexe requiert de pouvoir travailler avec la confiance de maîtres d'ouvrage bien outillés et suppose de gagner celle des élus, au gré d'une relation étroite à établir dans la durée...

Il est souhaitable chaque fois que possible d'entretenir des relations directes avec les élus, en dehors des comités de pilotage qui sont souvent des chambres d'enregistrement lors desquels il est difficile de s'exprimer librement. Pour y remédier, nous proposons par exemple à nos maîtres d'ouvrage d'organiser des *speed meetings*, brefs échanges en petit comité qui nous permettent de converser avec les élus dans des contextes informels propices à une expression plus libre. Nous y utilisons volontiers la technique des « plans martyrs » ou des approches décalées pour faire « accoucher » des points de vue parfois inattendus et très ambitieux sur le plan environnemental.

Le travail dans la durée intègre, dans le meilleur des cas, une mission de suivi des projets architecturaux jusqu'à leur livraison pour arbitrer les derniers choix et nous assurer de leur conformité aux ambitions du projet urbain. À Nantes, nous travaillons en très bonne intelligence avec la Samoa (Société d'Aménagement de la Métropole Ouest Atlantique) et sa directrice générale Virginie Vial qui nous a donné les moyens d'opérer un suivi rigoureux bien au-delà du simple permis de construire des bâtiments, évitant les « déshabillages » *a posteriori*. Nous allons jusqu'à demander des prototypes en chantier pour vérifier la qualité future de la réalisation.

[1] Voir l'Entretien « Les usages, source d'inventivité spatiale », p.25.

Au-delà de cette approche non surplombante rendue possible par une mise au point progressive du dessin, vous analysez votre pratique de projet au travers de types récurrents d'interventions : les tracés, l'acupuncture et le projet processus. Une classification qui a le mérite de clarifier trois grandes familles d'action, même si chaque projet peut convoquer plusieurs d'entre elles et que cela traduit plutôt une attitude différenciée de Laq en fonction des situations qu'un système de conception à proprement parler. Commençons par les projets urbains « de tracés ».

Les projets « de tracés[2] » se saisissent de friches ou de sites en reconversion pour former de nouvelles « pièces urbaines » au cœur des villes. Il nous revient de guider la mutation de ces sites par de nouveaux tracés qui organisent l'espace en le décloisonnant et en le reliant à ses alentours urbains, bâtis, naturels ou agricoles. Ces tracés avec le temps feront patrimoine. Un « plan des fondamentaux » définit les axes de composition urbaine du futur quartier : à ne pas confondre avec un plan de masse qui figerait prématurément les formes et les usages ! Vérifier la validité de ces tracés fondateurs implique de les mettre à l'épreuve du réel, comme à Lille (quartier Saint-Sauveur[3]) où l'urbanisme transitoire informe notre dessin de la réalité des usages tels qu'ils se développent lors des phases amont d'activation d'un futur espace public majeur. Une fois la structure spatiale du nouveau quartier suffisamment robuste, nous devons toujours être capables de remettre en jeu la programmation, la volumétrie et les gabarits pour être en mesure de saisir une opportunité ou de répondre à un impératif : il ne faut jamais se laisser enfermer par une image figée !

Vous définissez également des projets d'« acupuncture » et des « projet-processus ». Dans le premier cas, il s'agit d'intervenir avec toujours plus d'acuité dans le diffus, sujet complexe dans l'opérationnel. Dans le second, il faut savoir composer avec la complexité et la lenteur de la mutation spatiale.

Les projets d'acupuncture relèvent de sujets ponctuels au sein d'un tissu urbain constitué dans lequel il nous faut agir avec délicatesse et en se souciant de l'existant. Dans la zone d'activité Nord de Rennes[4], espace vieillissant mais riche de pépites économiques relevant d'une activité productive solidaire et circulaire, nous avons proposé un plan de transformation tirant parti des parcelles interstitielles entre les activités à préserver pour marier nouveaux programmes et économies préexistantes. Nous proposons de maintenir les activités économiques trop fragiles pour être déplacées en finançant par péréquation leur renforcement en améliorant leur accessibilité comme leur visibilité. En complément de l'enjeu de réindustrialisation du territoire national, le projet urbain peut enclencher une

[2] Voir l'entretien « Des tracés aux usages », p.131.
[3] Voir p. 43 et p.88.
[4] Voir p. 47 et p.102.

revitalisation économique équitable au cœur des métropoles. Les projets processus s'inscrivent quant à eux dans l'épaisseur temporelle de la transformation urbaine. C'est le cas pour la plupart des projets urbains, mais pour certains, le facteur temps constitue un ingrédient substantiel. Dans l'ancien centre hospitalier de Lens, par exemple, la libération progressive du site est à l'origine d'une stratégie phasée et ouverte d'intégration de nouveaux programmes dans les anciens bâtiments.

Pour chacune de ces trois familles de projets, vous représentez les propositions programmatiques en puisant dans un catalogue de tissus urbains basé sur vos différentes expériences. Cet assemblage concrétise une forme urbaine «sur mesure». Mais ne risque-t-elle pas d'enfermer les concepteurs dans des formes préétablies ?

Nous avons mis au point une sorte de boîte à outils qui regroupe des typologies récurrentes et pertinentes en milieu urbain : de la maison mitoyenne avec son jardin à l'immeuble de logements collectifs traversant en passant par les logements superposés ou les petits volumes de bureaux sur rez-de-chaussée actif. Nous avons également des garde-fous bioclimatiques, comme des maximas d'épaisseurs bâties. La démarche consiste à assembler ces typologies pour proposer des tissus complexes, adaptés aux contextes locaux, et appropriés aux besoins exprimés, tout en vérifiant la constructibilité globale en s'assurant d'une qualité environnementale optimale (ensoleillement, ventilation naturelle...). Nous ne figeons pas la conception des futurs maîtres d'œuvre car ce travail est ensuite traduit en prescriptions qui gomment les traits architecturaux et en reviennent aux proportions et aux usages (programmes, surfaces, principales indications volumétriques, qualités d'usage, rapport à l'espace public...). Ainsi, nous définissons îlot par îlot la proportion de chaque typologie bâtie et assurons nos maîtres d'ouvrage d'une constructibilité vérifiée et vivable. Les promoteurs et architectes concrétisent ensuite un assemblage architectural selon leurs propres partis et enjeux, sous réserve de respecter les objectifs environnementaux et de qualité de vie.

Cela revient à définir des typologies plutôt que des prescriptions architecturales et urbaines très précises : vous donnez la formule mais ne dictez pas le résultat qui doit en découler.

Notre objectif est de composer des tissus urbains autorisant une mixité fonctionnelle et sociale la plus élevée possible, dans de bonnes conditions environnementales. On ne règle ni la ligne de ciel ni la hauteur des socles bâtis par exemple. En revanche, nous sommes attentifs au dosage du mélange urbain et à la qualité d'usage : notre rôle est d'assurer une diversité urbaine par différentes manières d'habiter et de travailler et des quartiers agréables à vivre, non la perfection formelle d'une

Double page suivante :
Travail collectif autour de la maquette du quartier République, Île de Nantes.

SALLE
GRUE JAUNE

composition parfaitement réglée ! Pour y arriver, nous nous appuyons sur les maîtres d'œuvre des bâtiments, au gré de *workshops* dont l'outil central est une maquette évolutive du quartier, en général à l'échelle 1/200. Cette échelle généreuse permet aux aménageurs, élus et habitants de percevoir plus facilement les enjeux volumétriques et de densité du futur quartier en projetant leur regard à l'intérieur ; mais aussi aux concepteurs de s'accorder. Deviennent concrets les sujets de mitoyenneté, d'ombres portées et de vis-à-vis. Grâce à cela, il nous est par exemple arrivé de revoir le positionnement d'émergences bâties pour ne pas pénaliser l'ensoleillement du parvis d'un groupe scolaire à l'heure de sortie des classes, en dépit de la logique « graphique » du plan-masse. L'outil maquette, lorsqu'il est à une échelle adaptée, est puissant car il permet aux spécialistes comme aux néophytes de parler ensemble de sujets qui peuvent être complexes à saisir sur un plan ou un schéma en 3D, et ainsi de les objectiver (jusqu'où une densité est-elle habitable ?). S'il y a maîtrise de la composition urbaine, elle est dans le dialogue, la négociation, et non dans l'observation de règles figées !

Comme de nombreux acteurs de la ville, vous faites le constat que l'économie des opérations d'aménagement est à la peine. Dans le contexte de crise économique, d'inflation, de montée des prix des matériaux comme des taux d'emprunt questionnant la solvabilité des ménages, comment analysez-vous cette crise des modèles d'aménagement et de promotion, sur fond d'adaptation nécessaire au changement climatique à une échelle bien plus vaste que celle des opérations ?

Au sein des villes, petites ou grandes comme dans l'ensemble du territoire national, les opérateurs et investisseurs sont inquiets tout comme les aménageurs. Il semble que l'équilibre requis des opérations d'aménagement soit de plus en plus difficile à atteindre, et que le marché du logement soit fortement ralenti. La conséquence directe sur nos opérations est une tendance à diviser les grands logements en typologies plus petites pour faciliter l'écoulement du stock dans l'immédiateté du marché. Ceci peut avoir des effets délétères sur les quartiers et leur diversité et démontre que le modèle actuel de l'immobilier est calqué sur un modèle financier qui semble parfois dissocié des besoins réels. Plutôt que de réduire la taille des logements, nous proposons de réduire celle des lots, en contrepoint de la massification des années 2010 (macro-lots construits « en blanc »). C'est une autre manière de réduire le risque lié au ralentissement de la commercialisation, tout en ouvrant le marché à de petits promoteurs, voire autopromoteurs. Il faudrait aussi faciliter la montée en puissance des collectifs d'habitants, plus agiles dans une approche par acupuncture et en réhabilitation de la ville existante. Le coût du foncier est aussi un enjeu majeur, qui grève les opérations et le coût de sortie du logement. Un outil foncier comme le Bail réel solidaire (BRS) constitue une réponse opérante dans les territoires qui disposent d'un Office Foncier. Mais la question principale est la chute de production de logements sociaux, voire très sociaux, associée aujourd'hui par péréquation à la promotion privée. C'est un sujet d'intérêt national : comment financer en priorité la construction de logements sociaux, si possible en réhabilitation de bâtiments tertiaires par exemple, permettant de réduire d'impact carbone de l'aménagement tout en sortant de la financiarisation de l'immobilier ?

La fabrique de tissus urbains complexes que vous pratiquez engage aussi à questionner les logiques économiques à l'aune d'un coût global des opérations d'aménagement qui inclurait les coûts sociaux et environnementaux, pas toujours pris en compte dans les bilans en vigueur. Dans un contexte où les modèles économiques sont en souffrance, comment, plus généralement, aborder les actions écologiques à juste échelle ?

Les opérations d'urbanisme économiquement équilibrées semblent être à présent l'exception, les déficits étant souvent compensés par des participations des collectivités fixées au moment de l'« atterrissage » du projet. Ce qui me semble justifié compte tenu des retombées économiques, sociales et environnementales importantes pour les territoires. Néanmoins force est de constater que les bilans économiques bâtis *ad initio* sont bien souvent plus déficitaires que prévu et cela s'accentue aujourd'hui. Les effets du déficit financier des opérations sont délétères : moins les bilans sont faciles à équilibrer, plus on a tendance à dégrader les exigences environnementales tandis que l'on accroît la constructibilité au détriment de la qualité de vie. Et ce, alors que le retard que nous prenons quant à l'adaptation des opérations aux conséquences du changement climatique fait peser un risque multiple sur nos sociétés, avec des conséquences économiques et sociales exponentielles. Les crises géostratégique, pandémique et climatique imposeraient d'une part que les opérations aient un bilan écologique positif (à l'échelle de leur périmètre et au-delà), et d'autre part que des projets de réparation de la ville issue des Trente Glorieuses soient impulsés. Quantifier les externalités positives des opérations permettrait peut-être de mieux rééquilibrer les bilans des opérations d'aménagement, aujourd'hui à la peine, et de renforcer leur rôle réparateur sur les territoires.

27

Les usages, source d'inventivité spatiale

Ariella Masboungi et Antoine Petitjean

Page de gauche :
Scène de rue et premiers habitants du quartier Plaisance encore en chantier, à Rennes, 2024.

AM + AP : *L'approche du projet « par » les usages est l'un des piliers fondateurs de votre démarche, dès vos études d'architecture. Cet engagement est conforté par un compagnonnage avec Jan Gehl. Comment ce souci de l'usage et du bien-être urbain est-il devenu si structurant dans votre démarche d'urbaniste ?*

CS : Étudiante, mon apprentissage du métier d'architecte et d'urbaniste s'est nourri de l'approche de chercheurs et praticiens comme Anne-Marie Guillaume, Michel Conan ou François Lapoix. Michel Conan, assisté d'Éric Daniel-Lacombe, avait à cœur de transmettre une méthode de conception pragmatique au service du social et à l'inverse d'une approche architecturale démiurge retranchée dans une esthétique ou des codes modernes universalisants. Leur méthode était basée sur la compréhension du lien entre usage et invention spatiale, à travers l'analyse de projets d'architecture (de Wright, Aalto, Kahn, Mies van der Rohe, Erskine, Piano...) ou de programmes existants. Espace par espace, nous énoncions les problèmes de vie courante, et schématisions les intentions d'aménagement ou idée architecturale permettant d'y répondre. J'ai également pu approfondir la programmation générative[1] en assistant Michel Conan pour la réalisation d'ouvrages sur les Foyers de Jeunes Travailleurs en France et sur les Maisons de l'étudiant en Suède. Cette démarche, ancrée dans le réel et au service des usages, était assez révolutionnaire dans l'enseignement des écoles d'architecture à l'époque, tantôt « Beaux-Arts », tantôt « Modernes ».

Vous vous initiez alors à saisir la réalité des usages et des besoins d'un territoire à l'appui de méthodes rigoureuses qui s'inscrivent dans vos expériences préalables de « programmation générative », ce que vous poursuivez plus tard et d'autres manières, notamment avec l'équipe Jan Gehl.

Ma collaboration avec l'agence de Jan Gehl[2] s'inscrit dans cette dynamique et trouve son origine dans un coup de poker au démarrage de mon activité professionnelle : lui proposer de faire équipe pour concourir au projet urbain Saint-Sauveur à Lille en 2015. J'ai alors travaillé aux côtés de son associé David Sim qui m'a appris à considérer les gestes de la vie quotidienne, même banals, comme des enjeux centraux de la conception urbaine et architecturale. Pour la réparation des espaces urbains, l'agence Gehl a mis en place une méthode

[1] La programmation générative, fondée sur le recueil du point de vue des usagers dans les espaces de transaction qui leur sont familiers, explore de manière très approfondie et réaliste les contraintes spatiales et d'usage. Elle a généralisé le terme de « maîtrise d'usage », aux côtés de ceux de maîtrise d'ouvrage et de maîtrise d'œuvre.
[2] Jan Gehl, architecte et enseignant danois, s'attache depuis plus de quarante ans à consigner la manière dont la vie humaine se déploie dans l'espace urbain. Précurseur d'une critique de l'urbanisme du mouvement moderne, ses recherches s'intègrent dans le mouvement des Public Life Studies (avec Jane Jacobs, William Whyte, Christopher Alexander...). Il est l'auteur de plusieurs ouvrages sur la conception des espaces publics à partir des usages (*people first design*), dont *Life between buildings, Using public space*, Washington, Island Press, 1971 et *Pour des villes à échelle humaine*, Montréal, Éditions Écosociété, 2011.

d'observation de l'« animal humain » en ville : *Public Space Public Life* (PSPL). Des comptages précis sont réalisés quant aux déplacements à pied ou à vélo, aux activités stationnaires, à l'âge et genre des personnes observées dans l'espace public, notamment là où des dysfonctionnements sont constatés. Long et minutieux, ce travail se fait si possible en lien avec les écoles d'architecture locales pour démultiplier l'observation afin de tout dénombrer et en déduire un « état des lieux des usages ». Parmi les indicateurs simples mais puissants : le nombre de personnes séjournant longtemps dans un espace public, signe d'un quartier serein et attirant. Des aménagements, commençant souvent par un stade transitoire de test, sont alors réalisés pour rendre les espaces publics plus confortables et attractifs. Un PSPL est en général mené quelques années après pour évaluer l'effet des nouveaux aménagements, et les ajuster si besoin. L'analyse a posteriori, riche d'enseignements, est essentielle mais malheureusement trop rare sur les projets architecturaux et urbains.

Si la méthode est claire et efficace dans les lieux habités, qu'en est-il de la prise en compte des usages sur des sites peu ou non occupés, destinés à être aménagés ?

Par nature éphémère, imprévisible, complexe et changeante, la vie ne se programme ni ne se prémédite. Le travail de projet sur un site non habité vise non pas à prévoir cette vie insaisissable mais à préparer un terreau fertile qui permette aux interactions sociales de se produire. Le cadre physique joue un rôle primordial pour favoriser, ou au contraire dissuader, les sorties à l'extérieur et donc les occasions d'échange et de rencontre. D'où la nécessité de proposer des espaces publics aptes à encourager une vie urbaine par leurs conditions microclimatiques (ensoleillement, abri du vent, ombrage, variation saisonnière), leurs échelles diverses, leur animation et leur convivialité (attrait des rez-de-chaussée, mobiliers…) et par la sécurité passive qu'ils assurent par « le nombre de paires d'yeux en action », pour paraphraser Jane Jacobs. La friche ferroviaire de la gare Saint-Sauveur était effectivement en grande partie inhabitée et inaccessible. Notre premier travail a donc été de repérer là où frémit la vie urbaine la plus significative, aux franges du site, pour y prendre appui, la développer et la prolonger dans le futur quartier. Les grands tracés du projet, très simples, sont ainsi des lignes de vie entre des secteurs où l'intensité urbaine préexiste, générant des liens et des lieux. Cette combinaison, associant les gens qui passent et ceux qui restent, renforce la fréquentation et donc l'animation des espaces publics. Penser les parcours et les liaisons est primordial, renoncer à la facilité de la ligne droite tout autant. Recourir à la chicane et aux angles doux pour scénariser les parcours de découvertes en surprises incite aux modes actifs et à la flânerie. Ce sont des figures assez caractéristiques de la manière dont Gehl Architects travaille, à hauteur du regard et à la vitesse du piéton, avec le souci constant des corps[3].

[3] Sur le travail mené avec Gehl Architects pour Saint-Sauveur, voir aussi l'article de Claire Schorter et Myriam Toulouse, « Dormir la fenêtre ouverte », in *Ressources urbaines latentes, Pour un renouveau écologique des territoires*, sous la direction de R. D'Arienzo, C. Younès, A. Lapenna, M. Rollot, Genève, MétisPresses, 2016.

En quoi l'urbanisme transitoire, dont vous faites usage parfois aux stades de conception et de mise au point du projet, contribue-t-il à la prise en compte des usages et à la future écologie du projet ?

Quand cela est possible, tester des dispositifs transitoires est idéal. Jan Gehl est là encore une source d'inspiration, par exemple à Manhattan (New York) où il a réussi, rapidement et avec peu de moyens, à piétonniser les espaces monopolisés par la voiture de Times Square avec de simples peintures au sol. À Saint-Sauveur, le processus de projet s'est avéré aussi important que le projet lui-même. La Société publique locale (SPL) Euralille et la Ville de Lille, ont accepté d'activer le futur cours central du quartier par des aménagements transitoires en vue de tester des usages pour nourrir le futur projet. À Nantes, dans le quartier social de Bottière, nous avons collaboré avec le collectif Dérive (Quand Même) en installant des dispositifs déplaçables en bois (mobilier, kiosques), devenus peu à peu des lieux de rencontre au-delà d'être des supports de concertation citoyenne. Cela peut aussi prendre un tour plus événementiel, comme à Floirac dans la métropole bordelaise. Une halle en attente de programmation, éloignée des polarités urbaines, est devenue le temps de quelques concerts un opéra temporaire : *Orphée et Eurydice* y a été joué dans le cadre d'une représentation participative. Ces événements éphémères n'en sont pas moins forts : ils permettent aux habitants de se projeter dans l'avenir du quartier, d'investir les lieux grâce à la culture. Il n'y a pas de limites à l'inventivité de l'urbanisme transitoire !

La démultiplication des interfaces de dialogue et d'activation citoyennes questionne la capacité à traduire leurs apports dans le projet, chose ardue. Par ailleurs, la représentativité des participants n'est jamais garantie. Pouvez-vous préciser comment et en quoi cela impacte vos projets ?

La vie quotidienne des habitants peut être considérée comme une compétence à part entière et nous devons nous rendre disponibles pour être capables de l'entendre et de l'intégrer à la conception du projet. Dans le XVIIIe arrondissement de Paris, l'étude des 5 hectares de la friche Hébert a donné jour, sous l'impulsion de la mairie d'arrondissement et de l'aménageur Espaces Ferroviaires, à une co-conception avec un panel de citoyens volontaires, rythmée par la discussion autour de scénarios contrastés d'aménagement analysés et débattus en plans et en maquettes. Ceci a permis un travail d'évaluation à l'appui d'études environnementales comparatives : accès au soleil pour les logements, accès au ciel depuis les espaces publics, acoustique, perception des espaces verts… L'ensemble a permis d'objectiver les options et de guider l'expression citoyenne, qui fut déterminante dans les choix de forme urbaine réalisés *in fine*. Certaines collectivités, comme la ville de Pantin, vont

Double page suivante, de gauche à droite et de bas en haut :
Concertation Légo pour le projet Saint-Sauveur, à Lille 2014.
Atelier de quartier, quartier Bottière - Pin Sec, à Nantes 2014.
Printemps des voisins, quartier Bottière - Pin Sec, à Nantes 2014.
Opéra immersif par l'ensemble Pygmalion dans la Halle 47, festival Pulsations, Floirac, 2023.

jusqu'à organiser un vote ouvert à tous les habitants pour le choix d'un projet d'équipement de quartier. Sur le quartier des Grands-Quatre-Chemins, il s'agissait de voter le temps d'un week-end sur trois thématiques : usages, insertion urbaine et qualité environnementale, à l'appui des panneaux de concours. L'apparence seule du projet était donc mise de côté. Le premier adjoint considéra que les votes du jury, juridiquement compétent, devaient se ranger au choix des citoyens, et les avis ont convergé. Ce genre d'expériences incite à toujours plus de confiance en l'avis citoyen. Malgré certaines réticences, ne pas tenir compte de l'expression citoyenne (à l'échelle nationale comme locale), ou la convoquer seulement pour la forme, constitue un déni de démocratie qui ne peut que pénaliser le projet dans la durée tant cela l'expose à la multiplication des recours contentieux. En nous appuyant sur nos expériences, il nous revient de rassurer nos maîtres d'ouvrage comme les élus. Une fois passée l'expression préalable des mécontentements, à condition que le projet réponde à un besoin local et que la communication soit transparente, les citoyens savent entendre des arguments complexes et influencer intelligemment un processus de projet.

Outre les habitants, il vous faut aussi embarquer les services techniques et l'ensemble des professionnels concernés. S'il est habituel de pointer du doigt la superposition des gouvernances et des fonctions qui peuvent compliquer l'action, vous voyez dans ce « millefeuille administratif » une garantie de démocratie… à condition de lutter contre la segmentation de la connaissance et des responsabilités et une structuration en silo des compétences.

Que l'époque où les projets se décidaient entre le prince et son architecte soit révolue, tout le monde peut s'en féliciter ! La coexistence d'une grande diversité d'interlocuteurs compétents, malgré la complexité que cela peut représenter dans le développement d'un projet, est garante de transparence et d'intérêt général… à condition d'échapper aux injonctions contradictoires et au silotage des compétences et visions. Pour enclencher une dynamique vertueuse, nous organisons des séminaires interservices dès les prémisses du projet. Nous mettons autour de la table l'ensemble des collaborateurs, pas uniquement les directions de service, au gré d'ateliers transversaux, à chaque fin de phase d'étude. Ce sont des temps d'acculturation croisée et d'apprentissage. Leur parole vient utilement étayer celle des habitants car ils ont un double regard d'usagers et de gestionnaires qui nous fait défaut car nous restons, malgré notre forte implication, « étrangers » au territoire. Se construit ainsi, pas à pas, une culture commune de projet qui renforce la pertinence de la démarche collective dans la durée. C'est crucial car le temps politique ne s'accorde pas à celui du projet urbain et territorial qui implique le long terme. Même en cas de revirement électoral drastique, ce sont les aménageurs et les services qui assurent un minimum de continuité, ou tout du moins la cohérence globale d'une démarche sur un territoire. Nous faisons équipe !

Placer les usages au cœur de la conception vous expose à un procès en subjectivité de la part d'acteurs du projet qui priorisent les chiffres et des données perçues comme plus objectives…

Nous devons assumer la part subjective de notre pratique, car elle traduit l'étoffe humaine du travail d'urbaniste qui ne sera jamais un exercice purement technique. Lorsqu'il est possible de saisir le point de vue des habitants, notre responsabilité est de le faire valoir. Il est possible d'être à la fois les porte-parole des citoyens et de préserver des marges de conception ! S'il n'y a pas encore d'habitants à consulter, nous nous appuyons sur nos propres convictions et attentes. Nos critères sont simples tout en étant ambitieux et se résument en un objectif clef : ne pas concevoir de quartiers dans lesquels nous-mêmes ne souhaiterions pas vivre. Il en va de notre éthique d'urbaniste ! Le seul risque à cet égard serait d'ériger en système indiscutable notre propre subjectivité pour l'imposer aux autres. Deux antidotes à ce risque : la mise en débat continue du projet et la quête d'une mixité sociale et fonctionnelle à l'origine d'une diversité sociale et spatiale !

Naviguer « librement » entre les sphères, élus, services, aménageurs, habitants, est l'un des privilèges de l'urbaniste, dont la pratique revêt une dimension politique. En ce sens, Bernard Reichen dit que l'urbaniste doit manier l'art du contexte, du dessin (le projet), mais aussi et peut-être surtout de la situation…

Évaluer et savoir saisir une situation est indispensable pour qui veut pratiquer le projet urbain. Comprendre les rapports de force, débusquer les appuis utiles, contourner les obstacles sont des aptitudes qui président à la conduite du projet. J'ai énormément appris aux côtés de Paul Chemetov comme de Bernard Reichen à cet égard. Et il est important de rappeler que le projet requiert une forme de liberté, de courage, et qu'il peut être l'expression de nos propres engagements en tant que citoyens, à condition de rencontrer les besoins d'un territoire et de ses habitants. Un urbanisme soucieux des usages et attentif à l'expression des citoyens ouvre des espaces de liberté démocratique : c'est peut-être une des plus belles vertus du projet urbain !

Michel Conan

Architecte, urbaniste, docteur en Sciences humaines, professeur à l'École d'Architecture de Paris Conflans (UP4), et ancien directeur du département Jardins et Paysages à l'Université de Harvard.

Former une pensée critique fondée sur le recueil du point de vue des usagers

J'ai étudié à l'École d'architecture de Paris Conflans (UP4) entre 1990 et 1996, une école plutôt « Beaux-arts » qui enfantait à l'époque des projets de bases lunaires et des Grands Prix de Rome. Au sein de notre atelier « boy-scout », nos professeurs Michel Conan et Éric Daniel-Lacombe s'attachaient, *a contrario*, à nous transmettre une méthode de conception architecturale pragmatique, ni moderne ni esthétisante, tirant parti des usages et des cultures contemporaines de manière créative. L'adoption d'une distance vis-à-vis de son propre travail, pour rester ouvert à la critique et enrichir longtemps son projet, était un autre précepte enseigné.
En parallèle, j'ai eu la chance de mener avec Michel Conan des travaux de programmation générative en France et en Suède. Visite après visite nous interrogions, observions, puis consignions par la rédaction et le dessin, les « problèmes de l'espace de vie courante », les « intentions d'aménagement » et les illustrations schématiques de solutions architecturales. Michel Conan, pour qui tout événement était source d'analyse et de mise en perspective, avait l'habitude de dire que « les capacités de travail augmentent avec le travail ». Ces séances intenses de recherche et de formulation précise, jusque tard le soir, m'ont conféré très jeune un regard sensible sur la sphère de l'usage, mais aussi une forme d'endurance face aux charges de travail importantes… [CS]

David Sim

Architecte urbaniste, enseignant, fondateur de Softer à Lund Suède, précédemment directeur associé chez Gehl Architects Copenhague Danemark, enseignant à Yale University, Keio Tokyo University à Tokyo, Monterrey Tec à Mexico, notamment.

« Nous les urbanistes scandinaves, nous ne connaissons pas bien les grands philosophes, mais nous parlons de la poussette, des poubelles, du linge, de la bagnole… tout le temps [1] »

J'ai rencontré David Sim, alors Creative Director chez Gehl Architects, à l'occasion du dialogue compétitif et du projet Saint-Sauveur à Lille. Architecte, urbaniste, enseignant, David rend tangible dans la conception urbaine, tout le « soft » contenu dans la tradition « people-oriented architecture and city-planning », dont il est l'un des héritiers après plus de vingt années d'enseignement et de projet aux côtés de Jan Gehl. Cela peut sembler une évidence, mais c'est une tout autre approche de concevoir des quartiers à partir de la banalité des gestes de la vie quotidienne : marcher le long d'une rue bordée d'arbres et de façades attrayantes, s'arrêter sur une place publique pour lire à l'abri du vent et y croiser des amis par hasard, pouvoir laisser les enfants aller à l'école à pied seuls, les regarder jouer dans le cœur d'îlot depuis sa fenêtre, dormir la fenêtre ouverte, au calme, par une chaude nuit d'été… Cette prise en compte prioritaire du corps et du quotidien de l'individu, et en particulier celui des enfants et des personnes âgées, diffère d'une vision plus abstraite de l'intérêt général. Elle se concrétise dans la conception urbaine à partir des parcours actifs, le dessin des rues, angles doux, chicanes, la position des assises sur une place et leur matérialité, etc.
David a décliné cette leçon d'urbanisme, que j'ai eu la chance de pratiquer à ses côtés pendant neuf ans, dans le livre *Soft City* paru en 2019 chez Island Press. Militant des usages, il partage son engagement avec des étudiants aux États-Unis, Japon, Mexique… sur le projet urbain à l'échelle humaine, et a dorénavant sa propre agence Softer à Lund en Suède. [CS]

[1] David Sim lors du Forum des Projets urbains, 2014.

Réparer les métropoles

Claire Schorter,
Grand Prix
de l'urbanisme
2024

Réparer, préparer
Écologiser la fabrique de la ville

Claire Schorter

Fondements

Les promesses de la banlieue et des faubourgs

Je suis née dans les années soixante-dix, celles des grands ensembles. J'y ai d'ailleurs vécu mes dix premières années, dans l'Essonne, en banlieue parisienne. Mon père nous a souvent raconté la manière dont il avait soigneusement choisi l'endroit où installer sa famille : proche de la nature et relié aux aménités métropolitaines. C'était un quartier de plots d'habitat collectif construits à flanc de coteau, à l'orée de la forêt de Sénart, à vingt minutes à pied d'une gare RER et à trente minutes de Paris. L'éloignement de la voiture, les parcours piétons confortables vers tous les équipements, les liens sociaux forts et le contact direct avec la forêt, ses sols, ses odeurs, ont inscrit en moi comme essentiel, la proximité avec la nature, en ville comme ailleurs. J'y ai vécu libre et autonome dès mon plus jeune âge, allant très vite seule à pied à l'école puis à vélo au collège. A contrario, j'ai gardé une sensation physique oppressante de la ville nouvelle d'Évry où j'allais au lycée : l'arrêt de bus sous dalle, les parcours dans les courants d'air, les trottoirs étroits, les artifices pour occuper l'espace comme la fontaine en béton sans eau que je longeais sur une centaine de mètres... Avec mes yeux d'enfant, je questionnais aussi l'inhumanité de la ville, lorsque nous traversions les banlieues en voiture pour atteindre Paris par les portes du périphérique, ce continuum minéral et ses nœuds de réseaux enchevêtrés. Étudiante, j'ai essayé de vivre dans la capitale, mais je ne me suis jamais sentie à l'aise sur ce sol fermé et enrobé, dans une ville achevée. Cherchant l'alternative, c'est dans les faubourgs, à Ivry d'abord, que j'ai retrouvé une ville des contrastes et des possibles, des friches et des jardins ; puis dans la banlieue, à Vitry, que j'ai à mon tour choisi d'ancrer notre lieu de vie familiale, entre le parc des Lilas et les jardinets des pavillons années trente, les grands ensembles et les appentis d'artisans, appréciant ce mélange riche et ouvert des formes, des populations, et l'accès aux sols fertiles.

L'héritage paysan : éducation frugale et écologie de bon sens

L'été, nous partions en vacances dans la ferme arboricole de mes grands-parents, au cœur de la vallée du Rhône. L'attention au climat y était permanente bien que non verbalisée par un grand-père peu loquace, mais dont les gestes ne trompaient pas : relevé quotidien

Page de gauche :
Rue Antoine Marie Colin à Vitry-sur-Seine, parcellaire et grands ensembles, 2022.

du pluviomètre et du barographe, observation de l'état du sol et des arbres, etc. L'adaptation aux évolutions météorologiques était pragmatique. Par ailleurs, mes parents, chacun pour des raisons familiales et personnelles différentes, observaient un mode de vie frugal engagé : consommation limitée, réemploi, culture vivrière et fait-maison. Dans ce contexte familial pétri de sobriété, les gestes écologiques paraissaient de l'ordre de l'évidence.

Avec ce socle éducatif et ces expériences de lieux de vie contrastés, j'ai ressenti très tôt l'importance de la relation entre l'homme et son environnement urbain, son impact sur le bien-être, et l'importance d'une urbanité suffisamment hospitalière pour pouvoir prendre soin de soi, de ses enfants, des autres.

Architecte, oui mais... vers une éthique de l'urbaniste

Des rencontres importantes lors de mes études à l'École d'Architecture et des partenariats professionnels notables m'ont permis d'acquérir un double savoir-faire sur le projet urbain, par la stratégie et les tracés mais considérant aussi les habitants et les usages, distinguant la ville comme un milieu complexe et vivant, vecteur d'équilibres sociaux, de santé humaine et des écosystèmes.

François Lapoix[1], l'un des premiers naturalistes à se pencher sur les rapports entre nature et ville, explicitait la notion d'écologie urbaine. Dépassant les modèles passés de conception urbaine et architecturale par des professionnels démiurges ou suivant une doctrine formelle, il prônait un aménagement pluridisciplinaire de l'espace, prenant en compte l'homme et son épanouissement, mais aussi les valeurs patrimoniales de la nature et le facteur temps. J'ai plus tard approfondi la notion d'« architecture des milieux » avec Chris Younès lors du DPEA Architecture et Philosophie, m'interrogeant sur une éthique de l'urbanisme à la lecture d'Hannah Arendt notamment.

Complétant cette approche holistique et écologique de l'urbain, Michel Conan[2] portait une approche fondée sur les usages. En réaction à un fonctionnalisme réducteur, il insistait sur une compréhension fine des gestes comme source d'invention architecturale partagée. À ses côtés, j'ai participé à des travaux de recherches publiés sous forme de « mémentos de programmation générative[3] » pour des foyers de jeunes travailleurs, des bibliothèques, des maisons de l'étudiant.

Par la suite, la rencontre avec Jan Gehl et le partenariat avec son agence m'ont permis d'énoncer ouvertement l'importance de l'échelle humaine et de la vie quotidienne dans la conception des projets. Lors du dialogue compétitif pour le quartier Saint-Sauveur à Lille, David Sim présentait ainsi notre approche : « ce qui nous intéresse avant tout, c'est que les gens puissent dormir, au calme, la fenêtre ouverte, par une chaude nuit d'été... ». Ce fut pour moi une renaissance, car l'on est peu enclin dans les instances professionnelles, à évoquer des sujets aussi banals,

[1] François Lapoix (1937-2022), naturaliste du Muséum d'Histoire naturelle de Paris et de France Nature Environnement, chroniqueur radio sur la nature et auteur du livre *Sauver la ville, écologie du milieu urbain*, Paris, Sang de la Terre, 1991.
[2] Michel Conan, architecte et urbaniste, docteur en Sciences humaines, à l'époque chef du service Sciences humaines au Centre scientifique et technique du bâtiment (CSTB).
[3] Michel Conan et Claire Schorter, *Mémentos des foyers de jeunes travailleurs et des maisons de l'étudiant*, CSTB, 1991 et 1994.

presque triviaux, d'autant plus en tant que femme, au risque d'être cataloguée urbaniste mère de famille. Pourtant, l'attention aux usages enrichit le processus de conception, pour proposer des lieux non standards, agréables à vivre, et adaptés aux situations sociales les plus diverses.

Quand dépasserons-nous enfin ce « moment occidental et masculin de la fabrique de la ville productiviste[4] » ?

Je constatais par ailleurs un désamour fréquent du grand public pour les opérations d'urbanisme, perçues comme technicistes et, la plupart du temps, comme dégradant une situation préexistante au lieu de l'améliorer. Socles aveugles, bâtiments épais, jardins miteux sur dalle, cuisines sans fenêtre, architectures muettes ou sur-expressives, espaces publics conçus pour la voiture, logements construits au bord d'infrastructures polluantes… révélaient une fabrique de la ville souvent portée par des biais culturels[5] et des logiques principalement techniques et économiques. Je ne comprenais d'ailleurs pas comment la presse professionnelle pouvait rester muette face à ces considérations évidentes. Il m'apparaissait ainsi que la conception d'une ville épanouissante pour l'homme et résiliente était loin d'être une évidence, en particulier dans les espaces métropolitains censément inventifs, produits par une chaîne expérimentée de professionnels de l'aménagement.

Durant quinze années de pratique dans de grandes agences d'architecture et d'urbanisme, ces observations me questionnaient sur le sens du métier d'architecte et d'urbaniste. Pour échapper aux déviances de la fabrique de la ville par la rentabilité économique, fallait-il ne travailler que dans les marges à la manière de Patrick Bouchain[6] ? Sur des micro-échelles ? Fallait-il abandonner la fabrique urbaine métropolitaine aux acteurs de la capitalisation immobilière et de la compétition territoriale ?

Au début des années 2010, alors que la nécessité d'une bifurcation écologique face à un climat qui change devenait partagée, je constatais au quotidien que les habitudes n'évoluaient pas, ou pas assez vite, car il restait toujours plus rentable de construire plus gros et plus épais ; plus simple de démolir pour reconstruire neuf que de rénover ; plus habituel d'aménager une infrastructure routière que de restaurer une ancienne ligne ferroviaire. Et dans le même temps, les émissions carbone continuaient d'augmenter, les ressources s'amenuisaient, et les atteintes au vivant frôlaient l'irréversibilité. La logique de la fabrique de la ville prolongeait toujours l'élan démesuré des Trente Glorieuses, dans son fondement : l'énergie peu chère ; ses priorités : la voiture et la rentabilité ; ses habitudes : construire plus et plus vite…

C'est autour de cette tension entre ce que j'ai toujours perçu comme les besoins essentiels de l'humain en ville, les enjeux écologiques et de résilience des établissements humains, et la fabrique de la ville au tournant

[4] Thierry Paquot, « Chronotopie » [1994], *Topophile*, 23 mars 2021 [en ligne].

[5] François Lapoix, *Sauver la ville, écologie du milieu urbain*, Paris, Sang de la Terre, 1991, p. 70 : « La ville progressiste (qui a marqué le XXe siècle), indépendante des cultures locales, devient l'expression d'un homme, investi de droit divin, véritable démiurge au service de l'efficacité et de l'esthétique. Ainsi sont gommées les notions d'identité culturelle et d'adaptation au milieu naturel et humain ».

[6] Alors que je travaillais chez Reichen et Robert sur la Zac de l'Union, maniant les notions de tracé, de concept, de figure, de récit et de stratégie urbaine, la rencontre avec Patrick Bouchain dans le cadre de la réhabilitation des maisons de l'impasse Stephenson à Tourcoing, m'a montré une voie ancrée dans l'action et le dialogue citoyen, cultivant l'échelle du micro. Un jour, un journaliste zélé rédige un article sur l'admirable travail de Bouchain à Stephenson, et fustige parallèlement le travail de l'urbaniste : « Derrière le mur s'étend le pays des plans, des schémas, des vues aériennes zébrées de traits de feutres… » (Bertrand Verfaillie, *Archiscopie*, novembre 2009). J'ai été interpellée par cette vision manichéenne qui opposait deux façons de faire : celle de la petite échelle, du faire ensemble, du sur-mesure ; et celle des tracés, de la prospective, avec sa représentation en vue du dessus. Mais était-on sommé de préférer aveuglément l'une ou de renoncer catégoriquement à l'autre ?

du XXIe siècle, que je décidais de créer ma propre agence en 2013 avec l'intention de « participer à ce à quoi ressemble le monde[7] » : pratiquer l'urbanisme et le projet urbain au service des humains et des écosystèmes ; s'opposer avec opiniâtreté à la routine technico-financière de l'aménagement ; réparer, plutôt que d'étendre les villes métropolitaines malmenées par cinquante ans de conception par et pour la voiture afin de les rendre plus désirables. En bref, se placer, par l'action et le projet, dans l'intérêt général qu'impose notre métier.

Les engagements de Laq furent tôt consignés, comme autant de filtres pour orienter le choix des appels d'offres auxquels nous répondions. Aux critères éthiques s'ajouta celui de restreindre notre activité à une accessibilité de 2h en train, afin d'être présents sur nos sites de projets autant que de besoin, sans (trop) entamer le temps consacré à la vie familiale ni utiliser de transport carboné.

Métropoles vulnérables

Un certain visage dynamique, attractif, insolent même de la métropolisation, tend à masquer la forte disparité des situations que recouvrent ces systèmes urbains ainsi que leur grande vulnérabilité. Si la pandémie de Covid-19 a mis au jour certaines failles et fragilités organisationnelles de la vie en ville, et ainsi révélé sa place en première ligne face aux périls climatiques, industriels et sanitaires, aucune inflexion sérieuse ne semble avoir été poursuivie depuis lors[8].

Concentrant richesses, moyens de production et un grand nombre d'habitants, les géants métropolitains, principaux consommateurs de carbone et émetteurs de pollutions, cristallisent une large part des problématiques actuelles ; ils sont donc des lieux propices où susciter des réponses opérantes pour l'avenir.

Un métabolisme linéaire et carboné

Les villes puisent, utilisent et rejettent des quantités colossales de matière et d'énergie. Initialement local et circulaire[9] de bourg en campagne proche, leur métabolisme s'est progressivement externalisé et linéarisé, les métropoles allant prélever des ressources de plus en plus éloignées[10], transportées, stockées, transformées puis évacuées en monceaux de déchets, pollutions, effluents souillant jusqu'à l'eau potable. Pour enrayer cette organisation délétère de ville-parasite[11], atteindre les objectifs de réduction de nos empreintes carbone (2T en 2050) et revitaliser les milieux de vie, il est primordial de s'atteler massivement à restructurer le fonctionnement de chaque espace urbain et de son hinterland, d'enclencher des cycles soutenables, locaux et circulaires, en y réintégrant des acteurs et des pratiques (agricoles, artisanales, sociales et solidaires) souvent reléguées. Un objectif aujourd'hui (très) loin d'être atteint…

[7] Hannah Arendt, « Entretien avec Günter Gaus » (« Im Gespräch mit Günter Gaus »), émission diffusée à la télévision allemande, 1964.

[8] La nomination de Franck Boutté au Grand Prix de l'urbanisme 2022 était à ce titre un message fort.

[9] « L'histoire nous apprend que les villes furent des gisements de ressources. Jusqu'à la fin du XIXe siècle les chiffonniers recyclaient les os issus de l'équarrissage des bêtes pour produire de la suife, les linges usés pour fabriquer du papier et se départissaient les rues pour récupérer la précieuse « boue urbaine » vendue aux maraîchers implantés autour des villes. À l'aune de la révolution industrielle, les villes n'étaient pas des producteurs de déchets mais des mines et des gisements de ressources. » Sabine Barles, « Le siècle d'or de l'écologie industrielle dans les villes françaises : 1790-1880 », *La Revue Durable*, nº 25, 2007, p. 21-24.

[10] « Si l'on prend l'exemple de l'agglomération parisienne, les distances pour se fournir en énergie et en alimentation ont été multipliées par 16 entre le XIXe et le XXIe siècle. » Sabine Barles, « Métabolismes urbains », in Agathe Euzen, Laurence Eymard et Françoise Gaill (dir.), *Le développement durable à découvert*, Paris, CNRS Éditions, 2013, p. 118-119.

[11] Eugène P. Odum, *Ecology*, New York, Holt Rinehart & Winston, 1963.

Une dépendance alimentaire préoccupante

En particulier, le découplage entre les villes et leurs ceintures agricoles et nourricières (qui traditionnellement régulaient leur croissance) et la multiplication de chaînes d'approvisionnement complexes accroissent les risques de défaillance et d'insécurité alimentaire face aux désordres climatiques et géopolitiques. La dépendance de nos systèmes agro-alimentaires à ces ressources extra-territoriales et aux énergies fossiles (mécanisation, transport, engrais) réduit presque à néant la résilience alimentaire des métropoles françaises en cas de crise[12]. Bien qu'il existe des formes d'organisation sociale et urbaine ayant largement préservé le jardinage vivrier aux abords des grandes villes[13], les terres fertiles périurbaines ont, en France, longtemps été l'objet d'une féroce compétition des usages. Avec l'adoption du ZAN[14], le maintien d'espaces agricoles semble désormais acquis mais leur (re)mise en culture maraîchère ne va pas de soi : pollutions diffuses des sols et des eaux à résorber, adaptation des végétaux et conditions de fertilité à assurer en climat actuel et futur, installations paysannes à soutenir...

Bifurcations nécessaires d'un modèle en crise

Sur le terrain de la fabrique de la ville, les propositions urbaines sont évaluées à l'aune de leurs externalités positives sur les territoires, en matière de logement, d'activités, de transport et d'environnement, mais aussi d'un bilan économique dont l'équilibre est recherché. Les recettes proviennent en grande partie de la vente de foncier aux professionnels de l'immobilier, bailleurs sociaux et, pour assurer la péréquation des bilans, sociétés de promotion immobilières.

Entreprises capitalisées, ces dernières ont comme moteur la rentabilité financière. Dans ce cadre, l'immeuble de logement ou de bureau est considéré comme un produit nécessairement lucratif. Les questions d'environnement, de santé et de décarbonation sont la plupart du temps supplantées par la rationalité constructive, l'utilisation de matériaux bon marché, la compacité des « cellules », un rapport optimum entre surface de façade et surface de plancher[15]... Ce hiatus est de taille, puisque l'objet bâti pèse lourd dans l'avènement de la ville durable, par les usages et les consommations d'énergie et de carbone. Or l'on ne peut attendre ni soutenabilité ni résilience d'un processus de conception guidé par le profit. Du côté des architectes aussi, l'esthétisation et la rationalisation formelle à outrance conduisent parfois à des entêtements à l'encontre de la frugalité et des usages.

Aujourd'hui, ce modèle de l'aménagement est en crise, et celle-ci semble plus structurelle que conjoncturelle. Faute d'acheteurs dont la solvabilité est fragilisée par l'augmentation des coûts du logement (des matériaux de construction aux taux d'intérêt) et en raison de surfaces de bureaux en surnombre, le marché se distend. C'est peut-être un mal pour un bien tant le modèle a montré ses limites à fabriquer une

[12] Aujourd'hui l'autonomie alimentaire du Grand Paris est inférieure à trois jours. Source : Agence parisienne du Climat (novembre 2023).
[13] Arthur Grimonpont, *Les collectifs de jardins russes : une organisation résiliente*, 2019 [en ligne sur « Les greniers d'abondance », www.resiliencealimentaire.org].
[14] Objectif Zéro Artificialisation Nette fixé par la loi Climat et résilience du 22 août 2021.
[15] Je voudrais ici mettre en lumière des mécanismes que j'ai pu observer sur le terrain chez certains promoteurs dans la relation avec leur maître d'œuvre architecte, et qu'il me semble important de dénoncer tant ils m'apparaissent peu honnêtes et contre-productifs pour bâtir une ville adaptée. Au démarrage d'une nouvelle opération de logements par exemple, le coût objectif de la construction est fixé unilatéralement par le promoteur, souvent en deçà de ce qui est constaté dans un marché donné. Cette

ville résiliente. Il faut trouver de nouveaux ressorts : la réparation avant les grands projets ; de plus petites opérations en acupuncture dans le déjà-là aux risques et aux attentes financières limitées ; de l'urbanisme élargi à toutes les composantes des établissements humains, espaces habités comme espaces agricoles. Il faut aussi mobiliser des acteurs d'un genre nouveau tournés vers la solidarité et la circularité : pour la réhabilitation, le réemploi, l'inclusivité et la sobriété. Des structures capables de valoriser l'usage avant le produit immobilier. C'est le cas par exemple des coopératives d'urbanisme temporaire qui donnent vie et de la valeur à des lieux en suscitant des initiatives citoyennes, tout en offrant à ceux et celles qui en ont besoin des espaces de bureaux abordables.

Écologiser la fabrique de la ville

La ville soutenable n'est pas une option, mais une nécessité, et dorénavant une urgence. À Lille, Nantes, Rennes, Meudon, etc., nous avons la chance d'œuvrer aux côtés de collectivités et d'aménageurs convaincus par des manières plus douces et écologiques de faire et réparer la ville, stimulés par un portage politique engagé. Mais l'évolution des modes de faire vers la transition n'est pas (toujours) une évidence. Largement énoncées (trajectoires carbone, plans climat, objectif ZAN, etc.), les ambitions environnementales se heurtent encore à des décisions opérationnelles où continuent de primer les logiques sectorielles et financiarisées, les habitudes, le court terme, la disruption cognitive, voire les collusions d'intérêt.

Dans ce contexte contrasté, la pratique de l'agence tente des pas de côté : en proposant des expérimentations reproductibles ailleurs, en s'opposant aux rationalisations appauvrissantes, en organisant des partenariats originaux, en intervenant par petites touches, ou au contraire en osant réinterroger certaines commandes. C'est la raison d'être de l'agence Laq : écologiser la fabrique de la ville. Quelques thèmes d'action et expériences développés au cours de nos projets urbains sont présentés ici.

D'abord la vie…

Le modèle traditionnel de l'aménagement métropolitain rencontre une résistance importante, celle de l'opposition de plus en plus systématique des citoyens aux projets urbains, la plupart du temps par constat d'un développement exponentiel source d'inquiétude écologique.

Fragmentaires ou transitoires, des installations aux coûts mesurés sont des leviers à actionner pour donner vie, faire lieu, ménager plutôt que de ne rien faire. Sans tétaniser l'action en restant dans la planification, elles permettent de planter le décor, au sens propre, au plus tôt, avec le plus grand soin mais sur la pointe des pieds, en pensant la réversibilité des espaces et en en profitant pour offrir un cadre végétal mature, au service de la vie.

stratégie réduit d'autant la rémunération des architectes, indexée dans leur contrat au montant des travaux. Elle justifie par ailleurs certaines clauses abusives de travail gratuit et sans limites pour «rentrer dans le prix». Via ces mécanismes, le rôle de l'architecte se restreint à celui d'un prestataire de service, parfois sans contrat, ballotté de phase en phase entre les pressions pour réduire le coût du projet, le chantage à la rémunération, subissant des délais intenables ou au contraire l'étirement des plannings, et ne maîtrisant pas le résultat final, car trop souvent dépossédé de la direction des travaux. Dans ce contexte, le contrepoids de l'aménageur et de l'urbaniste est crucial pour maintenir la qualité architecturale et environnementale des bâtiments, via des cahiers des charges précis, des fiches de lot ambitieuses et un suivi tenace et rigoureux tout au long du développement du projet, jusqu'à sa livraison. Car il n'est pas rare que le permis de construire obtenu, une étape de «déshabillage en règle» intervienne, au PRO, à l'établissement des marchés des entreprises, ou sur le chantier, jouant sur l'impatience de l'aménageur et de la collectivité de voir le projet livré.

Le cours Saint-So

Le premier projet de l'agence Laq est celui de la friche ferroviaire Saint-Sauveur à Lille, mené en partenariat avec Gehl Architects. Alors que le projet urbain est interrompu suite aux recours en justice d'associations «pro-friche» ou d'autres plus citoyennes «pour un grand parc», nous nous appuyons sur la vie en place, sur les franges et le déjà-là, pour ouvrir la friche aux Lillois. Sur l'emplacement d'un futur cours planté, nous installons un grand jardin géré par des associations volontaires aux usages variés : agriculture urbaine, pratique sportive libre et jeux collectifs, barbecues, scène de concerts estivaux. Les installations transitoires permettent aussi de tester des usages, dimensionner de futurs espaces publics, expérimenter plantations et milieux sur les sols de ballast par l'installation d'une pépinière. Depuis cinq ans, l'espace du Cours Saint-So est chaque été plébiscité par les Lillois. Réalisé avec des moyens modérés et depuis cette année financièrement neutre pour la collectivité, le transitoire est plus qu'un outil du projet, il fait lieu. Pensé pour expérimenter, s'adapter, il doit pouvoir rester en place car, qui sait où va la ville ?

Maître d'ouvrage :
spl Euralille
Maîtrise d'œuvre urbaine :
Laq / Gehl Architects / Béal et Blanckaert / Slap / Magéo / Tribu / Artelia / Quand-même / ON

Le Bloc A du quartier République en cours de livraison : venelle piétonne, Île de Nantes 2024.

Le quartier République, île de Nantes

Inspirée par le faubourg voisin, je propose d'expérimenter un parcellaire fin au sein de «blocs» qui s'appuient sur les grands tracés de l'île. Pour convaincre aménageur et élus, nous testons un échantillon de tissu mêlant finement des maisons de ville, des collectifs, des bureaux, des locaux artisanaux, le tout en mitoyenneté, autour de cours et de venelles. Les îlots de 3000 à 6000 m², redécoupés en parcelles, constituent l'unité opérationnelle, là où le macro-lot habituel en fait 10000 ou plus. Les contraintes sont consignées dans les fiches de lots et les opérateurs acceptent ces règles : dédoublement des murs mitoyens ; bâtiments minces pour logements traversants ; bureaux ventilés naturellement et réversibles ; compagnonnages d'architectes qui travaillent «en voisins».

Le parcellaire permet l'échelle mesurée et la différenciation (des programmes, des écritures, des futurs habitants) ainsi que l'évolutivité de la ville par petites touches, rendue possible par la dissociation du parking.

Pour aller plus loin, nous neutralisons une part du foncier constructible en créant des «dents creuses» intentionnelles dans le tissu complexe des blocs. Ces tout petits lots de 300 à 500 m² donneront, une fois le reste du quartier achevé, accès au foncier à des opérateurs alternatifs, futurs utilisateurs (habitat participatif, petit entrepreneur, etc.) capables de produire de petites surprises architecturales ciselées et appropriées. Ces «opérations singulières» répondent à la logique de la demande pour que l'habitant puisse mettre la main à la pâte de la construction de sa ville, et sortir de la logique de l'offre, qui, par l'étude de marché, moyennise les besoins, standardise les espaces, et produit la ville «en blanc».

Quatre ans après le lancement des premières opérations, le premier bloc sorti de terre accueille les premiers habitants. Les suivants sont à l'étude. Dans le contexte actuel de la crise immobilière, la taille contenue des programmes calée sur la parcelle et l'unité bâtie montre sa robustesse, maintenant à flot les opérations dont le risque est limité pour les opérateurs.

Maîtrise d'ouvrage : Samoa
Maîtrise d'œuvre urbaine :
Ajoa / Laq /
Mageo / Quand Même
RRa / Concepto

La parcelle, une nouvelle modernité

Dans nos villes européennes, la différenciation des bâtis et leur joyeuse stratification dans le temps est ancrée jusqu'au tréfonds du sol par la parcelle. Héritage culturel et historique des cités occidentales, c'est un outil spatio-temporel de gestion du commun. Si la parcelle individualise le sol pour la propriété, elle offre aussi les conditions de la mitoyenneté, du voisinage et du vivre-ensemble en s'articulant à l'espace public.

Dans la fabrique de la ville contemporaine, l'unité parcellaire est assimilée à celle de l'opération immobilière et ses considérations financières et réglementaires ; et non plus à l'échelle domestique, liée à l'usage d'une famille ou d'une communauté habitante. Ce glissement fait disparaître l'amène complexité des tissus urbains qui évoluent, s'incrémentent dans le temps, au sein desquels peuvent advenir la diversité fonctionnelle et sociale, et qui assurent leur résilience aux évolutions sociétales et climatiques. Par addition, remplacement ou soustraction de fragments, la parcelle est le principe correctif d'une ville. Ainsi l'urbaniste s'efface en léguant une ville parcellisée et non figée, organique, en mouvement, qui puisse s'adapter aux crises.

Inspirer la ville pour l'usage... jusqu'au détail

En tant qu'urbaniste, je me heurte au quotidien aux approches rationnelles qui déshumanisent les lieux. Il m'arrive d'ailleurs de questionner les promoteurs sur leur propre habitat en comparaison avec certaines situations de logement dégradé qu'ils tentent de justifier. Les arguments que j'oppose aux enjeux de rentabilité sont pragmatiques et renvoient à la dignité, à l'hospitalité et au confort de vie quotidienne. Le premier bloc du quartier République, en cours de livraison, a fait l'objet d'un suivi rigoureux à toutes les étapes du projet, pour chacun des cinq lots qui le composent, en atelier par lot mais aussi pour tout le bloc. Le résultat est encourageant après de longues heures de travail collectif, sur plans et maquettes et à force de vigilance, résistance et endurance à toutes les étapes du projet. Il s'agit d'une écologie appliquée à la sphère de l'usage, pour un habitat et un quartier amène, moins énergivore, une mobilité décarbonée.

Pour des fabriques urbaines

Bien qu'essentielles à l'avènement de systèmes urbains résilients et circulaires, les petites fabriques industrielles et artisanales restent en marge des villes constituées, où la cherté du foncier ne permet que la construction d'immobilier à haute valeur ajoutée, comme des logements collectifs ou des bureaux, côtoyant dans le meilleur des cas quelques commerces en rez-de-chaussée. Les faubourgs et les zones activités sont des espaces refuges pour ces activités productives, souvent précaires mais vertueuses par leur impact social et environnemental. Or, sous le double effet du ZAN et de l'élargissement des villes par leurs réseaux de transport en commun, ces espace productifs sont ciblés pour une densification par du logement.

Le bazaar Saint-So à Lille

Dans les anciennes halles ferroviaires, nous proposons l'installation d'un espace collaboratif de fabrique artisanale et artistique : le Bazaar Saint-So. Pour ancrer le projet dans la sphère économique locale, un AMI est lancé. Nombre d'artisans et acteurs voisins répondent présents, et c'est avec eux que le programme est construit. Le montage est complexe mais l'équation fonctionne : investissement de la Ville de Lille pour les travaux avec l'aide de la Banque des Territoires, puis le lieu est mis à disposition via un bail emphytéotique à une structure de gestion qui loue et gère les espaces. Aujourd'hui, tapissiers, menuisiers, marqueteurs, PME… se partagent un espace de travail et des machines-outils. L'équilibre économique est contrebalancé par la location d'espaces événementiels et de coworking.

Une cour artisanale en ville

Dans le quartier République sur l'île de Nantes, nous expérimentons un programme hybridant bureaux et cour artisanale en rez-de-chaussée. Cet assemblage permet de répondre spatialement à une double problématique : activer les rez-de-ville des programmes de bureaux, souvent monotones ; et proposer des activités productives au cœur de la ville, sans nuisances pour l'habitat. Dans une écriture contemporaine, la proposition de la fiche de lot traduite par l'architecte reprend la typologie du porche ouvrant sur une cour qui adresse deux corps d'ateliers de faible hauteur. Côté ouest, la mitoyenneté avec une parcelle dédiée à l'habitat limitant l'ouverture de baies, des sheds ouverts au nord apportent un éclairage zénithal.

De la zone d'activité à la ville hybride

La ZA Nord, située entre Rennes et Saint-Grégoire, dorénavant connectée au métro par des bus performants, constitue un réservoir de logements dans les documents d'urbanisme de la métropole. Un relevé attentif des activités en place nous a dévoilé la présence d'un écosystème de l'économie productive, circulaire et solidaire, au sein de l'une des impasses de cette zone d'activité vieillissante. Recyclage, insertion par le réemploi, par des chantiers de construction/déconstruction… Installées dans des hangars aux loyers modestes, ces activités à faibles revenus jouent un rôle essentiel dans l'inclusivité et le retour à l'emploi de populations fragilisées. Les déplacer conduirait à leur disparition. Par le projet urbain, nous faisons le pari d'une métamorphose par addition plutôt que par remplacement. Les logements seront cantonnés en frange de l'avenue et l'écosystème productif conforté en position de second rang avec des accès améliorés. La collectivité, convaincue par cette démarche au profit de la solidarité et de la circularité, se positionne comme acquéreur des fonciers afin de maintenir cette pépite écologique, jouant la péréquation avec les lots dédiés au logement.

Maitrise d'ouvrage : Territoires, Rennes Métropole
Maîtrise d'œuvre urbaine : Laq / Atelier Georges
Ingerop / Tribu

Insister sur les rez-de-chaussée

Vecteurs de qualité de la vie en ville par excellence, les rez-de-chaussée sont aussi les réceptacles des espaces servants des bâtiments : transformateurs électriques, sous-stations, locaux poubelles, rampe d'accès au parking… Une fois les halls d'entrée et les locaux vélos installés en bonne place au centre de la façade, ces espaces techniques se retrouvent incidemment dans les angles, offrant des murs aveugles ou à ventelles aux coins des rues, pourtant particulièrement stratégiques dans le paysage urbain. C'est pourquoi l'une des obsessions de nos fiches de lot et point d'attention dans le suivi urbain des projets immobiliers est la qualité des angles des rez-de-chaussée, tant dans la programmation que dans le traitement architectural. Une seconde obsession est la praticité des locaux à cycles afin d'inciter à un usage quotidien du vélo par tous : à proximité directe du hall d'accès, accessibles depuis la rue par une seule et grande porte pour faciliter les manutentions avec enfants et sacs de courses, espaces de stationnement et de giration adaptés aux vélos cargo…
A contrario, l'éloignement du parking mutualisé et foisonné entre plusieurs lots dissuade de l'usage quotidien de la voiture. Pour le commerce, l'on fait toujours trop grand, trop haut, induisant des loyers chers et des charges importantes pour des surfaces qui sont ensuite difficiles à louer et reviennent à des commerces franchisés. Nous incitons au contraire à la conception de petites surfaces ou bien sécables, à haute valeur ajoutée (vitrines et protection bioclimatiques incluses dès la livraison du bâtiment ; ventilations anticipées pour éviter les sorties sur rue ou en cœur d'îlot, etc.). Croisé avec des loyers incitatifs lorsqu'ils sont propriété d'une foncière publique ou parapublique… et la vie urbaine fleurit de commerces et d'artisanat de toute sorte.
Une idée reçue est l'impossibilité d'habiter au rez-de-chaussée en ville. Pourtant, le commerce et l'activité ne peuvent être partout, et l'adressage direct sur la rue assure la sécurité passive des quartiers par la co-veillance. Habiter au rez-de-chaussée implique en premier lieu un espace public adapté, petite rue ou venelle, aux flux réduits donc à l'appropriation habitante aisée. Dans tous les cas, l'installation d'un frontage planté privatif met à distance et agrémente le paysage de la rue. Enfin, nous imposons des duplex dans les niveaux bas pour n'avoir aucune chambre à rez-de-chaussée côté rue, ce qui permet aux familles un confort et une autonomie, et va bien évidemment à l'encontre des opérateurs qui préfèrent les grands logements dans les étages supérieurs considérés comme des appartements atypiques et luxueux.

Prendre soin de la sphère domestique.

À chaque lancement d'une nouvelle opération de logement, les professionnels de l'immobilier convoquent le « standard » de 16 m d'épaisseur bâtie pour contrer nos préconisations de logements traversants ou biorientés. Celui-ci n'est pourtant que très récent dans l'histoire de la ville et correspond à l'intégration des parkings en sous-sols des bâtiments dans les années quatre-vingt. Le logement devient alors un placard mono-orienté ce qui permet une rationalisation maximale du nombre de fenêtres et donc du coût associé au linéaire de façade. Dans cette configuration, la grande perdante est la cuisine, reléguée en fond de séjour ou dans le pire des cas dans l'entrée, sans lumière naturelle ni ventilation. Au xxe siècle, le logement a vu également disparaître les caves au profit des parkings, alors que la compacité des logements conduit à la raréfaction des placards, et aux balcons encombrés… Le logement traversant bénéficie de deux orientations donc pas de mauvaise situation (est/ouest ou nord/sud) et de fait, plus de pièces profitent de la course du soleil. En ville, cela offre un côté rue pour des pièces de vie où l'on peut suivre l'animation de la ville, et un côté cour ou jardin pour des chambres au calme. L'aspect traversant permet en outre la ventilation naturelle, essentielle pour le rafraîchissement nocturne en période de canicule.

Le dynamisme de la fabrique métropolitaine est l'occasion d'inclure des programmes d'artisanat ou de petite industrie en ville, ou de les conserver dans les emprises soumises au renouvellement urbain, en jouant sur la péréquation avec des programmes plus lucratifs, au bénéfice d'une relocalisation du métabolisme urbain.

Vers des quartiers nourriciers

Les sols fertiles des métropoles sont rares et précieux. Leur maintien comme espaces cultivés, même fragmentaires, est indispensable à la résilience alimentaire des villes, à une consommation plus locale, à la biodiversité et à la fraîcheur. Ce sont aussi des puits de carbone. Mais ils sont pour la plupart sujets à des pollutions diffuses au plomb liées au trafic automobile. Ce constat fait, et pour justifier l'artificialisation, ils sont généralement considérés comme impropres à la culture, légitimant la mise en décharge de terres vivantes et de bonne qualité physico-chimique ayant mis des centaines d'années à se constituer. L'apport de connaissances agricoles et scientifiques pour « sauver ces sols » est crucial, dans le contexte de projets métropolitains systémiques.

Diviser par cinq notre empreinte carbone, adapter nos établissements humains à un climat qui change... Tout est déjà dit, énoncé, écrit. Maintenant il faut agir, concrètement, en considérant la ville existante comme un gisement de ressources avec lesquelles composer.

Prendre la réparation des systèmes urbains à bras-le-corps c'est, à l'échelle nationale, réorienter les postes de dépenses primaires au profit de la santé humaine, celle des écosystèmes et de modes de vie solidaires et soutenables.

Sur le terrain des urbanistes, c'est contourner ou détourner la puissante ingénierie de l'aménagement en la réorientant au profit du ménagement, grâce au projet, à toutes les échelles. Cela nécessite de relever les contradictions d'un programme ou d'une décision vis-à-vis des politiques environnementales, de reformuler la question le cas échéant, et de résister aux habitudes de l'urbanisme productiviste, et l'inertie est grande !

Pour aller plus loin, il faudrait en quelque sorte envisager un process inversé, partant de la réparation d'un territoire et de la quantification des dépenses pour désimperméabiliser, restaurer des milieux naturels et frais, multiplier les transports en commun, réinstaller des ceintures maraîchères autour des villes, travailler sur la ressource en eau... Et considérer ensuite les leviers de transformation et de financement, plutôt que figer un programme à construire.

Ce serait une manière de réconcilier l'urbanisme et l'habitant, de considérer des projets à impacts positifs plutôt que la mesure de leurs impacts négatifs et de leur évitement/réduction/compensation. Des projets urbains réparateurs qui réincorporent la politique et l'intérêt général au cœur des territoires.

Double page suivante :
La lisière ville-plaine du quartier Montjean en cours d'aménagement, 2024.

Extrait de l'étude du potentiel agricole de la Plaine Montjean, en fonction de la nature des sols, de la ressource en eau, de l'évolution climatique - 2022.

N

Vers des établissements humains, urbains et agricoles

Au sortir de la crise sanitaire du Covid, et alors que nos métropoles ont frôlé les limites de leur fonctionnement «sous perfusion», j'échange avec Franck Chevallier, formateur en agro-écologie, sur l'importance d'élargir le champ du projet «urbain» au sujet des établissements humains dans leur ensemble, de l'habitat à l'agriculture, vecteur de biodiversité. Depuis, nous orientons les projets de l'agence en ce sens, travaillant avec Franck sur la plaine Montjean à Rungis et aujourd'hui sur le quartier République et sa ferme à Villejuif, en formation permanente. [Voir les projets p.112 et 124.]

1 Maraîchage + arboriculture - 6.3 ha
Cultures printemps / été / hiver
Lignes d'arbres noyers, pommiers, figuiers...

Capacité en eau annuelle potentielle : ***10 400*** *m³*
Cultures d'été : 2.0 ha (besoin en eau de 6 000 m³)
Cultures d'automne, hiver, printemps : 5.0 ha (besoin en eau de 5 000 m³)
soit **11 000 m³ d'eau en irrigation**

2 Maraîchage + arboriculture - 5.2 ha
Cultures printemps / hiver + été à limiter
Lignes d'arbres, oliviers, amandiers, vignes, certains agrumes, pLaqueminiers...

Capacité en eau annuelle potentielle : ***12 000*** *m³*
Cultures d'été : 2.5 ha (besoin en eau de 7 500 m³)
Cultures d'automne, hiver, printemps: 4.5 ha (besoin en eau de 4 500 m³)
soit **12 000 m³ d'eau en irrigation**

3 Prés-vergers - 3.5 ha
Élevage : vaches, brebis laitières
Lignes d'arbres mûriers, noisetiers, arbres fourragers

4 Prés - 4.5 ha
Élevage
Motif arbre type savane

5 Bosquet sauvage inaccessible - 0.15 ha

- - -> Noues le long des voies et chemins
▬ > Fossé de ceinture

Besoin en eau pour des cultures d'été : 3 000 m³ / ha
Besoin en eau pour des cultures d'automne, d'hiver et de printemps : 1 000 m³ / ha

Claire Schorter est née dans les années soixante-dix. Elle grandit dans l'Essonne, entre la forêt de Sénart et la ville nouvelle d'Évry. Sa vision de l'urbanisme procède de deux thèmes sous-jacents, issus de son enfance en banlieue et de ses racines paysannes : la complexité de la ville et l'attention au vivant ; et des variations sur leur relation, notamment incarnées par le maintien de sols fertiles hors et à l'intérieur de métropoles hospitalières aux humains et non humains.
Elle est formée à l'architecture, l'urbanisme et l'écologie par des enseignants passionnés précurseurs du lien entre ville et environnement : François Lapoix, Anne-Marie Guillaume, Michel Conan et Éric Daniel-Lacombe, à l'ENSAPC (UP4). Elle a la chance d'y rencontrer le cinéaste Éric Rohmer dont l'œuvre décrit si bien la prégnance des paysages urbains sur les sentiments et parcours de vie de ses personnages. Soucieuse d'ancrer l'apprentissage du métier dans le réel, Claire Schorter poursuit, en parallèle de l'école, une pratique professionnelle dans différents types de structures : agences d'architecture, dont celle de Paul Andreu (ADP), entreprise de second œuvre en tant qu'économiste-métreur, et direction de chantiers de réhabilitation pour l'ONG Habitat For Humanity à Toronto.
À l'issue de son diplôme d'architecte sur les voies navigables de France obtenu en 1998, elle intègre des agences renommées où elle prend part à divers projets urbains. Chez C+H+ (Paul Chemetov et Borja Huidobro), elle contribue à la mise en place d'outils spécifiques pour des interventions en renouvellement de grands ensembles et réparation de villes existantes (Amiens Gare Vallée, entrée de ville de Sète, etc.). Puis pendant plus de dix ans, Claire Schorter seconde Bernard Reichen à la direction du pôle urbanisme de l'agence Reichen & Robert : conduite de l'élaboration du Scot de Montpellier qui forge l'inversion du regard entre ville et campagne ; pilotage des stratégies de requalification urbaine de la Route de la mer à Montpellier legs du tout-voiture et de la consommation de masse ; reconversion de friches dont l'Union à Roubaix-Tourcoing qui sera l'un des premiers projets à recevoir le Grand Prix national Ecoquartier (2011).
Claire Schorter mène par ailleurs des missions de programmation et d'expertise pour Europan. L'accent est mis sur l'intelligence des processus et le projet négocié (Didier Rebois, secrétaire général d'Europan) ; en distinguant ainsi des démarches plutôt que des plans, Europan aura contribué à faire avancer les modes de conception de la ville. En 2011, Claire Schorter s'inscrit au DPEA Architecture et Philosophie de l'ENSAPLV pour prendre du recul et étayer son positionnement. Elle est marquée par l'apport de deux figures féminines : Hannah Arendt, sur la responsabilité de « participer à ce à quoi ressemble le monde », et les questions du vulnérable, du soin et de l'architecture des milieux, portées par Chris Younès.
Elle crée en 2013 son agence d'urbanisme et d'architecture, à Vitry-sur-Seine, avec la volonté de s'atteler concrètement à accompagner le virage dans les façons de faire et repriser la ville, plus écologique, plus douce, et à hauteur d'habitants. L'agence s'étoffera pour devenir Laq en 2017, et ouvre un bureau de proximité à Nantes après être retenue comme urbaniste de l'Île de Nantes avec Jacqueline Osty. Laq est constituée de personnalités choisies et soudées, architectes, urbanistes, paysagistes, et reste de taille modeste, pour s'abstenir de recourir à toute pratique « alimentaire » du métier. Ce compagnonnage engagé se prolonge avec des partenaires complices, en paysage, hydrologie, programmation, écologie, agriculture, recherche scientifique : Jacqueline Osty, Atelier Georges, Lalu, Tribu, Zefco, Quand Même, Franck Chevallier, Secur'Agri, pour n'en citer que quelques-uns…
Les deux premiers projets ancrent la pratique de l'agence dans des situations métropolitaines contrastées. Pour le quartier de Saint-Sauveur, il s'agit d'accompagner les étapes de mutation d'une friche ferroviaire en un quartier de centre-ville habitable au quotidien co-construit avec les citoyens. À Rungis, l'enjeu est de composer les installations humaines en lisière d'une plaine cultivée, avec justesse, synergie et exemplarité environnementale.
Les projets suivants poursuivent l'exploration des territoires métropolitains, avec la volonté de prouver qu'il est possible de les réparer et d'apporter des solutions aux questions brûlantes de la ville en transition : épargner les espaces agricoles, naturels et paysagers (Euralens Nord, Fil Soie à Orléans, Campus Grand Parc à Villejuif); conserver de l'activité en ville (La Lainière à Roubaix); maintenir vie et urbanité dans les bourgs éloignés des transports en commun (communes du territoire GPSEA) ; renouveler les entrées de villes et zones commerciales (Coteaux de l'Ille, à Rennes) ; proposer des imbrications ville-nature, sobres en foncier mais riches en qualité (Plaisance à Rennes , Presqu'île hérouvillaise) ; ne plus démolir et adapter le bâti existant (Quelle à Saran, Onera à Meudon) ; corréler la très haute qualité à la haute densité en cœur de métropoles (Hébert à Paris, République sur l'Île de Nantes, Grands-Quatre-Chemins à Pantin) ; revitaliser les grands ensembles (Bottière à Nantes)…
Autant de combats acharnés, parfois partagés et fructueux, nécessitant toujours beaucoup d'entrain, d'engagement et de minutie… tant les détails sont presque toujours de toute importance. [MT]

Claire Schorter est une figure hybride du passage entre deux modalités et deux générations du projet urbain : celle d'un « urbanisme de tracé » tel qu'appris et façonné par les « pères » (Chemetov, Reichen, Europan) et celle d'un « urbanisme de l'usage et de la terre », tel que développé par les plus jeunes — sous les signes parfois confondus du transitoire ou du transitionnel. Si ceux-ci ont tendance à oublier ou méconnaître ceux-là, Claire Schorter articule les deux et réinvente sur chaque projet autant de concepts opératoires (et non opérationnels) mais transitionnels (et non seulement transitoires).
Ainsi de la critique du macro-lot par la réimposition de la logique spatio-temporelle d'un tracé parcellaire ; ainsi de la dent creuse, intentionnellement réservée dans le plan foncier, comme réserve d'usage pour des opérateurs autres ou des appropriations inédites ; ainsi de la conception interactive des deux faces, urbaine et agricole, d'un même écosystème vivant dans lequel les produits de l'une sont les ressources de l'autre.

Pascal Amphoux, Contrepoints projet urbain

Représentant une pratique de l'urbanisme engagé à échelle humaine, Claire Schorter travaille la forme urbaine en s'efforçant de rassembler les conditions de modes de vies plus agréables et soutenables. Le travail est enthousiasmant et incarné, en lien étroit dans les mots comme dans les représentations avec la vie des habitants. Ce travail pragmatique et ambitieux pour que le plaisir d'habiter en ville passe en premier me paraît indispensable pour organiser la résilience de nos territoires vis-à-vis des enjeux environnementaux et particulièrement de la hausse des températures en ville et de la mise en œuvre de l'objectif Zéro Artificialisation Nette.

Gwenaëlle d'Aboville, fondatrice de Ville Ouverte

Un positionnement en médiateur à l'écoute, une main de fer dans un gant de velours.

Clément Guillaume, Mutatis

L'agence Laq met au cœur de sa pratique « l'amour des quartiers » et la contribution à l'émergence de modes de vie plus soutenables. Son approche « modeste » et en dehors de tout standard est assez différenciante. Le travail mené sur les « micro-lots » du quartier République de l'Île de Nantes est particulièrement intéressant, y compris au regard de la crise actuelle de la promotion immobilière : laisser place à des opérations singulières pour des opérations alternatives (autopromotion…) est une voie à explorer !

Aurélie Paquot, Grand Paris Aménagement

Claire Schorter met en exergue l'attention à l'identité des quartiers sur lesquels elle intervient, une ville faisant une large part aux usages, à la participation, à la proximité, au vivant. Cette attitude empathique est appliquée à Lille (Saint-Sauveur), à Nantes (Île de Nantes), à Lens (arc Nord). Sa proposition de préserver une portion du parcellaire libre dans un îlot aménagé, pour satisfaire aux besoins ultérieurs est très intéressante, un caractère plus ouvert et plus réversible des aménagements étant souhaitable.

Jean-Louis Subileau, Une fabrique de la ville, Grand Prix de l'urbanisme

À l'heure où le modèle de développement des métropoles suscite questionnements et contestations, Claire Schorter apporte à travers ses projets, recherches et riches rencontres un regard renouvelé et porteur d'enseignements sur la façon d'aborder l'urbanisme de ces territoires. Son parcours professionnel, diversifié et éclectique, est illustratif de la complexité des situations et des nouveaux défis qui se posent aux métropoles : formation en école d'architecture avec ouverture à l'écologie urbaine et aux sciences sociales (Michel Conan), réparation des grands ensembles, travail à la grande échelle (notamment sur Montpellier) au sein des grosses agences puis lancement de sa propre agence, projets sur le quartier de l'Union à Tourcoing et expérience du dialogue citoyen avec Patrick Bouchain, épreuves de résistance ou batailles perdues comme sur le projet Saint-Sauveur à Lille, missions Europan et DPEA « architecture et philosophie » avec Chris Younès (un Diplôme propre aux Écoles d'Architecture), engagement sur la « métropole fertile » autour de Rungis, etc. Retenons tout particulièrement son approche créative, innovante, et toute en finesse de conception du projet « République » dans l'Île de Nantes, en cours de réalisation avec son équipe de l'agence Laq. Pour lutter contre « l'uniformité désolante » des villes contemporaines et l'abus des macro-lots, elle invente un découpage parcellaire avec des petits lots favorisant la diversité urbaine paysagère et programmatique, l'imbrication des échelles, ménageant des dents creuses et une mutabilité future, et proposant le recours à des opérateurs alternatifs. Un projet qui propose une réponse forte aux défis contemporains, combinant densité et trame végétale, et mettant sur le même plan exigences écologiques et d'équilibre social.

Jean Frébault, ancien directeur général de la DAU, ancien président du conseil de développement du Grand Lyon

Propos issus de la consultation des experts, printemps 2024

LES COLLABORATEURS

*Par ordre d'arrivée à l'agence (*collaborateurs actuels)*

Pauline Marty*
Julien Mirada
Myriam Toulouse*
François Leite
Bertille Pruvost*
Clarisse Carlier
Aleja Castellanos
Vanessa Merrien*
Simon Goddard
Marie-Christine Echevest*
Carole Pouly
Clément de Bary
Camille Berthou*
Loïe Jacotey*
Pierre Offresson
Hélène Guillemot*
Pierre-Marie Auffret
Delphine Charnacé
Antoine Perrais
Camille Estève*
Charlie Plessier
Romane Petesque
Emmanuelle Floc'h*
Raphaël Debec*
Caroline Parelle
Nicolas Roussey
Sullivan Josso
Victoire Coizy*
Yassine Heida*
Valentin Ranc*

Stagiaires :
Myriam Ghali
Sarah Mimouni
Maël Kerherve
Gaëtan Macabeo
Louise Hamdaï
Emmanuelle Bolac
Fanou Chraibi
Alice Deschamps
Emma Dizet

L'agence Laq, Säynätsalo, 2023.
De haut en bas et de gauche à droite : Myriam Toulouse, Bertille Pruvost, Claire Schorter, Yassine Heida, Pauline Marty, Vanessa Merrien, Camille Berthou, Raphaël Debec, Camille Estève, Marie-Christine Echevest, Hélène Guillemot, Sullivan Josso, Loïe Jacotey, Victoire Coizy.

L'agence Laq

Une affaire de famille

Antoine Petitjean

Comparer une agence à une famille prête le flanc à une critique rapide : le parallèle sonne désuet, voire pire, comme une assignation réductrice. Et pourtant, comment mieux décrire le collectif que Claire Schorter a, au gré des années, réussi à constituer autour de sa démarche ? La référence au film de Hirokazu Kore-Eda n'est pas innocente, car si Laq est une famille, elle est choisie et non imposée : une force, pas un carcan ! Un assemblage d'engagements professionnels dans lequel se mêlent amitiés et affinités intellectuelles bien au-delà de la simple relation professionnelle. L'équipe est un groupe à l'écoute qui s'épaule et se soutient. Les parcours des collaborateurs en témoignent, qu'ils s'ancrent sur le long terme ou aillent et viennent au gré des événements de la vie et des opportunités de projet que l'agence défriche. Une constante toutefois : le « miracle des rencontres » génère, à chaque recrutement, des équilibres qui se redéfinissent en se confortant, se nourrissant de la diversité des compagnonnages, des sensibilités et des compétences. Laq, qui considère que la quinzaine de collaborateurs désormais réunis est un optimum pour être efficace tout en restant pleinement en prise avec les sujets, se voit ainsi comme « une communauté ouverte, curieuse, forte de sa légèreté ». Près de dix ans après la création de l'agence, certains projets tôt remportés (comme à Rungis) s'apprêtent à être livrés tandis que l'antenne créée à Nantes pour suivre le projet de l'île s'affirme en alter ego de l'atelier parisien. L'heure est donc au regard rétrospectif de la jeune équipe sur elle-même, une chose étant sûre : à chaque projet le groupe se soude un peu plus autour de convictions partagées dans la manière de pratiquer un urbanisme plaçant en son cœur les usages. Un engagement au long cours qui peut compter sur la solidité des liens tant humains que professionnels qui dessinent les contours de cette famille choisie.

La « première » agence : un changement dans la continuité

« Constituer ma propre agence répond à la volonté de voler de mes propres ailes dans la manière de pratiquer l'urbanisme, et cela alors que j'avais encore un pied chez Reichen et Robert (RR&A) ». Pour l'équipe émergente de l'époque, les débuts relèvent du bricolage et de l'artisanat et constituent une prise de risque pour Claire, y compris financière, mais le pari s'avère gagnant. Toute première collaboratrice, Pauline Marty connaîtra ainsi des prémices « à la fois stimulants et intenses », marqués par le démarrage du projet Saint-Sauveur à Lille. Forte de ce « coup de poker gagnant », la jeune équipe s'engage alors avec intensité dans la réponse aux appels d'offre, guidée par ses convictions. Pauline est aujourd'hui l'un des piliers de l'agence, secondant Claire sur les projets complexes avec « autant de finesse que de détermination ». Myriam Toulouse arrive ensuite, rencontrée chez RR&A et avec qui Claire Schorter pratique non seulement le projet urbain mais aussi la musique de chambre : entre la claveciniste et la flûtiste, le travail ne saurait être le seul centre d'intérêt commun et la relation professionnelle se double d'un engagement amical de longue haleine. Aujourd'hui associée, Myriam Toulouse, titulaire d'un post-master en architecture et climat de l'École polytechnique fédérale de Lausanne et en recherche sur la biodiversité et l'aménagement mené au Laboratoire Gerphau de l'Ensa Paris-La Villette, observe une posture transversale et stratégique en dialogue avec Claire Schorter, contribuant à la cohérence du positionnement de l'agence « dès les choix des appels d'offres mais également lorsqu'il s'agit de réécrire une commande ou de pousser certains curseurs pour rester fidèle aux convictions fondatrices de l'agence ». C'est aussi lors de voyages d'études, occasions de sillonner les villes européennes en vélo, que l'équipe consolide progressivement son éthique professionnelle et une certaine communauté de vision quant à la manière de pratiquer l'urbanisme. Ainsi le groupe se dote-t-il au quotidien d'une « distance » qui l'autorise à sortir la tête du guidon et à ne pas se laisser submerger par la routine professionnelle. À ce titre, la rédaction annuelle d'un article (publié ou pas) relève d'une « règle de vie intellectuelle pour continuer à prendre de la hauteur à partir des expériences concrètes du groupe ».

Garage Band

L'équipe est un organisme à croissance rapide. Elle doit vite se conforter et accueille dès 2015 François Leite au sein d'un espace de coworking à Vitry-sur-Seine, rejoint ensuite par Camille Berthou, l'équipe ne tardant pas à s'installer dans le garage familial, à l'instar d'un groupe de rock'n'roll expérimental. C'est l'époque où l'agence aiguise ses outils, à commencer par ses chartes de représentation et de communication afin de monter progressivement en puissance. Bertille Pruvost et Marie-Christine Echevest complètent l'équipe, après Simon Goddard. Passée par Bruxelles et l'agence Bas-Smets, Bertille rejoint Laq pour travailler sur la maîtrise d'œuvre des espaces publics, et les projets de territoires, forte de son expérience belge. Marie rejoint l'équipe pour « s'occuper de la famille », en tant qu'assistante. Simon Goddard, Australien passé chez Gehl Architects et « français de cœur », apportera à l'agence sa capacité à opérer des synthèses complexes par le dessin et le schéma. En septembre 2018, Hélène Guillemot rejoint le groupe qui s'installe à Paris après un postmaster et des expériences de permanences architecturales aux côtés de Patrick Bouchain.

Le tournant nantais

En 2017 Laq remporte, avec Jacqueline Osty, le dialogue compétitif du projet de l'île de Nantes. Alors qu'il devient nécessaire de conforter l'équipe, les regards se tournent vers l'Ouest. Entrée en scène de Vanessa Merrien, urbaniste complice côtoyée chez Paul Chemetov puis RR&A, désireuse de renouer avec ses racines bretonnes. Les planètes s'alignent : la connivence entre Claire et Vanessa offre une immédiateté de compréhension et une familiarité de travail bienvenues au moment de constituer une nouvelle antenne. L'équipe nantaise, dirigée par Vanessa, se stabilise aujourd'hui avec sept collaborateurs dans une relation forte à l'agence parisienne : « bien avant le Covid-19, la visio a toujours fait partie de notre histoire, communiquer et travailler sur les projets à distance n'est pas un obstacle ! ». Ainsi, chaque semaine, les deux antennes se rejoignent pour un « café Laq » leur permettant de faire un point pratique sur la vie de l'agence (de la facturation aux charges de travail en passant par l'état d'avancement des projets). Avec la création de l'antenne nantaise, la mobilité entre les deux pôles de l'agence devient possible, au gré des désirs et des parcours de vie de chacun. Camille Berthou larguera ainsi les amarres pour Nantes, pour poursuivre au plus près la mise au point du chantier Plaisance à Rennes. Il dirige aujourd'hui l'équipe dédiée aux projets architecturaux de l'agence. Loïe Jacotey suivra un parcours similaire, après sa formation à l'école de la nature et du paysage de Blois complétée par un Diplôme supérieur en Architecture dédié à l'urbanisme avant de prendre une année de réflexion dédiée à trouver une agence « engagée, mêlant des compétences complémentaires ».

Un nouveau nom

L'équipe s'étoffant, la dénomination de l'agence commence à poser question. La structure créée par Claire Schorter en tant qu'architecte-urbaniste libérale porte son nom et ne reflète plus le groupe désormais constitué. Une étape délicate qui donnera lieu à un exercice collectif, chacun ayant eu la possibilité de s'exprimer avant un vote final aboutissant au choix collectif. Émerge une nouvelle identité qui a valeur de programme : L'Amour des Quartiers affiche on ne peut plus clairement les valeurs de l'agence, dans le fond comme dans la forme, l'identité visuelle et les chartes graphiques évoluant au même rythme que les méthodes se confortent. Pour mener à bien cette tâche qui vise plus d'efficacité collective dans le travail, les binômes montés au sein de l'équipe banalisent une demi-journée hebdomadaire autour de sujets « transversaux » : nouveaux outils d'organisation et de « production », catalogue de tissus urbains, etc. Dans cette mouvance, les voyages d'agence restent un vecteur crucial de consolidation du groupe et de partage : à chaque destination, les collaborateurs ont pour charge d'étudier un projet ou un site et d'en partager la connaissance in situ avec le groupe — une manière de vivre des expériences communes,

Page de droite :
Séance de travail à l'agence de Nantes, 2024.

source d'un savoir partagé qui, année après année, continue d'inspirer le collectif et de muscler ses savoir-faire.

Heureux concours de circonstances

L'équipe poursuit sa croissance au gré d'affinités dues autant au hasard des rencontres qu'à la réputation grandissante de l'agence. 2020 est marquée par l'arrivée d'Emmanuelle Floc'h. La paysagiste, dont le partenariat avec Claire remonte à près de vingt ans, apporte son regard affûté sur l'échelle territoriale et la résolution des projets d'espaces publics. Suit Raphaël Debec qui, après un stage et une période nantaise, arrivera deux années plus tard à Paris, « prolongeant le jeu de chaises musicales entre les deux antennes ». En 2021, c'est au tour de Victoire Coizy de faire son entrée après un entretien lors duquel elle aura « vidé son sac quant à la frustration de pratiquer le projet urbain dans des contextes tendus et souvent conflictuels », trouvant en Laq un environnement « à la fois apaisé et exigeant avec les acteurs de la fabrique de la ville ». Camille Estève la suit en 2022, bien que sa rencontre avec Claire Schorter remonte à son Erasmus en Espagne, quatre ans avant. Conscients qu'ils trouveraient ici un environnement leur permettant à la fois de se former et de pratiquer le projet urbain en conditions réelles, Valentin Ranc et Yassine Heida compléteront l'équipe.

Placer la vie quotidienne et les usages au cœur du projet, rendre les habitants capables d'agir sur leurs environnements de vie, convoquer l'agriculture et la biodiversité dans les milieux urbanisés, comprendre avec toujours plus de finesse l'évolution enclenchée du climat, aller au bout d'une décarbonation efficace de l'acte de bâtir, conforter l'hypothèse d'un métabolisme métropolitain source de résilience territoriale… les défis ne manquent pas et l'équipe y répond en se serrant les coudes, tirant parti de son « horizontalité naturelle ». Une organisation non conscientisée mais à préserver en tant qu'acquis précieux et garantie de robustesse collective. Claire Schorter continue de suivre chaque projet qu'elle maîtrise jusque dans le détail tout en laissant les chefs et cheffes de projet s'exprimer à l'appui de leurs convictions et de leurs engagements, évidemment convergents avec ceux de l'agence. Pour tenir la durée de projets qui s'étendent parfois sur plus d'une décennie, l'opiniâtreté est une qualité, tout comme la capacité à s'opposer. Pour s'assumer en « empêcheurs de tourner en rond », les collaborateurs de l'agence voient aussi l'agence comme un « groupe de soutien », une force collective d'autant plus résistante qu'elle est solidaire lorsqu'il s'agit de naviguer à contre-courant d'une commande éventuellement mal énoncée ou d'attentes inappropriées. Atout précieux à l'heure d'ouvrir un nouveau chapitre, tant humain qu'urbain !

Double page suivante :
Cour artisanale du bloc A en cours de livraison, visite d'agence, quartier République, Île de Nantes, 2024.

Carnet de projets

Tracés et voisinages

Réparer la ville du XXe siècle

Métabolisme et sols vivants

Tracés et voisinages

Quartier République, Île de Nantes
Fabriquer un tissu composite

Quartier Plaisance à Rennes
Vivre en ville, presque à la campagne

Quartier Hébert à Paris XVIIIe
Vues lointaines et cours communes

Quartier Grands-Quatre-Chemins à Pantin
Réarticuler Pantin

Quartier Saint-Sauveur à Lille
Péripéties d'une fabrique urbaine

Textes par Claire Schorter et Myriam Toulouse

Page de gauche :
Quartier Plaisance,
Rennes 2024.

FABRIQUER UN TISSU COMPOSITE

Plan guide, suivi urbain et architectural, co-conception des espaces publics du quartier République sur l'île de Nantes (44)

Comment échapper à la banalité de la ville contemporaine, à sa massivité et à l'ennui qu'elle peut susciter ? Ceci quand l'existant est moins prégnant et qu'il s'agit de créer de toutes pièces un nouveau tissu urbain ? [AM]

Années : 2017 — en cours
Maîtrise d'ouvrage : SAMOA
Équipe :
AJOA paysagistes mandataires
LAQ architectes urbanistes
MAGEO BET génie urbain, hydrologie
QUAND MÊME urbanisme transitoire
RRA BET mobilités
CONCEPTO conception lumière
Avec chez Laq : Vanessa Merrien, Romane Petesque, Camille Estève, Raphaël Debec, Yassine Heida, Aleja Castellanos, Loïe Jacotey et Emmanuelle Floc'h (espaces publics), Simon Goddard, Carole Pouly, Delphine Charnacé, Antoine Perrais

C'est en s'appuyant sur l'histoire géographique du territoire pour proposer une figure paysagère déployée en réseau à l'image des « boires » du fleuve qui articulaient autrefois ses îles en archipel, et en repositionnant le futur parc métropolitain au sud pour participer du grand paysage de Loire avec les ripisylves de Pirmil en face, que notre équipe menée par la paysagiste Jacqueline Osty a été désignée, en 2017, lauréate du dialogue compétitif pour une nouvelle « saison » de l'île de Nantes. Succéder à des urbanistes émérites, dont Alexandre Chemetoff qui a su révéler le passé industriel et renouveler par petites touches le quartier de la création devenu une ville attrayante et diverse, patrimoniale et contemporaine à la fois, était obligeant autant que tétanisant ! D'autant que c'est finalement sur l'ancien faisceau ferré au cœur de l'île, sans « existants » à reconvertir et loin des rives du fleuve, que nous devions faire naître le nouveau quartier République, « coincé » derrière le mastodonte du CHU en construction. Comment, dans ces conditions, se hisser à la hauteur des qualités reconnues de l'île et de ses transformations récentes ?

Pour une ville foisonnante et adaptable

L'observation du faubourg voisin nous inspire. Le grain du parcellaire y offre un mélange d'immeubles de rapport, de hangars d'artisans, de bâtiments récents qui émergent et surprennent. La profondeur des îlots laisse place à des intériorités de jardins, de venelles ou de cours. Pour produire un tissu contemporain dense, composite et évolutif, nous installons un parcellaire fin au sein de grands îlots en bordure des jardins de l'Estuaire, redécoupés par des venelles et reliés par une rue sinueuse et apaisée. Cet assemblage régulé de « micro-lots » permet une grande diversité typo-morphologique et programmatique, ainsi qu'un réglage des péréquations entre lots : les lots de bureaux qui portent le parking commun, les maisons de ville aux constructions plus légères, etc. La décomposition foncière permet aussi de préserver des dents creuses intentionnelles à destination de futures « opérations singulières », et introduit le facteur temps dans la construction de la ville. Un travail complexe et minutieux à rebours d'une fabrique de la ville « par gros morceaux ».

Organisation parcellaire : complexité et agilité

Les modes opératoires que nous expérimentons dans le cadre du quartier République tentent de renouer avec les qualités de résilience et de flexibilité de la ville ancienne sans renoncer aux mutualisations contemporaines, ce qui implique des échelles de gestion supérieures à celle de la parcelle (pour le stationnement, la gestion hydraulique alternative, les réseaux d'énergies renouvelables, etc.). Cela n'aurait pas été possible sans le choix parfaitement assumé par l'aménageur, la Samoa, de renoncer à la facilité des « macro-lots » et de se doter d'une ingénierie en interne pour gérer elle-même la complexité des interfaces. En phase d'étude, la démultiplication des opérateurs et des concepteurs pour une même superficie entraîne de fait une coordination technique importante, mais elle permet également de consulter un plus large panel de promoteurs et d'architectes, notamment de jeunes agences habituées à construire des programmes de petites tailles. Élaborer ces mitoyennetés « en voisins » s'avère être un exercice très différent d'une conception « macro », et nécessite une ambiance de compagnonnage et une forme de modestie chez les concepteurs, à l'inverse des tenants de l'architecture-objet. De ce travail collégial découle un grain urbain chatoyant, reflet du rythme parcellaire. Au stade de la réalisation, c'est la multiplication des grues et la complexité des chantiers, corollaire de l'augmentation du nombre de bâtiments, qui questionne. Ces embouteillages redoutés résultent avant tout de l'accélération et de la massification contemporaine de la production immobilière. Mais il est indispensable de mettre en regard des critiques portant sur la complexité de fabrication de ces tissus, la simplification qu'elle porte en germe pour leur évolution ultérieure, leur gestion au quotidien, et les échelles de voisinage hospitalières qui en découlent. [CS - MT]

0
100
250
N

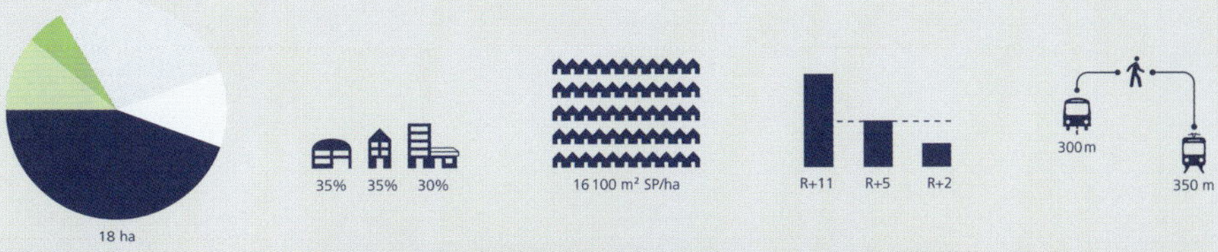
18 ha
35%
35%
30%
16 100 m² SP/ha
R+11
R+5
R+2
300 m
350 m

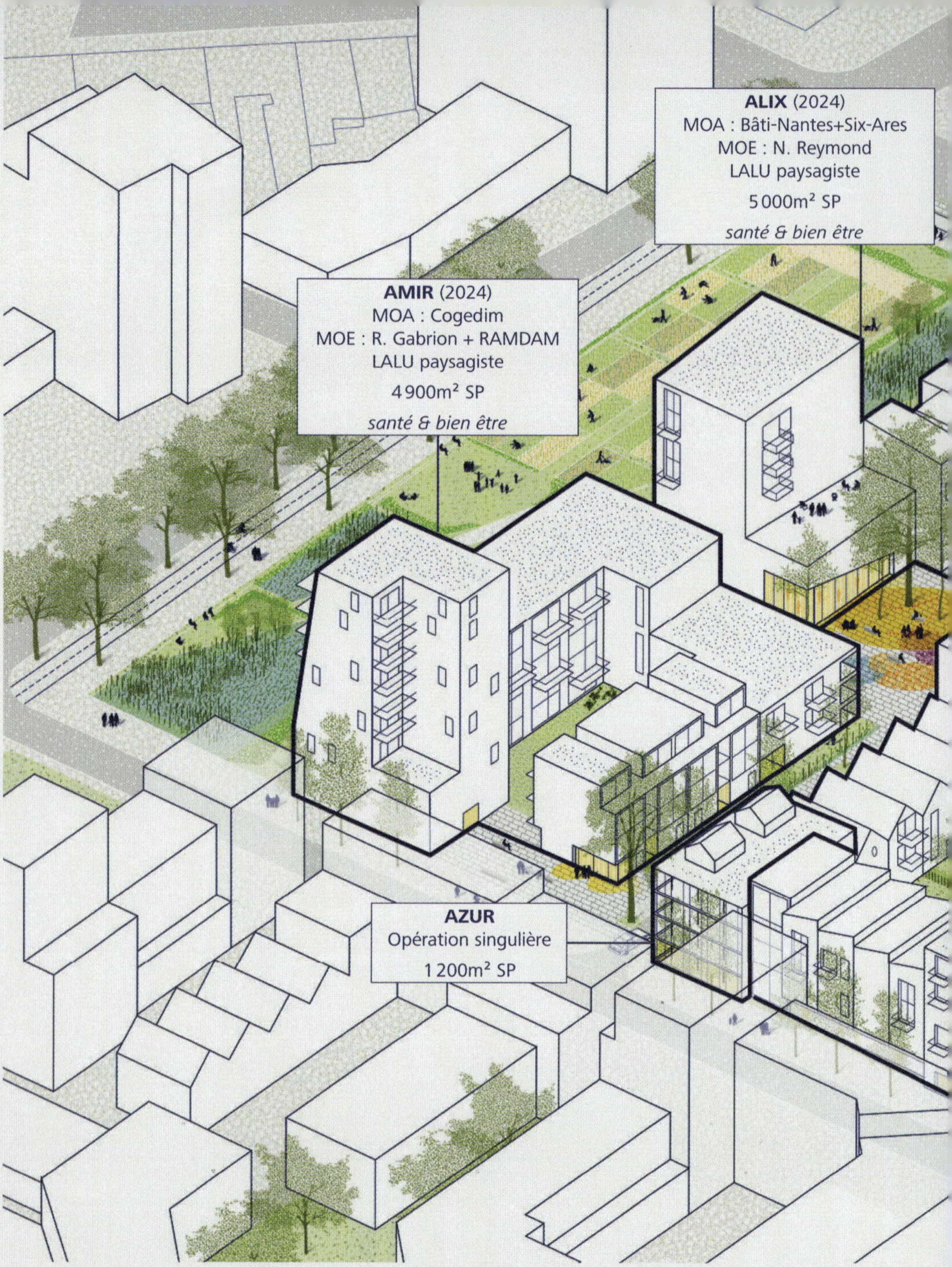

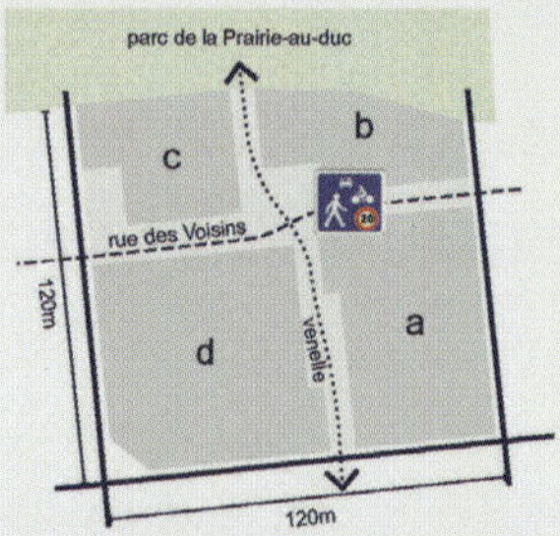

Bloc 120 x 120m redécoupé en îlots : ruelles apaisées et venelles

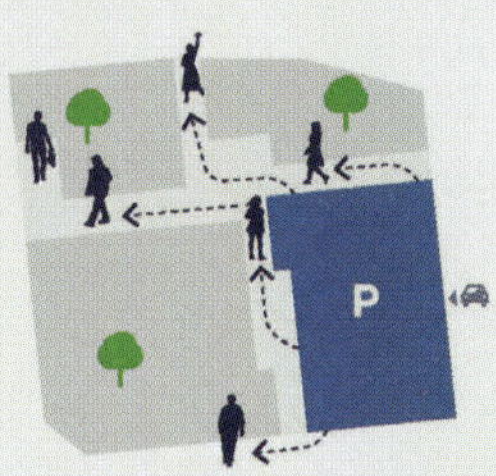

Un seul parking par bloc : pleine terre & vie dans les ruelles

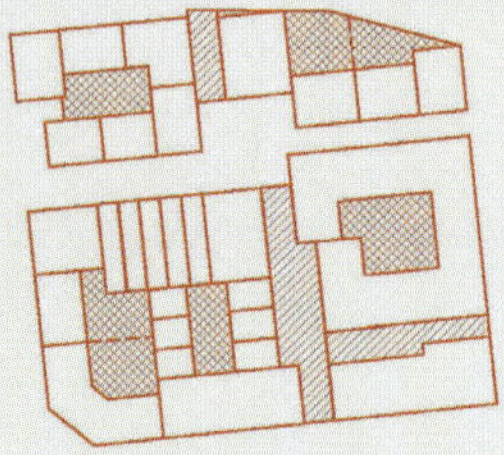

Parcellaire fin et diversifié : évolutivité & mitoyenneté

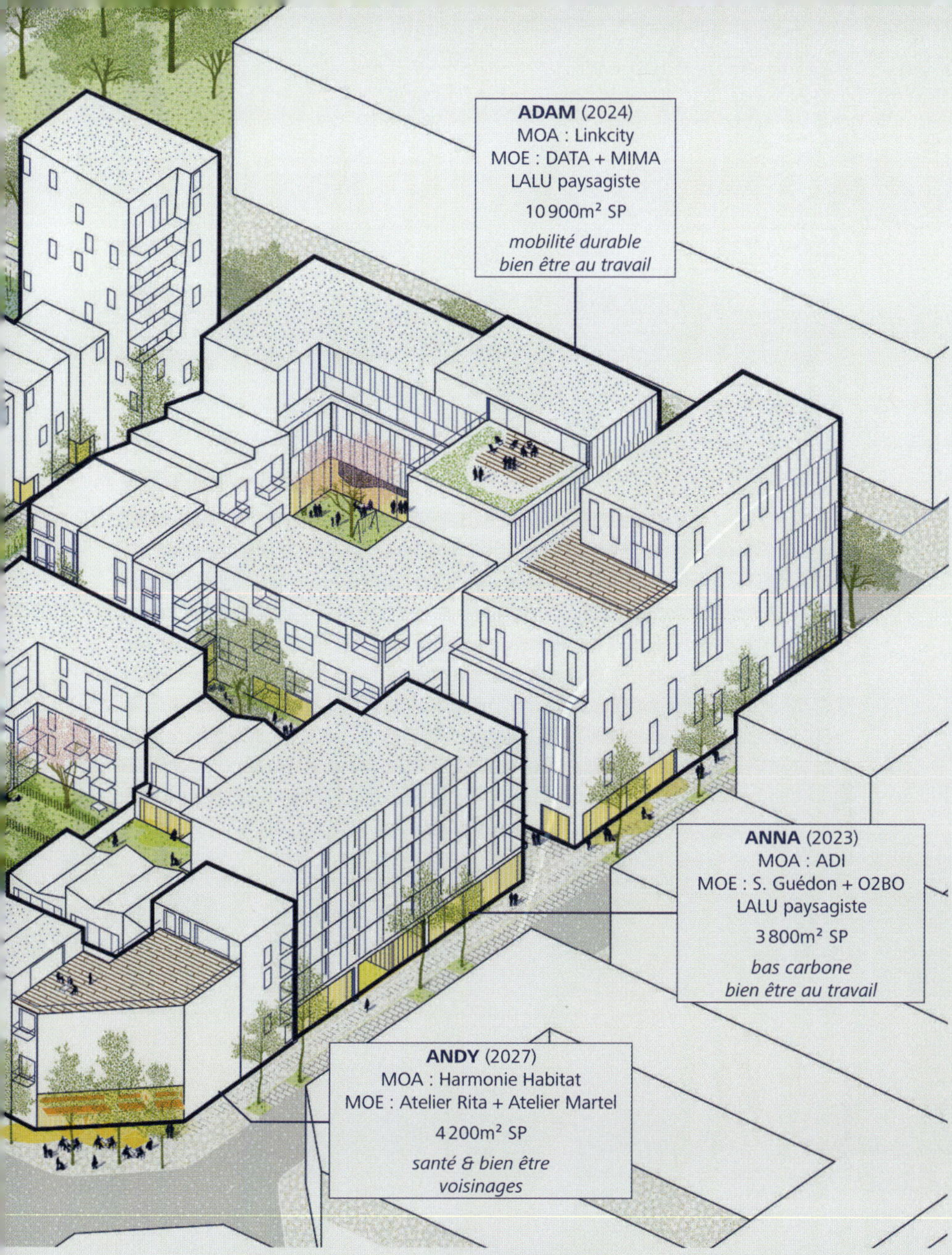

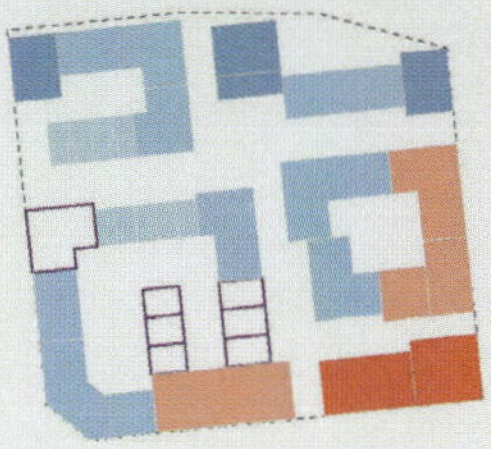

Diversité programmatique : vie urbaine, mutualisation et foisonnement

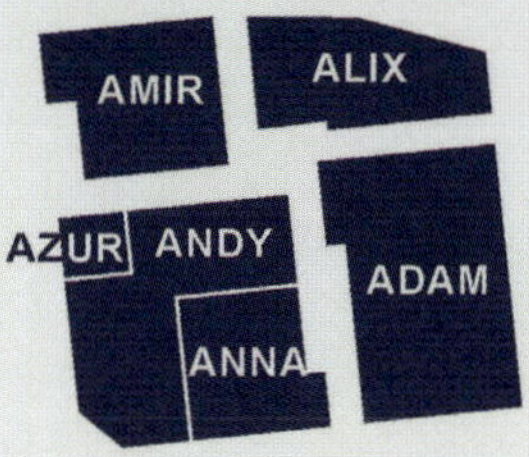

5 opérations + 1 opération singulière à réaliser plus tard

Quartier République, Île de Nantes : un «bloc» de 120 m x 120m, échantillon de tissu et principe d'assemblage.

Double page suivante : Quartier République, Île de Nantes 2024.

TAPAGE

Mener l'aventure commune du nouveau Quartier République (île de Nantes)

Virginie Vial, directrice générale de la Samoa (Société d'Aménagement de la Métropole Ouest Atlantique)

Nous sommes nombreux autour de la table parce que l'île de Nantes est depuis toujours une aventure collective. Claire Schorter, Jacqueline Osty et leurs équipes sont depuis peu les maîtres d'œuvre urbains des lieux. Le sujet est ingrat, sans doute le plus difficile que nous ayons eu à traiter : comment faire pour que ce morceau de terre, ancien site ferroviaire et industriel niché dans la plus grande épaisseur de l'île, éloigné de la Loire, face au très grand CHU, ne devienne pas un énième écoquartier qui peine à trouver son âme ?
Claire prend le sujet avec enthousiasme. Avec calme (apparent), sans préjugés ni méthode toute faite, et en équipe. Elle porte d'abord son attention aux quartiers voisins riches d'histoire, en vantant leurs qualités, celles qui l'inspireront. Ses égards aux futurs habitants et usagers feront la différence : multiplier les entrées pour croiser plus facilement ses voisins et créer une ambiance très domestique malgré la forte densité imposée ; anticiper la création de «petites» copropriétés qui pourront plus facilement évoluer ; faire place à la nature et moins à la voiture ; offrir des rez-de-chaussée qui donnent envie d'être dans la rue ; mêler les formes, les volumes, les matériaux, les programmes… Bref, elle projette de faire en une fois ce que la ville ne parvient à créer qu'en plusieurs dizaines d'années…
Nous sommes toujours autour de la table à dessin… et adhérons sans mesure, convaincus, conquis, prêts à habiter le quartier. Nous adoptons même sa proposition de créer volontairement des «dents creuses», que nous rebaptiserons «opérations singulières». Il s'agit de geler de petits fonciers, imbriqués dans le parcellaire du quartier neuf, qui seront utilisés plus tard, pour créer la surprise, répondre à des initiatives atypiques et échapper à la production immobilière habituelle. Ce pari, pour nous aménageurs, nous sort de nos habitudes. Le travail sera plus compliqué, mais nous croyons à la proposition.
Alain [Bertrand, ex-DGA de la Samoa] témoigne : «Claire est écologiquement exigeante, mais très attentive aux usages, elle ose une densité assumée en inventant les conditions d'une vie urbaine renouvelée où la question de l'échelle (architecturale, urbaine, paysagère… et humaine !) est essentielle. Elle propose de sortir des sentiers battus en requestionnant les modèles économiques dominants de la production de la ville».
Aménageur et maître d'œuvre urbain, nous formons une même équipe qui échange, ajuste, adapte, partage les convictions, porte collectivement et avance. Claire vient régulièrement à Nantes et Vanessa Merrien, son bras droit nantais, assure au quotidien. Promoteurs et maîtres d'œuvre jouent le jeu de l'attention portée au détail. Claire garde le sourire, l'enthousiasme et l'exigence.
À l'écoute, sans dogmatisme, dans l'échange et la proposition, avec finesse et justesse. Elle sait mesurer ses convictions profondes et les brider parfois, parce que, réaliste, elle souhaite que le projet se réalise. Nous prenons tous un plaisir fou à ce travail.
Les premiers immeubles de République sont livrés, les premiers habitants arrivés, les venelles plantées ; la réalisation est fidèle à l'intention, indéniablement réussie. Mylène Besnard (cheffe de projet à la Samoa) me souffle : «Le jour où Claire, émue, a croisé mon regard en découvrant le bloc A quasi achevé m'a rappelé nos ambitions partagées. Celles qui ne s'expriment depuis des années que par des maquettes, des plans et des mots. Celles tant mises à l'épreuve au quotidien par les systèmes traditionnels. Avec détermination et sensibilité, Claire nous a embarqués dans cette œuvre résolument plus collective que d'ordinaire… Le résultat est déjà éloquent. Quelle impatience de le voir s'adapter au vivant !»
Les prochaines années écriront la suite de l'histoire, sur des bases désormais posées, partagées et convaincantes.

Page de gauche : Inauguration du bloc A du quartier République, Île de Nantes, 2024.

VIVRE EN VILLE, PRESQUE À LA CAMPAGNE

Conception urbaine et architecturale du quartier Plaisance à Rennes (35)

Peut-on créer des quartiers contemporains, inscrits dans leur géographie et en symbiose avec un paysage offert à chacun, présentant une diversité typologique et architecturale et une densité raisonnable tout en assurant l'intimité des logements ? [AM]

Années : 2016 — en cours de livraison
Maîtrise d'ouvrage : SCCV Plaisance, Ville de Rennes
Équipe :
LAQ urbanistes mandataires, et architectes
GILBERT & MAURER architectes mandataires
BOURDET RIVASSEAU architectes
BEAL ET BLANCKAERT architectes
ATELIER JOURS paysagistes
MA-GEO, BET génie urbain, hydrologie
LE SOMMER BET environnement
OUEST STRUCTURE BET structure
THALEM BET fluides
CDLP économiste
Avec chez Laq : Camille Berthou, François Leite, Denis Favret architecte pour la guinguette

Le site de Plaisance est une pépite géographique dans une boucle du canal d'Ille-et-Rance. Elle fait face, au sud et à l'est, à la bulle verdoyante des Prairies Saint-Martin, récent Parc naturel urbain d'une trentaine d'hectares en cœur de Rennes. Le vocable « Plaisance » en dit long sur les qualités de ce lieu, ancien bocage pavillonnaire calé entre le cimetière et le chemin de halage, à quinze minutes à pied de la place Sainte-Anne. Son aménagement est une opportunité rare pour une ville qui souhaite réinventer son rapport à l'eau, après s'être détournée pendant plusieurs siècles des rivières et du canal, au profit d'une vision hygiéniste puis utilitariste : s'éloigner des cloaques, se mettre à l'abri des inondations, faciliter la circulation automobile.

Un assemblage complexe de typologies simples

L'occasion est ainsi offerte de composer à Plaisance une pièce urbaine et paysagère à l'identité forte, associant étroitement bâti, eau et paysages, plutôt que des objets architecturaux posés dans des espaces libres. À la fois concepteur urbain et architecte, associés à trois agences (Béal et Blanckaert, Bourdet-Rivasseau, Maurer et Gilbert) et aux paysagistes d'Atelier Jours, nous proposons dès le concours un « assemblage complexe de typologies simples » pour rester dans une économie maîtrisée tout en offrant un habitat et une architecture soignés. Cinq types de bâtiment étudiés finement pour la qualité de leurs logements, leurs espaces communs et leur épannelage, sont ainsi répétés au sein d'une trame non orientée, et sont déclinés en une diversité de situations et d'orientations. Ces interactions riches et ajustées procurent une variété d'espaces de voisinage, de manières d'habiter et dessinent une pièce urbaine à la fois cohérente et chatoyante. Les lignes radiales qui prolongent les chemins du Parc urbain viennent créer des accidents diagonaux dans la trame, en ouvertures vers le canal.

Nouveaux voisinages au bord du canal

Le quartier est sans voiture. Les rues piétonnes et habitées y compris au rez-de-chaussée sont de fait facilement appropriées par les enfants. Pour rester sous la canopée des arbres en place, la hauteur du bâti est contenue, quitte à assumer une emprise au sol plus importante et d'inventer une richesse de seuils : jardinets, haies, murets… Chaque logement offre des vues lointaines vers le canal, les prairies Saint-Martin ou vers les lieux de vie du quartier : le jardin bocager, la placette, le bassin écologique de stockage des eaux de pluie, et le parvis de la guinguette à destination de tous les Rennais. L'architecture confortable et bioclimatique intègre les qualités de l'individuel dans des imbrications collectives, où les appartements sont presque tous traversants et munis de vastes prolongements extérieurs (terrasses, jardins), d'accès individualisés et dont les premiers niveaux se déploient en duplex. Le nombre réduit de matériaux et un système structurel basé sur l'assemblage du bois et du béton renforcent cette recherche dialectique de « diversité dans l'unité ». Les murs pignons réinterprètent le langage de la construction bretonne. Ils sont associés à des façades à ossature bois pour constituer des enveloppes efficientes (BBio-30 et Passiv'Haus) que complètent de la géothermie pour le chauffage et une production photovoltaïque en toiture. La mise en place d'un « carnet de second chantier » permet à l'habitant d'être aussi l'architecte de son logement, en y ajoutant des éléments complémentaires comme un cellier, une serre, un plancher et une chambre en plus, des protections visuelles pour les garde-corps, etc.

Un process encadré, pour une maîtrise publique de la qualité

La Ville de Rennes a su garder ici la maîtrise de la qualité du projet par un montage opérationnel original et un cahier des charges orienté sur l'usage et le paysage, décrit et inlassablement défendu par Sophie Petit, chargée du projet pour Rennes Métropole. Une gageure, dans le cadre d'une opération privée de grande ampleur, même au sein d'un périmètre public. Le fait que l'une des architectes mais aussi l'un des promoteurs du projet aient choisi d'habiter le quartier, est pour nous d'ores et déjà un satisfecit. [CS - MT]

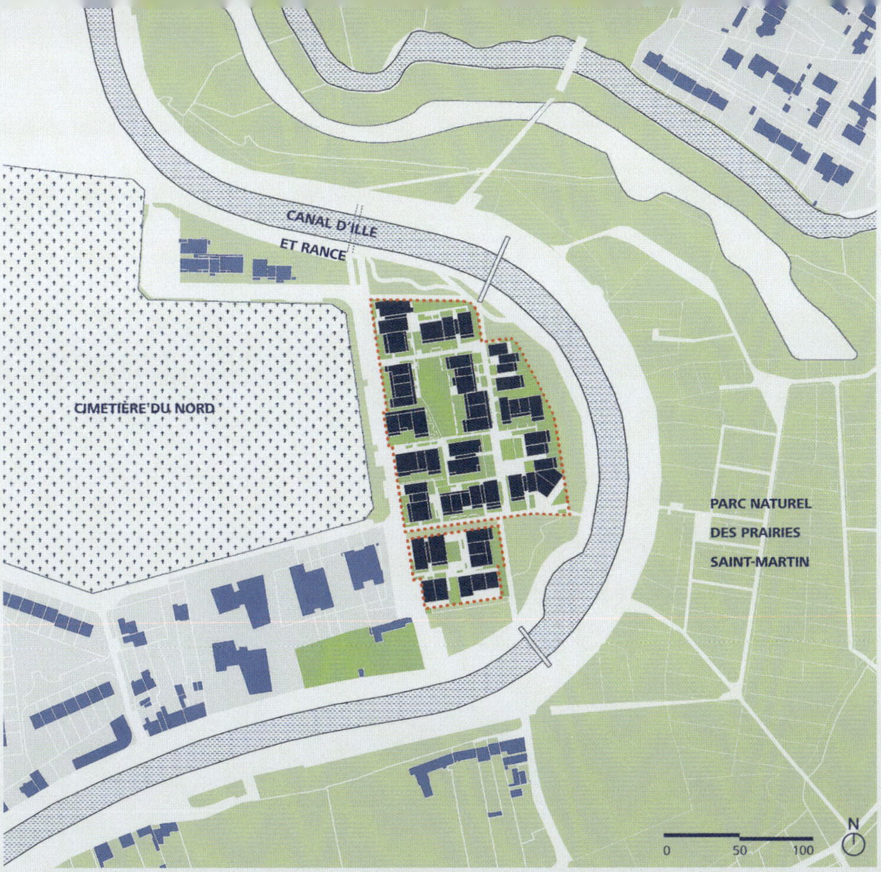
CANAL D'ILLE
ET RANCE
CIMETIÈRE DU NORD
PARC NATUREL
DES PRAIRIES
SAINT-MARTIN
N
0
50
100

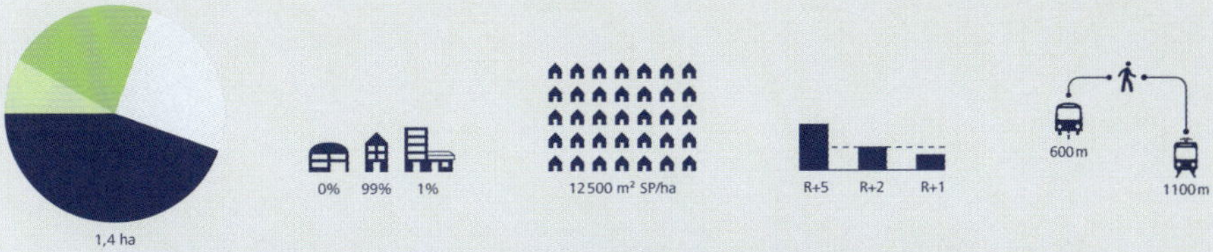
1,4 ha
0%
99%
1%
12500 m² SP/ha
R+5
R+2
R+1
600 m
1100 m

Être chez soi dans une « pépite urbaine » !

Julien Gouin, habitant du quartier Plaisance à Rennes

Je vis depuis janvier 2024 dans un appartement de la résidence Plaisance située le long du canal d'Ille-et-Rance à Rennes, et je dois dire que j'ai de la chance ! Avec mon compagnon nous avons attendu les trois longues années de travaux pour voir émerger ce nouveau quartier et pour nous y installer. À la livraison des logements, il y avait une sorte d'euphorie partagée par tous les voisins, les gens étaient heureux de découvrir leur nouveau « chez soi ». Même si les espaces extérieurs n'étaient pas encore réalisés, je sentais déjà l'énorme potentiel que cet endroit dégageait en termes de qualité de vie et de bien-être. Une de mes premières impressions a été d'avoir le sentiment de vivre dans une maison au milieu d'un village ! Outre le fait que les appartements ont tous de grands espaces extérieurs, la résidence est constituée de nombreux petits immeubles avec certaines des façades en bardage bois. De même, la plupart des logements disposent d'une entrée indépendante extérieure. C'est donc complètement différent des logements collectifs habituels et c'est très agréable. Depuis, les espaces verts entourent tous les bâtiments, ce qui est vraiment appréciable, et des jardins privatifs accompagnent les logements en rez-de-chaussée. Ils nous permettent de nous croiser régulièrement entre voisins, bonne occasion pour s'échanger les dernières nouvelles du quartier ou pour prendre un verre. Les enfants de la résidence jouent ensemble dans les nombreux espaces verts et courent sur la route piétonne qui traverse la résidence. Ce que je trouve formidable c'est que ces enfants qui ne se connaissaient pas avant, venant d'horizons différents, ont créé des liens indépendamment de leur classe sociale et de la variété des types d'accession de leurs parents.

Les habitants sont très impliqués dans la résidence. Par exemple, il y a de l'entraide pour tondre la pelouse des jardins privatifs ou bien pour porter des choses lourdes. Cette entraide se joue également dans le ménage des parties communes, réalisé à tour de rôle dans certains bâtiments. La configuration de la résidence avec ses deux ateliers et la buanderie nous orientent dans une démarche de pleine appropriation des lieux et nous questionnent sur ce que l'on peut réaliser nous-mêmes en termes d'entretien de la résidence. Nous ne manquons pas d'idées ! Ainsi, nous allons expérimenter l'entretien des espaces verts grâce à l'achat de matériel stocké dans les ateliers. Étant donné que nous sommes nombreux à utiliser un vélo, nous pensons en convertir une partie pour les réparations.

Neuf mois après mon arrivée, je suis toujours autant ravi. Le quartier est très agréable, bien pensé dans l'inspiration du modèle de l'habitat participatif et tourné vers un extérieur naturel au sein d'une ville. Les voisins sont impliqués et très sympathiques. Pour résumer, je crois que cet endroit est une pépite dans la mesure où il répond à une quadruple ambition, à la fois sociétale, sociale, architecturale et environnementale.

Page de gauche : Quartier Plaisance en cours de livraison, Rennes 2024.

VUES LOINTAINES ET COURS COMMUNES

Plan guide et suivi urbain et architectural du quartier Hébert à Paris XVIIIe (75)

Bien habiter la densité parisienne en poursuivant l'héritage des HBM produirait-il un quartier parisien à la fois contemporain et renouvelé ? Habiter les rez-de-ville dans le Nord-est parisien semble un pari osé, mais le mélange des fonctions pourrait assurer l'animation du quartier en le faisant vivre dans des temporalités variées. [AM]

Années : 2016 — en cours
Maîtrise d'ouvrage : ESPACES FERROVIAIRES
Équipe :
LAQ architectes urbanistes mandataires
AJOA paysagistes
OGI / TPFI BET génie urbain
ELIOTH BET environnement
Avec chez Laq : Myriam Toulouse, François Leite, Hélène Guillemot, Raphaël Debec

Le site Hébert, ancienne plate-forme de stockage adossée au faisceau ferré de la Gare de l'Est, jusque-là clos, doit engager sa mue et s'ouvrir aux quartiers voisins dans la dynamique de renouvellement urbain du Nord-Est parisien. Sa bonne desserte en transports en commun et l'aménagement du parc Chapelle-Charbon à proximité plaident pour une utilisation optimale du foncier en «positivant les contraintes», acoustiques notamment. Les enjeux de programmation sont complexes : la Ville souhaite amplifier la production de logements sociaux à l'échelle de Paris ; alors qu'Espaces Ferroviaires, aménageur et promoteur de la SNCF, doit valoriser «au mieux» ses terrains. Une répartition est actée entre les parties prenantes pour produire un quartier mixte comportant autant de logements (dont 60 % sociaux, 30 % libres et 10 % intermédiaires) que de surfaces actives (bureaux et artisanat). Ces dernières sont privilégiées au nord du site proche de la polarité Rosa Parks, en particulier via une parcelle réservée pour un gros ensemble tertiaire dont nous héritons et que le projet peine toujours à «digérer», en particulier dans le contexte actuel de déclin de l'immobilier de bureaux.

La fabrique concertée d'un quartier

Notre démarche de conception urbaine, collaborative, a consisté à explorer trois scénarios d'atterrissage du programme dans les contraintes du site et à les mettre en débat lors d'ateliers avec les habitants. Chaque proposition a été analysée en termes de connexions écologiques, de mobilité, de confort bioclimatique (avec Elioth, BE environnement), de densité ressentie et présentée en maquettes explicites, pour aboutir à un scénario de synthèse partagé, support du plan guide.

Différentes manières d'habiter au frais et au calme autour d'un square

Le projet fédère les différentes fonctions urbaines autour d'un square, îlot de fraîcheur en cœur de quartier, desservi par une unique rue apaisée et des allées végétales. Ce dispositif d'espaces publics et paysagers est complété par une promenade plantée le long du faisceau ferré qui laisse ouverte la possibilité d'une voie cyclable et piétonne de Pantin à la Halle Pajol. Les formes bâties s'ancrent au plus proche des tissus voisins révélant leur hétérogénéité et empruntant leur vocabulaire : îlots faubouriens côté place Hébert ; réinterprétation de «porches», «cours» et «passages» côté square. Cette relecture de la grammaire parisienne permet d'organiser des bâtiments de faible épaisseur et de hauteur contrastée pour proposer des logements traversants disposant d'une façade au soleil et d'une façade au calme et au frais tournée vers des cours plantées. La combinaison de différents modes d'habiter au sein des îlots, de l'émergence élancée (R+11) à l'échelle mesurée de maisons superposées (R+3) favorise la pluralité ; et atténue la perception de densité.

L'importance des rez-de-ville

Développer un quartier vivant et sûr implique une vigilance sur le traitement des rez-de-ville et des angles de rues. Actifs ou habités, ils sont destinés à accueillir des locaux artisanaux et commerciaux, des équipements, des halls d'entrée et des locaux à vélos généreux positionnés pour favoriser la «co-veillance» des espaces publics, mais aussi des logements. Habiter en rez-de-chaussée à Paris ne va pas de soi et requiert plusieurs conditions : un adressage sur des ruelles apaisées ou piétonnes; des logements traversants et en duplex ; des chambres à l'étage ou sur cour ; des seuils paysagés et des séquences d'entrée travaillées pour éviter l'entrée directe dans les séjours, etc. Ces gradations de l'intime au dehors impliquent un suivi en détail avec les architectes, doublé d'interactions avec l'aménageur et les services de la Ville pour que les dispositifs protecteurs ne deviennent pas défensifs (hauteur des clôtures, ouvertures des portillons, etc.). Autant de précautions pour concrétiser le pari délicat de rez-de-chaussée habités et vivants, au bénéfice d'une vie de quartier douce, appropriée et plus sûre. [CS - MT]

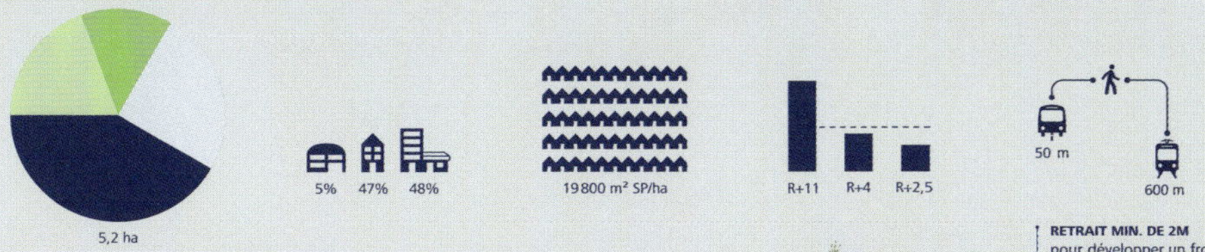

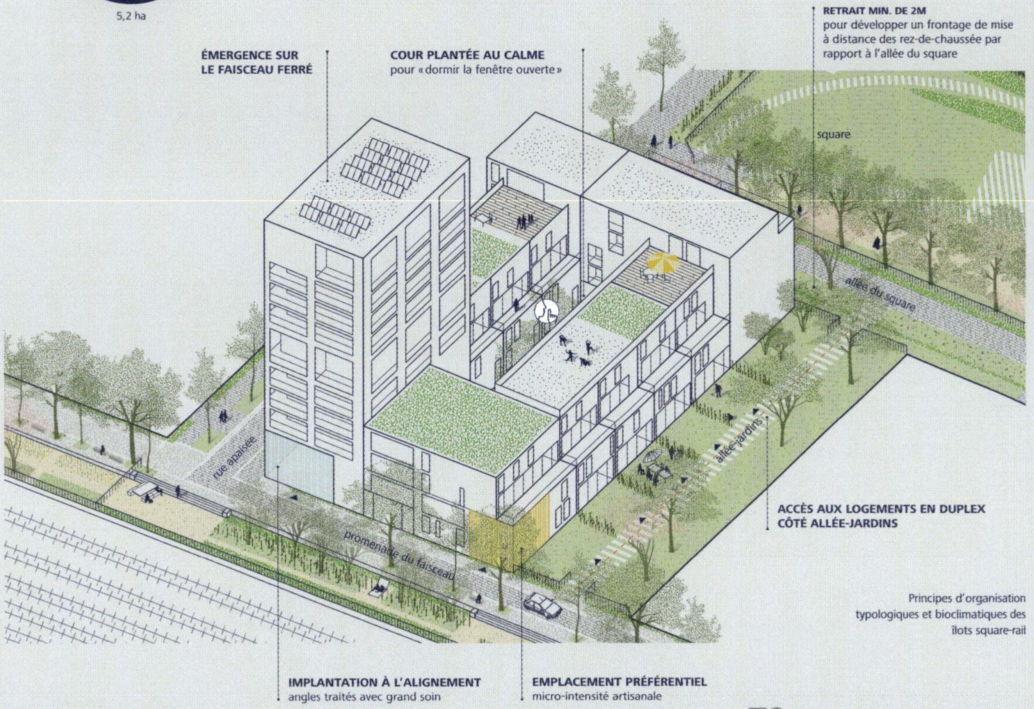

Principes d'organisation typologiques et bioclimatiques des îlots square-rail

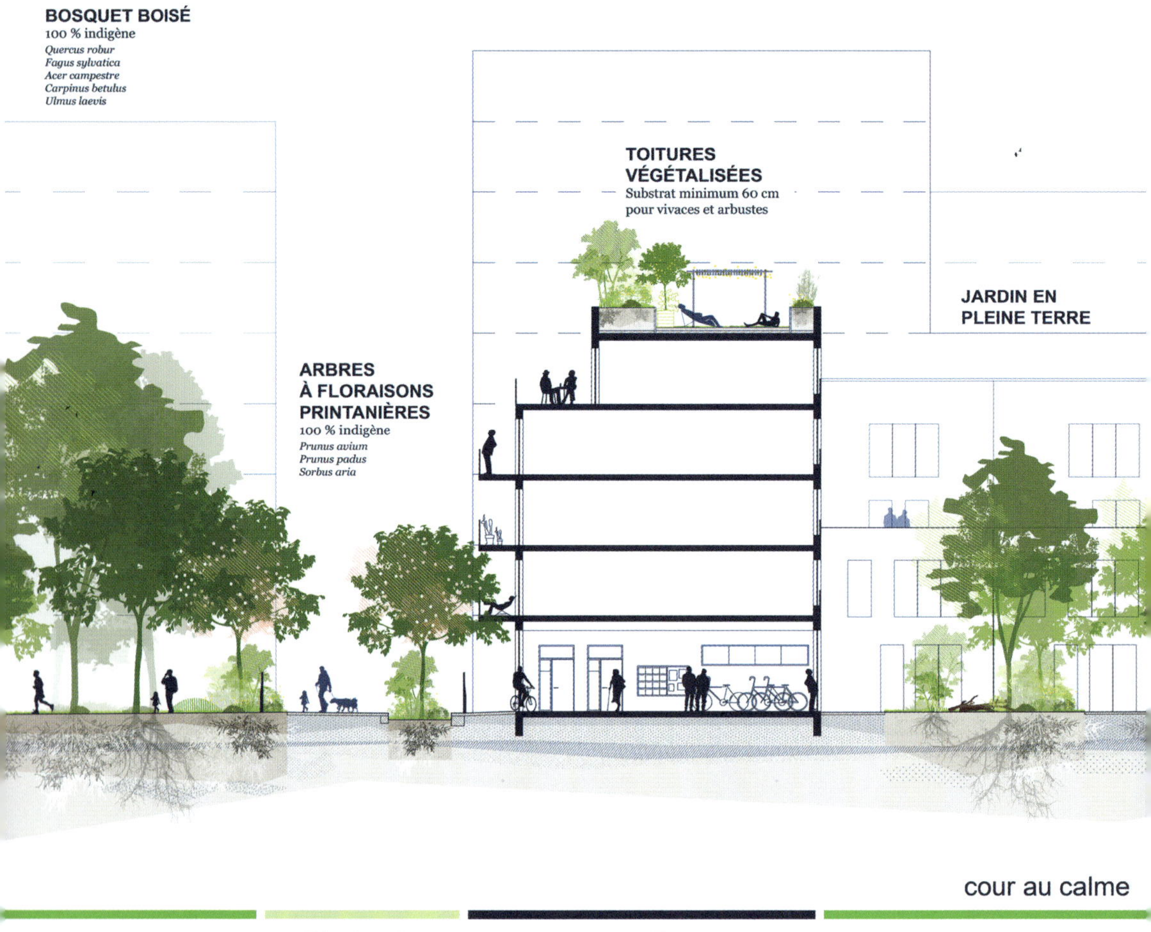
BOSQUET BOISÉ
100 % indigène
Quercus robur
Fagus sylvatica
Acer campestre
Carpinus betulus
Ulmus laevis
TOITURES VÉGÉTALISÉES
Substrat minimum 60 cm pour vivaces et arbustes
JARDIN EN PLEINE TERRE
ARBRES À FLORAISONS PRINTANIÈRES
100 % indigène
Prunus avium
Prunus padus
Sorbus aria
cour au calme
allée-jardins
lot E

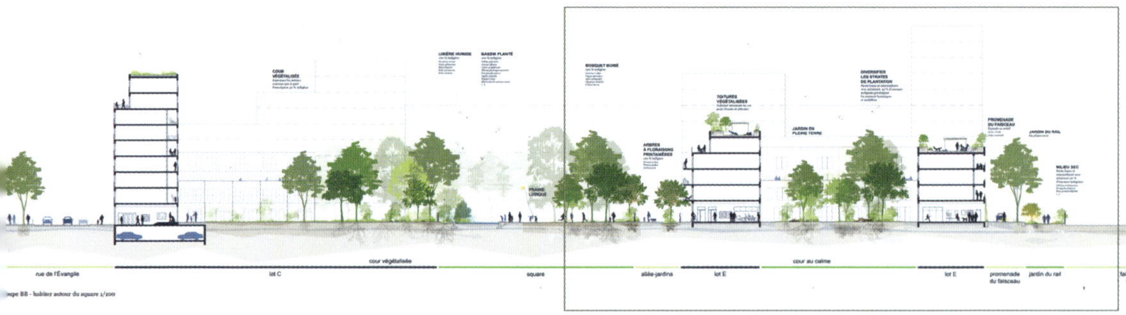
rue de l'Évangile
lot C
cour végétalisée
square
allée-jardins
lot E
cour au calme
lot E
promenade du faisceau
jardin du rail

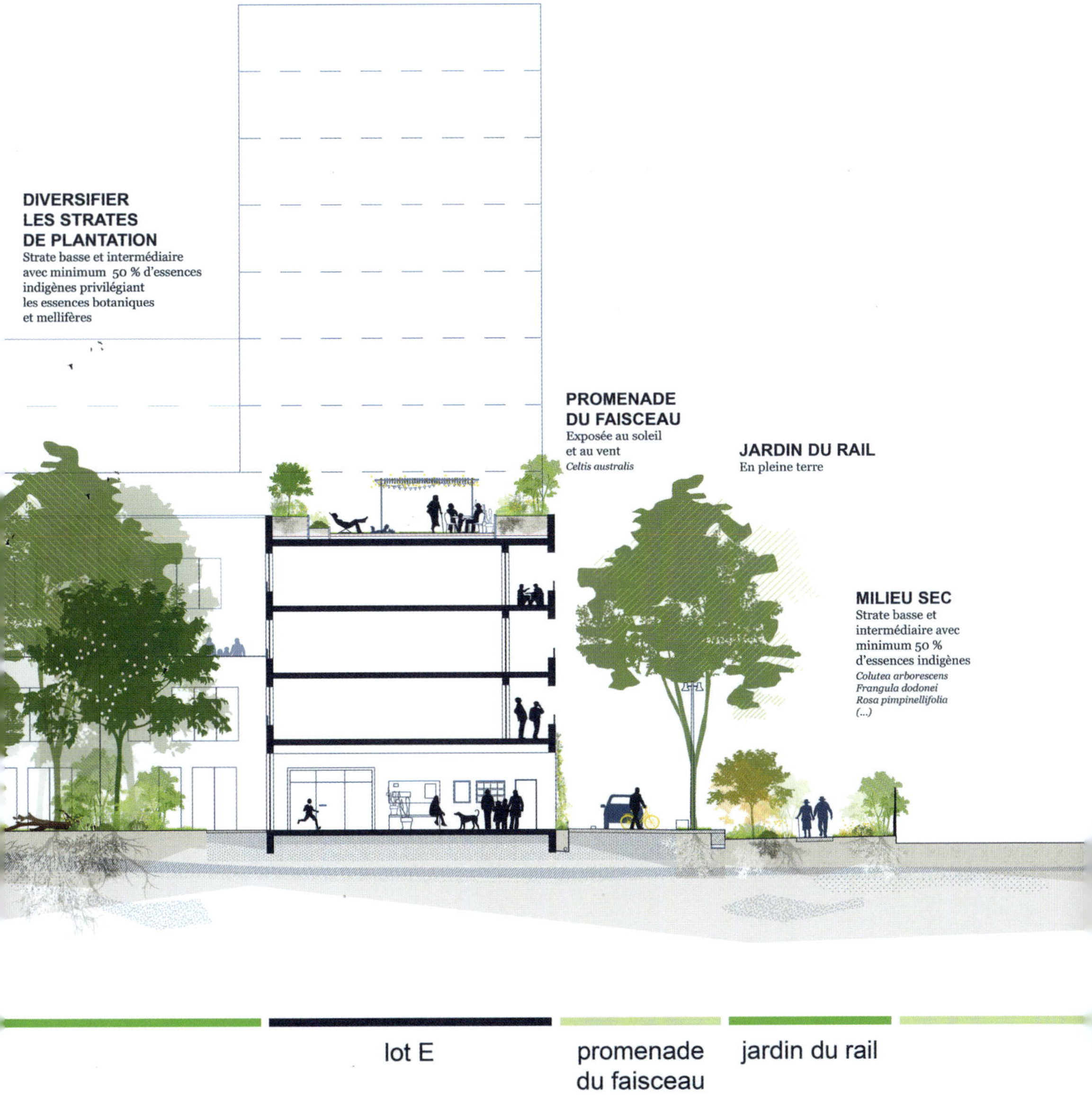

Coupe sur les îlots entre square et voies ferrées, projet Hébert, Paris.

Une confiance réciproque

David Lucas, Espaces Ferroviaires, Directeur Aménagement Île-de-France

Claire Schorter avait remporté, avec l'Atelier Jacqueline Osty et les bureaux d'étude ELIOTH et OGI, la consultation qu'Espaces Ferroviaires, filiale d'aménagement et de développement immobilier du groupe SNCF, avait lancée pour la transformation de l'ancienne gare de marchandises Hébert (Paris, XVIIIe arrondissement) en un nouveau quartier post-carbone. Elle a développé une approche méthodique fondée sur ses convictions : intégration urbaine, variété des modes d'habiter, qualité d'usage, évaluation environnementale guidant la conception du projet. Espaces Ferroviaires s'appuie depuis 2016 sur cette équipe solide et cohérente, sensible et convaincue, à l'écoute et fidèle. Nos ambitions sont convergentes en matière de responsabilité économique, sociale et environnementale, d'insertion urbaine et de qualité d'usage des projets architecturaux. Ces ambitions prennent corps grâce au travail subtil, méthodique, pugnace et continu de l'agence Laq et de toute l'équipe partenariale. Un maître d'ouvrage stable sur ses fondamentaux environnementaux, sociétaux, urbains et immobiliers a besoin de compter sur une architecte-urbaniste qui sait expliquer comment elle travaille et dont les livrables sont sincères et fiables jusque dans leurs détails. Cette confiance est entretenue par les qualités personnelles des membres de l'agence Laq dont la production est le reflet.
Le caractère déterminé, exigeant mais souriant de Claire Schorter y est certainement pour quelque chose. Réciproquement, face aux incertitudes et aux allers et retours inévitables d'une telle opération, Claire Schorter nous a fait confiance. La concrétisation en cours de la première tranche de l'opération nous donne raison à tous.
Cette coopération fructueuse s'inscrit dans un cadre collectif complexe que Claire Schorter ne sous-estime jamais : partenariat avec les élus centraux et d'arrondissement, poursuite du dialogue citoyen avec les associations et les riverains, attentes du propriétaire SNCF et des opérateurs immobiliers, ateliers avec les maîtres d'œuvre respectifs de chaque lot. Nous devrions avoir le plaisir de poursuivre la mise en œuvre de ce marché de maîtrise d'œuvre urbaine jusqu'en 2032. Et nous comptons donc sereinement sur elle pour tenir ce cap jusqu'à l'achèvement de l'opération Hébert.

Page de gauche :
Maquette en bois de Lucie Lelong pour le Projet Hébert, Paris.

RÉARTICULER PANTIN

Plan guide et suivi urbain et architectural et conception des espaces publics du quartier Grands-Quatre-Chemins à Pantin (93)

Un urbanisme opérant par sectorisation ôte à la cité sa perméabilité, source de liens, de facilité de vie urbaine et de continuité historique. L'acte de relier ne présente-t-il pas l'opportunité de rendre les villes plus écologiques en jouant comme ici le concept de « ville éponge » si cher à Paola Viganò et Bernardo Secchi ? [AM]

Années : 2021 — en cours
Maîtrise d'ouvrage : SPL ENSEMBLE
Équipe : LAQ architectes urbanistes mandataires
LAVERNE / LAND'ACT paysagistes
URBATEC ACOGEC BET génie civil et urbain
8'18'' conception lumière
Avec chez Laq : Pauline Marty, Bertille Pruvost, Victoire Coizy, Valentin Ranc, Sullivan Josso

Le territoire de Pantin s'inscrit dans les échelles d'espaces et de temps longs de l'agglomération parisienne. Bourg campagnard jusqu'à la fin du XIXe siècle, l'arrivée du chemin de fer et des industries s'accompagne de l'installation du faubourg Quatre-Chemins aux confins de la commune, à la frontière d'Aubervilliers. Alors que ses habitants menacent d'une scission, le déplacement de l'hôtel de ville de Pantin plus au nord le long de l'avenue Édouard Vaillant tisse un premier fil. Au XXe siècle, usines, grands ensembles et entrepôts phagocytent les vides de cette cité servante et désarticulée pour ne laisser vacant, entre l'ancien bourg et le faubourg, que le faisceau ferroviaire de la gare de marchandises. Bertrand Kern, élu maire en 2001, entame la réparation de la ville par le sud : reconversion des Grands Moulins, opérations de logements le long de la rue Hoche et du canal ; et par les franges : rénovation des quartiers populaires des Courtillières et des Quatre-Chemins. Entre les deux, le quartier Grands-Quatre-Chemins constitue la dernière pièce à inventer pour recoudre la ville, et accompagner l'ouverture de la gare RER vers le nord.

Relier et fertiliser

L'enjeu prioritaire sur ces 45 hectares n'est pas de créer un nouveau quartier — encore un — mais de relier. La figure ferroviaire, actuellement symbole de rupture, porte en elle ce potentiel de résilience car elle s'infiltre loin dans les quartiers existants. Métamorphosée en parc et promenades plantées, cette puissance de connexion peut être mise à profit pour tisser des liens indéfectibles entre les villes et les différents secteurs pantinois. Dans les entrelacs de ces fils verts viendront s'immiscer les quartiers prolongeant simplement ceux qui existent déjà. L'un faubourien, faisant suite au tissu existant des Quatre-Chemins ; l'autre métropolitain, autour de la gare RER.

Sol éponge et part du sauvage en ville

La ramification de cette trame verte forme un « sol éponge » pour infiltrer l'eau au plus proche de la goutte de pluie et limiter ainsi le phénomène de dissolution des gypses du sous-sol. Au sein des parcelles mitoyennes privées, des venelles transversales très plantées et inaccessibles ressuient les pluies et préservent « une part de sauvage » dans la ville constituée. Elles composent les maillons d'un corridor en pas japonais qui connecte les jardins et les grandes figures naturelles du Nord-Est Grand Parisien : le parc de la Villette, la promenade des voies ferrées en gestation, le jardin d'Éole, le cimetière, etc.

Des ressources urbaines, pas financières

L'ancrage du projet urbain à l'histoire géographique pantinoise s'appuie aussi sur le réemploi des ressources du lieu. Elles sont naturelles, mais aussi sociales et humaines : les équipements comme lieux de rencontre et de culture savante et populaire, les entreprises comme lieu de travail, les occupations transitoires comme espaces d'inventivité, la richesse habitée des tissus faubouriens. Elles sont également patrimoniales et matérielles : des halles, des îlots sur lesquels s'accrocher, des bâtiments petits et grands, le quai de la mémoire[1], des sols et quantités de pavés, de rails, etc. Ces ingrédients spécifiques du territoire sont incorporés au projet et porteurs d'identité pour la ville à venir, de disparités et d'accidents heureux, de foisonnement humain et urbain, de sobriété. L'intérêt de conserver le « déjà-là » ou de le transformer respectueusement est bien compris maintenant mais reste sujet à débats lorsque cela induit une constructibilité moindre. [CS - MT]

[1] Le quai aux bestiaux de Pantin a vu partir des convois de femmes vers Ravensbrück et Buchenwald, dont un des derniers convois le 15 août 1944, principalement composé de résistants et de résistantes évacués des prisons de Romainville et de Fresnes dans une dernière convulsion dix jours avant la libération.

0
100
250
N

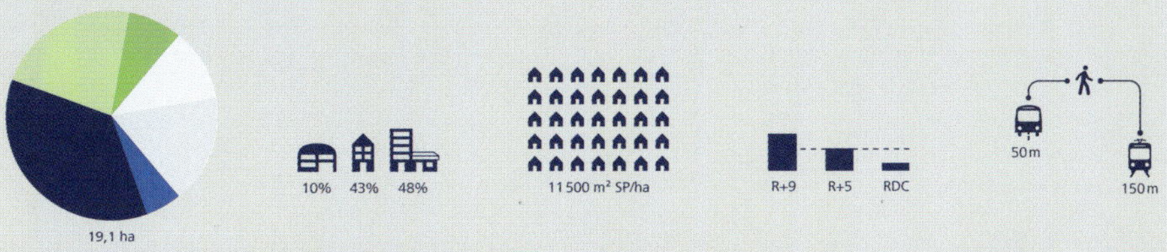
19,1 ha
10%
43%
48%
11 500 m² SP/ha
R+9
R+5
RDC
50 m
150 m

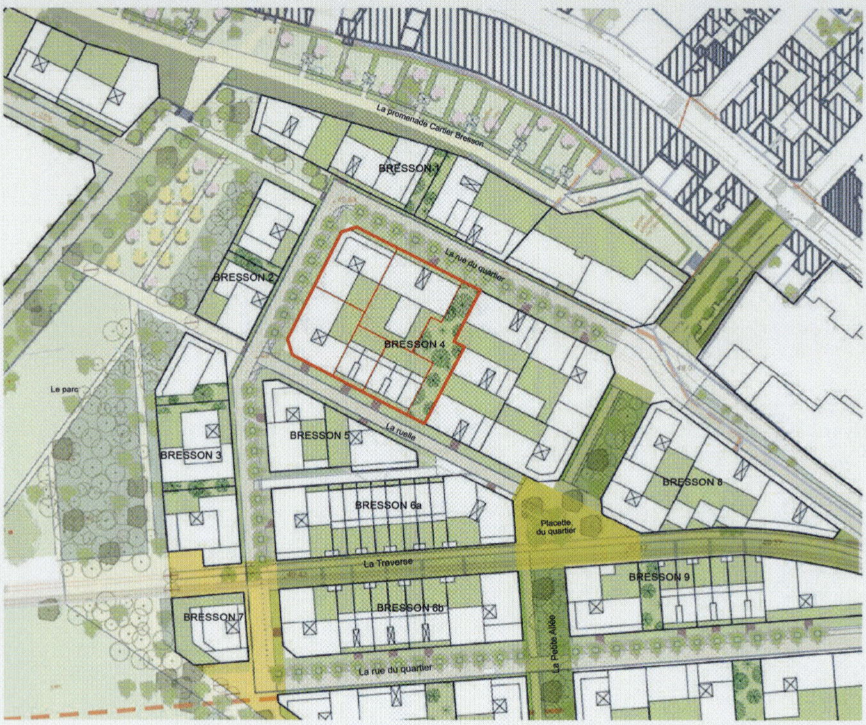

1. Le découpage parcellai

Le découpage en lot correspond à une échelle opérationn
(allotissement promoteur) ; mais un découpage plus fin en
celles au sein des lots est souhaité pour créer de la mitoyenn
favoriser des voisinages et permettre une évolutivité fine de la v
En effet, connaître ses voisins, gérer une copropriété, surélever
bâtiment ou modifier un programme, est plus simple lorsqu
nombre de propriétaires/locataires est limité par unité foncière

Le découpage en copropriétés/unités foncières se fera en cohér
avec le projet, les typologies, l'emprise du cœur de lot et ses usa
Les maisons individuelles seront autonomes sur leur parcelle.

Pour le reste les parcelles correspondront à de petites unité
copropriétés dont l'échelle s'approchera de celle de la cage d'esca
L'illustration ci-contre est un exemple de découpage parcellaire

**Un découpage en 5 parcelles constructibles minim
est exigé pour le lot Bresson 4a. Ces découpages seron
corréler à l'organisation des programmes et aux proj
architecturaux.
Pour assurer l'indépendance entre ces parcelles et leur
mutabilité, des murs mitoyens doivent être réalisés de
part et d'autre de la limite parcellaire.**

**Une parcelle inconstructible est également requise p
ce lot : la venelle sauvage** (voir §8b)**, participant à la gest
des eaux pluviales et à la biodiversité et fraîcheur en vi
Associée au lot elle sera réalisée et gérée dans le cadre
l'opération.**

LIMITE LOT

LIMITE PARCELLAIRE (PRINCIPE)

PARCELLE INCONSTRUCTIBLE (PRINCIPE) VENELLE SAUVAGE

1/1 000e

2. L'implantation, les hauteurs et la programmation

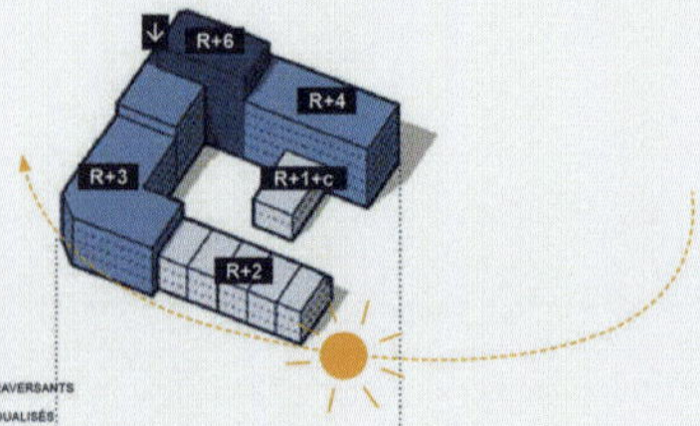

R+x HAUTEUR MAXIMUM

VARIATION DE HAUTEUR

ÉMERGENCE

LOGEMENTS COLLECTIFS TRAVERSANTS

LOGEMENTS : ACCÈS INDIVIDUALISÉS

NB : Au droit des rues un épannelage réduit des bâtiments est souhaité (en R+2 à R+4) pour atténuer la densité perçue et l'effet venturi

Axonométrie de principe : hauteurs max et typologies imposées

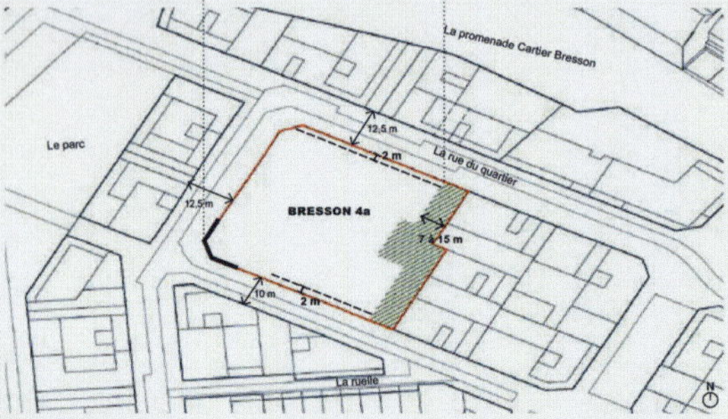

Principe d'implantation du lot

LIMITE FIXE DU LOT

ADOSSEMENT EXIGÉ

RETRAIT

VENELLE SAUVAGE

OBJECTIFS

L'implantation des bâtiments et des hauteurs doit conduire à créer un rythme et une ligne de ciel variée, et permettre à tous les usagers de bénéficier d'un apport de lumière confortable.

Le programme est à dominante résidentielle.

2.3 Hauteurs
Les prescriptions de hauteurs sont données en étages (variation selon les programmes)

2.3 La morphologie des toits : un outil pour un meilleur ensoleillement

2.4 Double attique pour atténuer la densité perçue
Le travail sur les épannelages doit permettre d'améliorer l'ensoleillement des étages bas, rompre l'effet venturi améliorer le rapport d'échelle depuis l'espace public.

Prescriptions Particulières

2.1 Forme et implantation
A l'angle sud-ouest : implantation en limite.
Sur la façade nord : implantation en retrait de 2m environ.
Le long de la façade sud : l'implantation des typologies d'hab
superposé se fera en retrait de 2m environ pour ménager un front
en limite d'espace public (rdc habité).

Une césure de 7m minimum (venelle sauvage) est également exi
Cette bande paysagère plantée en pleine terre a pour fonction
rafraîchir le cœur d'îlot et offre une superficie de stockage des e
pluviales pour tout l'îlot (voir §8b).

2.2 Programme
Le lot est résidentiel. Il propose deux manières d'habiter :
- Des immeubles de logements collectifs.
- Des logements superposés avec accès privatif sur la rue du quar
Le principe de localisation du programme et des typologies
défini sur le schéma ci-contre.

2.3 Hauteurs
A l'angle nord-ouest du lot, le bâtiment pourra atteindre R+6.
autres bâtiments adressés sur la rue se limiteront à des haut
allant de R+3 à R+4 maximum. Les logements superposé
développeront en R+2 maximum. Si des constructions existen
cœur de lot, elles seront limitées à R+1+combles.

Les hauteurs de niveaux suivantes sont à respecter :
- logements : 2,7 m sous plafond minimum,
- bureaux 2,7 m sous dalle minimum
- RDC : entre 3,5m et 3,8m sous poutre.

2.4 Morphologie et ligne de ciel
L'écrêtement des derniers niveaux des émergences est à favoriser
de limiter l'impression de hauteur et de favoriser l'ensoleillemen
Au droit des rues, un épannelage réduit ou abaissement ponc
des bâtiments est souhaité (R+2 à R+4) pour atténuer la den
perçue depuis l'espace public et l'effet venturi.

6. Les seuils et frontages

…lisation de principe des seuils et frontages

BANDE PLANTÉE PUBLIQUE (3,20 / 3,5 M)
FRONTAGE PRIVÉ NÉCESSAIRE
HALL TRAVERSANT
CLÔTURES / PORTAILS

… traversant
…20, Patast

Frontage privatif d'accès individualisé du logement
Quartier vauban, Friburg-im-Brisgau

Plantations grimpantes en façade
Quartier vauban, Friburg-im-Brisgau

Mise à distance plantée et passerelle d'accès au logement
Bottières-Chesnaie, Nantes

OBJECTIFS

Le seuil est le point de rencontre entre la sphère privée et la sphère publique. Il doit être approprié par les habitants et usagers pour que la vie investisse les espaces urbains ; ou bien généreusement planté.
Les coupes et schéma ci-contre sont donnés à titre de principe dans les dimensions et le traitement ; c'est avant tout l'appropriation et l'intimisation des rez-de-chaussées qui doivent être recherchées.

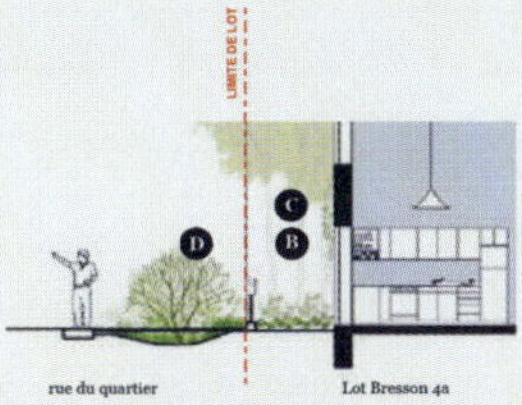

Rdc habité

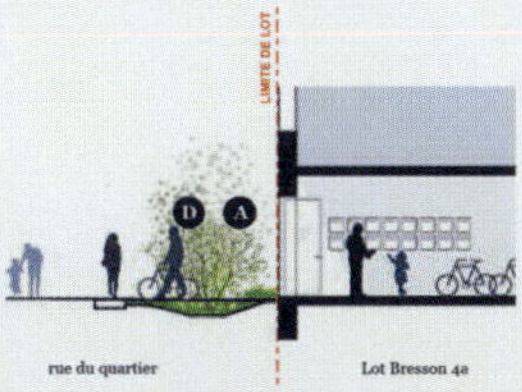

Hall

Prescriptions Particulières

6.1 Typologies de seuils
Les seuils des rez-de-chaussée sont traités en adéquation avec les différents types d'espaces qui les bordent. Le schéma ci-contre indique les différentes typologies de seuils.

6.2 Frontages privés
En vis-à-vis des logements superposées ou de certains immeubles collectifs un frontage privé amplifie l'intimité des logements et participe fortement à la qualité de la rue :
- mise à distance complémentaire à celle de l'espace public (noue plantée de 3,5 m) par une végétation en limite privative.
- retrait de la façade sur lot privé : 2 m environ
- frontage planté d'arbustes/vivaces/grimpantes sur façade

6.3 Les plantations
Les plantations seront composées d'une strate arbustive, privilégiant le choix de végétaux variés dont au moins 30% de persistants afin de garantir une densité de plantation même en hiver, sans toutefois impacter l'accès à la lumière naturelle des intérieurs (*cf CGPEDD, solarisation et confort d'hiver).*
Suivant la charte de l'arbre de la ville de Pantin, la limite du houppier (branches, feuillages) devra se situer à au moins 2m des façades.

Sur les façades accueillant les locaux techniques, de vélos, OM, pourra être prévue l'installation de plantes grimpantes qui viendront s'y développer pour participer à l'ambiance végétale commune. L'ensemble des végétaux retenus privilégieront les essences botaniques, indigènes et mellifères.

6.3 Les usages
Des usages en lien avec le logement adjacent sont possibles sur les frontages : attaches vélos, assises et plantations.

6.4 Les clôtures - *voir chap. 10 Les clôtures -*
Les frontages privés ne comportent pas de clôture, ou alors très basse de 40 cm à 1m maximum. Si elle est en interface avec un espace public végétal, une lisse basse est possible, si elle est en interface avec un espace public minéral, un muret qualitatif pourra être implanté.

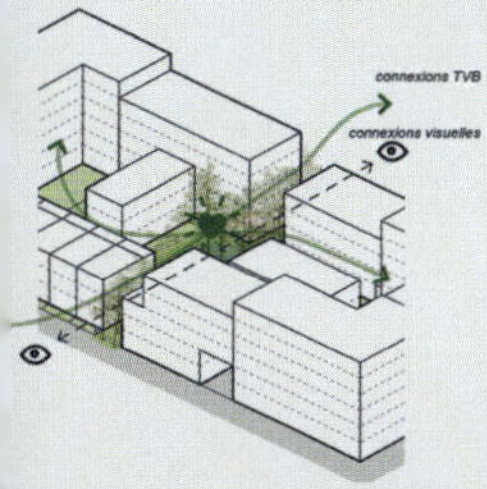

Expériences de parois accueillant la biodiversité, Paris, Chartier Dalix

Référence de clôture habitat type haie sèche qui s'agrémente dans le temps
Parc du Champ libre, Rouen, Mutabilis

8 bis. La venelle sauvage

OBJECTIFS

La venelle sauvage offre un maillage pour la biodiversité au sein du quartier, une présence du végétal renforcé et des cœurs d'îlots de fraîcheur en continuité des cœurs d'îlots. Ces espaces favorisent la gestion alternative des eaux pluviales par infiltration (sols éponges).

8b.1 Dimensions

Rue Denis Papin, Pantin

Square de l'île Mabon, une parcelle laissée au développement spontané de la végétation en pleine ville, Île de Nantes, Alexandre Chemetoff

Prescriptions Particulières

8b.1 Dimension et végétalisation
La venelle aura une largeur de 7m minimum en tout point. Sa forme et sa dimension peuvent être ajustés en fonction du lot, ainsi que sa position au sein du lot compte tenu des contraintes de pollution (infiltration impossible).
Elle sera plantée d'essences majoritairement indigènes de la région Île-de-France avec une réflexion spécifique sur l'anticipation du changement climatique. L'ensemble des strates devra être représentée (herbacée, buissonnante, arbustive, arborée et grimpante). Les 7m de large ne permettent pas la plantation d'arbres de petit et moyen développement à moins de 5m des façades lorsque celles-ci se situent en limite, en revanche dès que la venelle sauvage jouxte les autres cœurs d'îlots, des arbres devront être plantés, partout où cela est possible. Le plan de l'îlot devra prendre en compte la contrainte de planter au moins 3 arbres de moyen et grand développement.

8b.2 Accès
La venelle sauvage sera accessible uniquement pour son entretien. Elle devra être visible depuis l'espace public et les cœurs d'îlots. Les sols en revêtements imperméables sont proscrits. S'il est nécessaire d'aménager l'espace pour l'entretien, privilégier des structures en terre-pierre renforcées et plantées.

8b.3 Gestion des eaux
La topographie sera travaillée en léger creux afin de récupérer et infiltrer (volume à infiltrer : voir partie 4) les eaux pluviales de l'îlot et créer des micro-milieux au sein de la parcelle. La circulation des eaux pluviales depuis les toitures et terrasses des différentes parcelles du lot se fera de manière **gravitaire** jusqu'à la venelle, à l'aide de fossés, caniveaux... et devra être pensée dès la conception du lot. Les pompes de relevage sont interdites.

8b.4 Faune
Une réflexion devra être menée sur les habitats mis en place pour l'accueil de la faune en diversifiant les milieux (jeu de strates, de topographie, de gestion des eaux...). Les essences seront choisies également sous cet angle (nourricier, mellifère...). Certains dispositifs devront être mis en place pour l'accueil de cette faune (haies sèches, murets en pierre sèche, tas de bois issus de la gestion différenciée, bois percés...).

8b.5 Gestion différenciée
La gestion de cet espace est obligatoirement différenciée et extensive. L'intervention humaine doit y être minimale: fauche annuelle et taille douce de sécurisation en dehors des périodes de nidification et de reproduction de la faune, arrosage proscrit,... Les «déchets» issus de cet entretien devront être autant que possible laissés en place et utilisés en paillage par exemple, pour fournir les haies sèches, en tas de bois, etc afin d'enrichir les milieux et habitats de la parcelle. *Un carnet de gestion devra être fourni.*

8b.6 Clôtures et portail
Au moins un portail pour l'entretien à simple ventail de 1.20m de passage libre sera implanté coté voirie.
Les clôtures reprendront le principe général des typologies déclinées à l'îlot (*cf. chapitre 10*). Dans le cas de la venelle sauvage, le muret (si nécessaire) n'excédera pas 40cm. Il sera traité en «clôture habitat» selon la définition du PLUi (infractuosités par la faune, interstices, loges nichoirs ou abris intégrés). En ce qui concerne les clôtures séparatives avec les jardins contigus, les prescriptions sont soit celles du chapitre 9, soit peuvent être traitée sous forme de haies sèches.

Extraits de fiches de lot. Quartier Grands-Quatre-Chemins, Pantin.

PÉRIPÉTIES D'UNE FABRIQUE URBAINE

Plan guide, urbanisme transitoire et maîtrise d'œuvre des espaces publics du quartier Saint-Sauveur à Lille (59)

À Lille, le devenir de la friche de l'ancienne gare Saint-Sauveur peine à se concrétiser. Avec le recul, quels enseignements sur la fabrique de la ville tirer des différents épisodes de ce projet urbain, premier terrain d'expérimentation de l'agence mené en association avec Gehl architects ? [MT]

Années : 2013 — 2019 ; 2024 — en cours
Maîtrise d'ouvrage : SPL EURALILLE
Équipe :
GEHL ARCHITECTS / LAQ urbanistes mandataires
SIGNES OUEST / SLAP paysagistes
MA-GEO BET génie urbain et hydrologie
ARTELIA BET infrastructure et mobilité
TRIBU / ZEFCO BET environnement
BEAL & BLANCKAERT architectes
QUAND MÊME urbanisme transitoire
Avec chez Laq : Pauline Marty, Bertille Pruvost, Loïe Jacotey, Emmanuelle Floc'h, Simon Goddard

Quelle centralité urbaine pour le XXIe siècle ?

Véritable « pièce manquante du centre métropolitain » par son emprise généreuse de 23 hectares et sa position stratégique accolée à l'hyper-centre et au quartier populaire de Moulins, Saint-Sauveur est une destination à conforter pour tous les Lillois, en s'appuyant sur les quelques lieux déjà investis dans d'anciennes halles ferroviaires réhabilitées. Après la ville flamande, ses places et ses échoppes ; après la place forte militaire et sa citadelle ; après la ville industrielle, ses châteaux de l'industrie, gares, tramways et grands boulevards ; après la ville européenne de la grande vitesse et des affaires ; comment programmer ce délaissé ferroviaire et l'inscrire dans l'histoire urbaine de Lille ? La volonté de la Ville et de son maire Martine Aubry est de créer un quartier mixte, en élargissement de la centralité lilloise, pondérant besoin de logements, installation d'activités tertiaires et artisanales, équipements et un parc. La définition des ambitions et du programme est alors entreprise par l'aménageur (SPL Euralille, Romain Champy) pour préciser la commande faite à l'urbaniste, et détailler avec subtilité la vie souhaitée dans le futur quartier.

Une concertation exemplaire mais inaboutie

Dès cette phase préalable de création du récit urbain, le public est concerté. Le dialogue citoyen se poursuivra densément à plusieurs occasions et dans diverses configurations pour définir ensemble les orientations du projet. Ces échanges s'espacent à partir de 2016, du fait d'une réorganisation des priorités dans les projets métropolitains. S'ouvre une période de contestations, notamment suite à la décision de la Métropole d'installer une piscine olympique et sa fosse de plongée sur le seul espace vert approprié par les riverains. Une occupation médiatique de la friche et des actions en justice s'ensuivent ; les antagonismes se cristalliseront lors de la campagne municipale de 2020.

Sur le fond, il existe des divergences de vues entre des militants « pro-friches » plaidant pour une conservation telle quelle du délaissé urbain ; les tenants d'un « grand parc » souhaitant un poumon vert d'échelle métropolitaine ; et le choix, porté par la Ville, d'un quartier habité et travaillé de centre urbain avec ses espaces publics et paysagers de proximité. Le débat sur la meilleure vocation des sols, entre réponse à un besoin de logements abordables dans un secteur équipé et proche des transports en commun, et la demande d'espaces verts pour la fraîcheur et pour la biophilie dans une ville qui en manque cruellement, nous semble légitime au regard des enjeux climatiques et de neutralité carbone. Si un pas significatif vers la définition d'un nouvel équilibre ville-nature avait été avancé par l'équipe municipale 2017, avec la proposition de doubler la taille du Parc (de 2 à 4 ha), force est de constater la difficulté dans certains cas de dépasser les postures d'oppositions et de défiance qui fragilisent la notion même de projet, malgré des propositions pensées avec le plus grand soin et « à hauteur d'habitant », pour un quartier marchable, porteur de continuités écologiques, attentionné aux usages de la vie quotidienne et sobre en énergie.

Le temps de l'aménagement urbain est plus long que le temps du politique, et la prise en compte des enjeux sociétaux doit se faire dans une agilité permanente. En cela, le projet urbain et tous ses enjeux — présence de la nature, réparation d'écosystèmes, production de logements, programmations d'activités pour l'emploi… — est un excellent dispositif délibératif pour forger un avenir partagé et optimiste au sein des territoires, à condition d'une concertation menée de manière sincère et transparente, d'une organisation démocratique et d'une écoute réciproque en dehors des débats idéologiques ou extrémistes… [CS - MT]

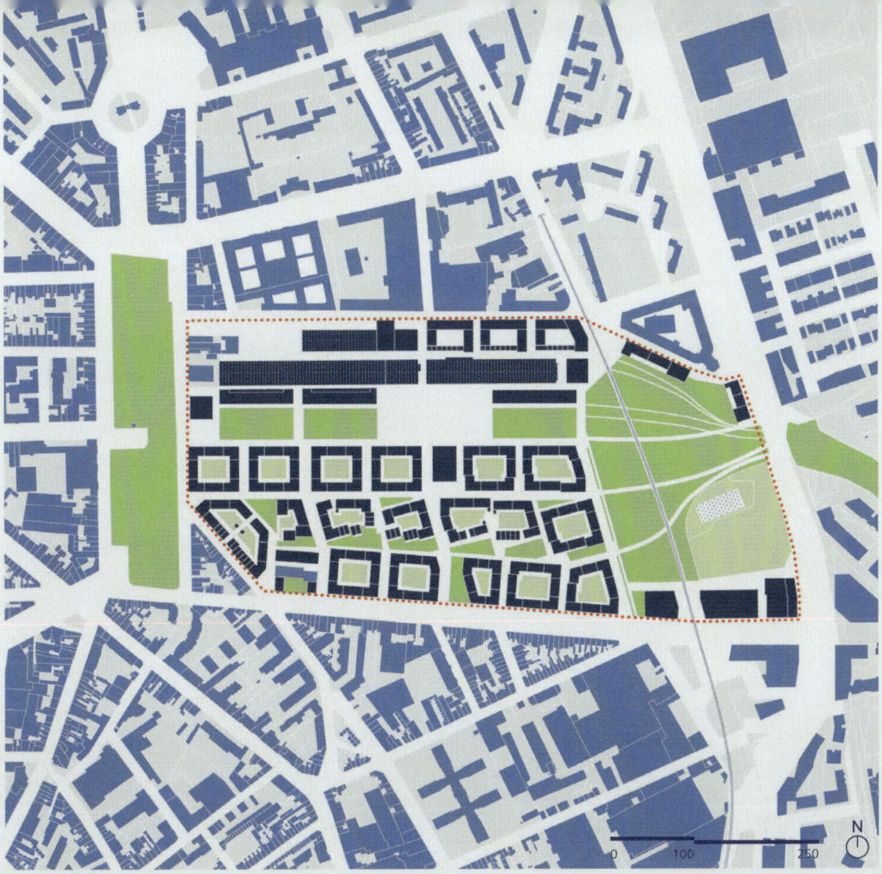
0
100
250
N

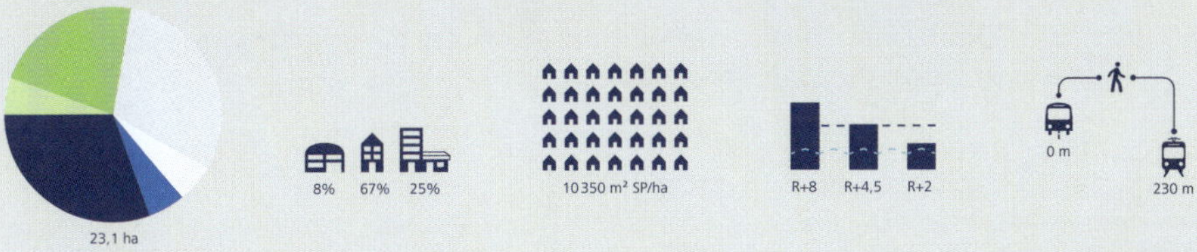
23,1 ha
8%
67%
25%
10 350 m² SP/ha
R+8
R+4,5
R+2
0 m
230 m

4

① ST SAUVEUR DANS LE CENTRE-VILLE / LA VIE MÉTROPOLITAINE

= GRANDE PHOTO OBLIQUE AVEC REPÉRAGE DES 7 LIEUX + TXT

(. CENTRE ANCIEN : RUES — PARCOURS + OPÉRA + TOURISME (DÉDALE PITTORESQUE)
. CENTRE COMM : FIN 20e ... TEMPLE MARCHAND
. MUSÉE & PLACE DE DÉMONSTRATION...
. MAIRIE / ADMIN ...
. CITADELLE + BTWIN / WAZEMMES

5

. GRDE CARTE LIEN / LIEUX / SIGNES
⊕ ENJEUX = , LIENS À RENFORCER
, CENTRALITÉ LINÉAIRE → Ⓜ
, SIGNE DE SON TEMPS = MAISON DE LA CONNAISSANCE ?
, ENTRÉE VL DANS VILLE → ADRESSE MAJEURE...

6

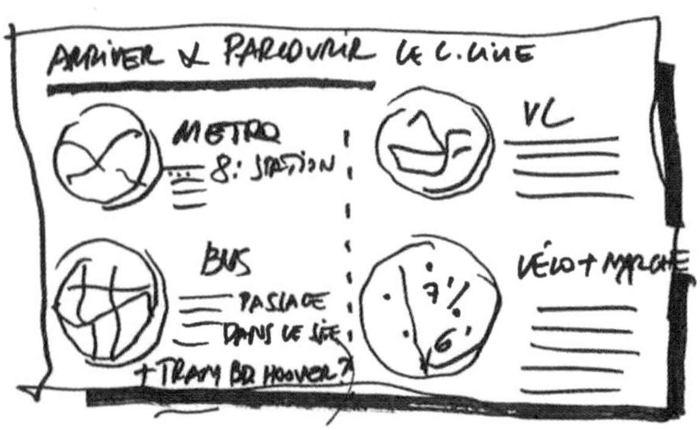

. SCHÉMAS MOBILITÉ À L'ÉCHELLE DU CENTRE + ENJEUX

TRAM BD HOOVER.

7

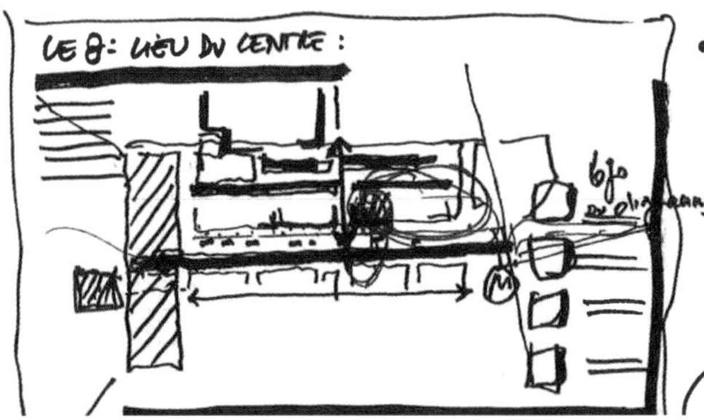

. LE 7e LIEU = LE GRAND CANAL ?

ZOOM AVEC ENJEUX DE FONCTIONNT

= RÉVÉLER CE QUI VIT DÉJÀ / 4/c VIE MÉTROPOLE PIEDS...

= CONNECTER AU MÉTRO = À LA MÉTROP...

= SHOPPING / CULTURE / NATURE / PARCOURS RENCONT...

= 1 LIEU & 1 PARCOURS ... CENTRAL...
+ LIEN B-TWIN

② SAINT SAUVEUR HABITÉ : LA VIE DE QUARTIER

PHOTO OBLIQUE AVEC REPÉRAGE DES ≠ QUARTIERS & CENTRALITÉS.

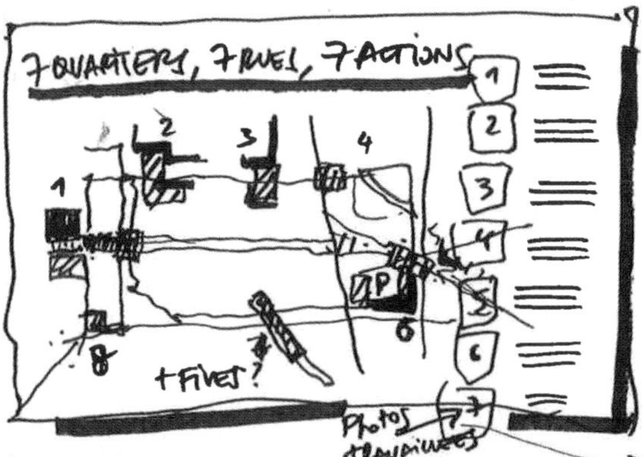

• GRANDE CARTE AVEC ACTIONS 1/5000 D'ACCROCHE AUX QUARTIERS.

+ DESCRIPTION DE CHAQUE ACTION AVEC PHOTO ANOTÉE

fiabilité

8 … cf SERPENTINE

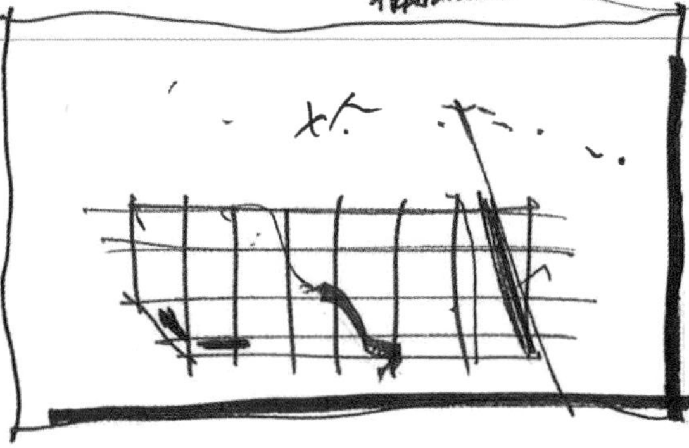

+ école / gymnase / crèche

garder 2 bâtiments = garder les jeux, l'esprit du quartier …

③

Croquis : synopsis du document Plan Guide du Quartier Saint-Sauveur, 2013.

Rendre la ville plus douce

Martine Aubry, Maire de Lille

À Lille, Claire Schorter fait partie des urbanistes porteurs de métamorphoses. Son apport est essentiellement lié au projet Saint-Sauveur. Friche industrialo-ferroviaire de 25 hectares, dernière opportunité foncière du centre ville, à proximité des transports. Le site est d'abord investi par une démarche culturelle l'adressant dans la ville : Saint-So. Dès 2019 s'y déploie une démarche d'urbanisme transitoire, support d'une programmation culturelle, s'appuyant sur d'anciennes halles ferroviaires conservées ou encore une ferme urbaine « hors sol » transitoire. Comment, à partir de cette situation, un terrain bétonné à 80 % et pollué, entre le quartier populaire de Moulins et l'hypercentre, déployer un projet social, créatif et durable capable de répondre à une demande forte de logements, tout en y mêlant toutes les fonctions (habitat, travail, culture, sport, nature) ?

Associée à l'agence danoise de Jan Gehl, Claire Schorter va porter un projet combinant la constitution d'espaces de vie à grande échelle, d'impact métropolitain, à des îlots résidentiels plus intimes, le tout dans un morceau de ville pour l'essentiel piétonnier, écartant le transit automobile. La spécificité de la proposition est une préoccupation très forte de l'équipe pour la vie sociale et la façon dont elle peut investir les espaces urbains à plusieurs échelles. Une méthode singulière, une façon de faire est proposée : « la vie, puis les espaces publics, et en dernier les bâtiments ». La qualité de la vie domestique et les sociabilités de voisinages sont érigées en valeur fondamentale d'une nouvelle forme d'urbanisme. Avec l'urbaniste écossais David Sim, directeur de projet de l'agence Gehl, et les architectes lillois Antoine Béal et Ludovic Blanckaert, l'une des démarches les plus passionnantes partagées avec Claire Schorter est le travail autour de la conception d'îlots nordiques contemporains, de formes d'habitat à échelle humaine favorisant vie collective et rencontres.

Très active lors des dispositifs de concertation et de participation citoyenne, Claire Schorter est dans le débat et l'échange franc, dans un contexte où des recours sur l'intérêt général du projet Saint-Sauveur — au final rejetés — ralentissent la réalisation. S'appuyant sur des tests grandeur nature favorisant l'émergence de nouveaux usages voulus par la Ville, comme le grand jardin du cours Saint-So, le plan-guide est conçu pour s'adapter à chaque étape.

Depuis le début de l'année 2024, suite à un appel à candidatures, Claire Schorter a été choisie comme urbaniste en chef du projet Saint-Sauveur. Elle anime désormais sous ses couleurs de l'agence Laq la conduite de la « seconde saison » du projet. Elle y porte l'ambition renouvelée, « à l'inverse des visions caricaturales et des oppositions à l'emporte-pièce », de construire « un équilibre juste et mesuré entre le construit et les sols vivants et plantés, le logement et les activités, la vie de quartier et métropolitaine, l'héritage d'un site historique et la vision prospective ». Lors d'une récente réunion où nous échangions avec les équipes de la SPL Euralille sur la végétalisation, la ville à hauteur d'enfants, le bioclimatisme et l'adaptation du plan guide à notre nouvelle boussole du pacte Lille Bas Carbone, nous apprenions sa distinction au Grand Prix de l'urbanisme. Ici à Lille, pépinière de projets qui ont révélé de nombreux Grands Prix de l'urbanisme, je salue cette reconnaissance du parcours de Claire Schorter, en l'associant à des qualités qui lui sont singulières : une ténacité dans la pensée urbaine couplée à une attention à tous, pour rendre la ville plus douce !

De *Schorter* à *Softer*

David Sim, Architecte et Urbaniste, fondateur et directeur de Softer (Lund Suède).
Auteur de *"Soft City", Building Density for Everyday Life*, Washington, Island Press, 2019

J'ai rencontré Claire Schorter à Copenhague, quand j'étais «directeur créatif» et associé de l'agence Gehl. Elle s'était déplacée au Danemark pour nous proposer de candidater ensemble au concours pour le projet d'aménagement de la friche ferroviaire Saint-Sauveur à Lille, en 2013. Nous n'avions aucune idée de qui elle était, et Gehl avait pour principe de ne jamais participer à des concours. Le fait que cette inconnue, qui n'appartenait à aucune agence (une forme d'impertinence du cavalier seul !), ait l'audace de persuader une agence relativement conservatrice comme Gehl de participer à une compétition, peut être vu comme l'un de ses talents, mais elle en a d'autres ! Brillante dans le «casting», Claire Schorter a constitué une «*dream team*» de petites agences aux fortes personnalités, seule équipe internationale parmi les quatre retenues à concourir. La vraie réussite est bien sûr d'avoir gagné après quelques mois d'un dialogue compétitif intense. Cette «équipe Gehl» (qui en fait était dirigée par Claire) fut la lauréate surprise face à trois agences françaises de renom.

À l'instar de Katsushirô conduisant l'étrange équipe des «sept samouraï» dans le film d'Akira Kurosawa, Madame Schorter eut, au long de ce parcours victorieux, l'opportunité de démontrer une large palette de compétences. Ses évidents talents d'urbaniste et d'architecte (eh non, ce n'est pas pareil !), se doublent de celui de savoir travailler en équipe, et c'est essentiel car l'urbanisme est un sport collectif. Claire Schorter a cette qualité rare parmi les concepteurs d'être à l'écoute, sincèrement intéressée par les idées et opinions des autres. Cela peut paraître trop «soft» mais détrompez-vous car elle est très forte et précise : l'une des meilleures stratèges avec lesquels j'ai collaboré. Cette combinaison de douceur et de force parvient à tirer de chacun le meilleur, pour un résultat de qualité : elle connaît parfaitement son équipe, les compétences de chacun, et à quel moment les mettre en avant.

La France est renommée dans le monde pour ses «grands projets», mais Saint-Sauveur se voulait différent. Répondant à un cahier des charges inhabituellement modeste et sobre, nous souhaitions proposer une approche plus douce, un «grand processus» ouvert et inclusif, pour emmener Lille et ses habitants dans notre parcours de projet. Ainsi, notre maître d'ouvrage, la Société Publique Locale Euralille et Martine Aubry, la maire elle-même, ont participé à ce processus de travail collectif.

Les observateurs et les critiques récentes du projet ne réalisent pas qu'ouvrir le site aux usagers et à nombre d'activités populaires fait partie du projet et de ce «grand processus».

Comme tout projet urbain, Saint-Sauveur ne fut pas un long fleuve tranquille, mais un ensemble évolutif d'étapes simples et mûrement réfléchies, basées sur des valeurs fondamentales concernant l'art de créer des lieux de qualité pour la vie urbaine. Un des défis majeurs des projets urbains est le temps, et les évolutions politiques, économiques, d'opinions, et à présent celles liées au réchauffement climatique. J'ai toujours eu confiance dans le jugement de Claire tout au long de notre collaboration, car elle n'a jamais perdu de vue le cadre général, conservant le cap tout en s'adaptant aux inévitables défis inhérents à la complexité du projet. Avec Claire nous étions des idéalistes pragmatiques.

Plus de dix ans ont passé depuis que Claire a créé son agence, d'abord à son nom puis, reconnaissant que son équipe est composée de personnalités multiples, du nom intrigant «Laq». Est-ce l'acronyme de «L'Architecture du quotidien» ? Cela pourrait être aussi celui de «L'Amour des quartiers» ? J'aime les deux. Car au-delà des compétences professionnelles, je crois que l'on peut parler d'amour. Claire aime son métier, sa passion imprègne tout ce qu'elle fait. Elle aime les quartiers des villes, l'architecture de la vie quotidienne, car elle aime et se soucie des gens. Pour cela elle attire les bonnes personnes, constituant chez Laq une équipe qui illustre son art du casting et qui réunit des personnes non seulement talentueuses mais aussi passionnées et intègres.

L'urbanisme est un processus long et lent, ce qui rend le portfolio de Claire Schorter et de Laq particulièrement impressionnant. En un temps relativement bref, Laq a démontré que dans un monde où les enjeux environnementaux, sociaux et économiques sont structurants, il est possible de produire un urbanisme innovant et attractif qui améliore la vie quotidienne des gens. Claire Schorter et Laq montrent que de grandes choses peuvent être réalisées par une équipe relativement petite et jeune. Et je dois avouer que c'est cette réussite qui m'a inspiré pour la création de ma propre agence, «Softer», nom qu'une certaine madame Schorter trouvait excellent pour une agence… Donc merci, madame Claire *Softer* !

Réparer la ville du XXe siècle

Cité Jardin de la Butte-Rouge à Châtenay-Malabry
Une Eco-cité-jardin à la française

Quartier Bottière à Nantes
Retrouver le fil des proximités

ZA Nord à Rennes et Saint-Grégoire
Réparer la ville des Trente Glorieuses

Cœur de ville d'Arcueil
Place à la vie, et à la nature

Quartier La Lainière à Roubaix et Wattrelos
Démonstrateur d'un quartier d'activités en ville

Euralens Nord à Lens, Liévin et Loos-en-Gohelle
Stop au zonage !

Textes par Claire Schorter et Myriam Toulouse

Page de gauche :
ZA Nord, Rennes, 2018.

UNE ÉCO-CITÉ-JARDIN À LA FRANÇAISE

Plan Guide pour la rénovation de la Cité-jardin de la Butte-Rouge à Châtenay-Malabry (92)

Comment préserver un patrimoine architectural, urbain et social majeur : les cités-jardins, le plus souvent classées dans leur entièreté en Europe ? La Butte-Rouge montre que la reconnaissance de leur valeur n'est peut-être pas chose si commune : serait-il d'actualité de démolir, à l'heure où la sobriété et la reconversion de l'existant sont érigées comme fils conducteurs de l'action urbaine ? Sur un autre plan, faut-il quitter une mission faute d'accord sur les valeurs avec son donneur d'ordre ? [AM]

Années : 2015-2018
Maîtrise d'ouvrage : Hauts-de-Seine Habitat
Équipe :
LAQ architectes urbanistes mandataires
AJOA paysagistes
MA-GEO BET génie urbain, hydrologie
Avec chez Laq : Simon Goddard, François Leite
Projet abandonné

La Butte-Rouge à Châtenay-Malabry est l'un des rares témoins d'une vision « à la française » du modèle des cités-jardins du début du XXe siècle. Henri Sellier, homme politique et hygiéniste, promeut alors comme alternative à l'extension anarchique du Grand Paris, des villes-banlieues rattachées plus ou moins directement à un bassin d'emploi, avec l'objectif d'offrir aux familles ouvrières des conditions de vie plus saines, une alimentation agrémentée des cultures de jardins vivriers, une surveillance médicale et une éducation à la pointe. « Greens », « closes », « îlots-jardin », les figures urbaines et la diversité des échelles de voisinage des « garden cities » se déclinent dans les plans de Bassompierre, Sirvin et Riousse pour la Butte-Rouge, où elles s'adaptent à la topographie et au paysage forestier du coteau de Châtenay, ainsi qu'aux nécessités économiques et sociales du logement collectif. Menée en sept phases, la construction de cet ensemble de 70 hectares reflète la succession des théories architecturales, depuis les îlots composés des années trente jusqu'aux barres et plots disposés dans la forêt du mouvement moderne. Le nécessaire renouvellement urbain et paysager de ce quartier, conçu initialement comme autonome mais rejoint par les avancées de la ville, et maintenant desservi par un tramway, est un sujet ultra-sensible.

Un process chaotique

L'accord-cadre multi-attributaire lancé en 2015 permet le travail concomitant de trois équipes d'urbanistes, de paysagistes et d'historiens de la Ville en concertation avec le bailleur, la commune, et un collège d'experts des cités-jardins. Les diagnostics convergent sur la reconnaissance des qualités exceptionnelles du lieu : un équilibre ville-paysage à faire pâlir les écoquartiers contemporains ; une grande diversité dans les échelles d'appropriation des espaces publics et résidentiels ; un patrimoine arboré riche et mature et dont il faut entamer la régénération ; des logements à l'architecture soignée, robuste et évolutive qui permet la réhabilitation. Malgré ces constats, la synthèse programmatique du bailleur et de la Ville contient des objectifs paradoxaux, difficilement compatibles avec la sensibilité du site, sur la répartition et la taille des typologies, sur l'accessibilité, sur le stationnement… qui impliquent tacitement de démolir. Notre équipe parvient néanmoins à apporter des réponses plausibles à ces attentes, sans renier les fondamentaux validés collectivement, par une reprise fine et argumentée en fonction de l'ADN de chaque sous-secteur, associée à un travail d'accroche pour intégrer les grandes pièces urbaines de la cité-jardin à l'armature de la ville. Lauréats, nous produisons un plan-guide sur ces bases partagées.

La mairie énonce alors sa propre vision, antagoniste à la nôtre sur le devenir de la cité. Elle initie une concertation partielle avec les habitants (dont Laq est écarté) en forçant la critique du bâti pour démolir plus, et organise le transfert de la propriété des logements au bailleur communal. Nous conditionnons la poursuite de notre mission avec ce nouveau maître d'ouvrage à la reconduction du collège d'experts des cités-jardins, garant de pluralité et qualifié dans les arbitrages urbains à venir. Sans réponse, nous ne donnons pas suite. Mais les luttes se poursuivent sur l'avenir de ce lieu emblématique.

Les trois enjeux qui suivent nous semblent au cœur du débat.

Introduire de la mixité sociale ?

Ce point était présenté comme un prérequis du programme pour déstigmatiser et «fondre» la cité-jardin dans la ville, à l'encontre des positions d'associations locales soulignant l'importance de préserver les logements sociaux existants, qualitatifs, en centre urbain. Loin d'être seulement politique, cette question met aussi à l'épreuve les dispositifs spatiaux et interroge la capacité d'une forme urbaine à s'affranchir du modèle social et politique qui a présidé à sa conception. Diversifier l'offre de logements impose-t-il de privatiser une partie des sols ? À quelles conditions de découpage les qualités d'usages communs des espaces extérieurs (traversées des cœurs d'îlot, etc.) peuvent-elles se maintenir ? Il faut rendre ici hommage au legs plein de souplesse et d'évolutivité du parcellaire, comme du bâti, des concepteurs initiaux de la Butte-Rouge, qui laisse le débat ouvert.

La péréquation versus la spéculation

Si l'équilibre économique est légitimement convoqué aussi en faveur de l'introduction de logements libres pour aider au financement d'une rénovation performante des bâtiments existants et des espaces publics, il tend à être dévoyé pour réaliser des opérations immobilières privées sur les fonciers bien desservis le long du nouveau tramway, sans véritablement bénéficier à un projet d'ensemble et reléguant la cité jardin au second plan.

Un Site Patrimonial Remarquable

Corrélé, le débat sur les démolitions est virulent. Des associations locales et la communauté des architectes et historiens français plaident pour une rénovation avec le minimum de transformations et aucune déconstruction. À l'inverse, les mécanismes de subventions, dont l'Anru, tendent encore à favoriser les opérations de démolition / reconstruction. Cette politique volontariste calibrée dans les années quatre-vingt-dix pour la requalification de grands ensembles peine à prendre en compte les spécificités des cités-jardins, en particulier ici, où la qualité des logements existants, tous traversants et dotés d'une adaptabilité structurelle, permettrait de s'ajuster aux besoins actuels. Malgré des bilans d'émissions carbone et de consommation de ressources clairement à l'avantage de la rénovation, certains élus restent attirés par la figure du maire-bâtisseur en concentrant leurs actions sur la production de neuf. Il est maintenant urgent d'agir et de classer intégralement l'ensemble de la cité-jardin en Site Patrimonial Remarquable.
[CS - MT]

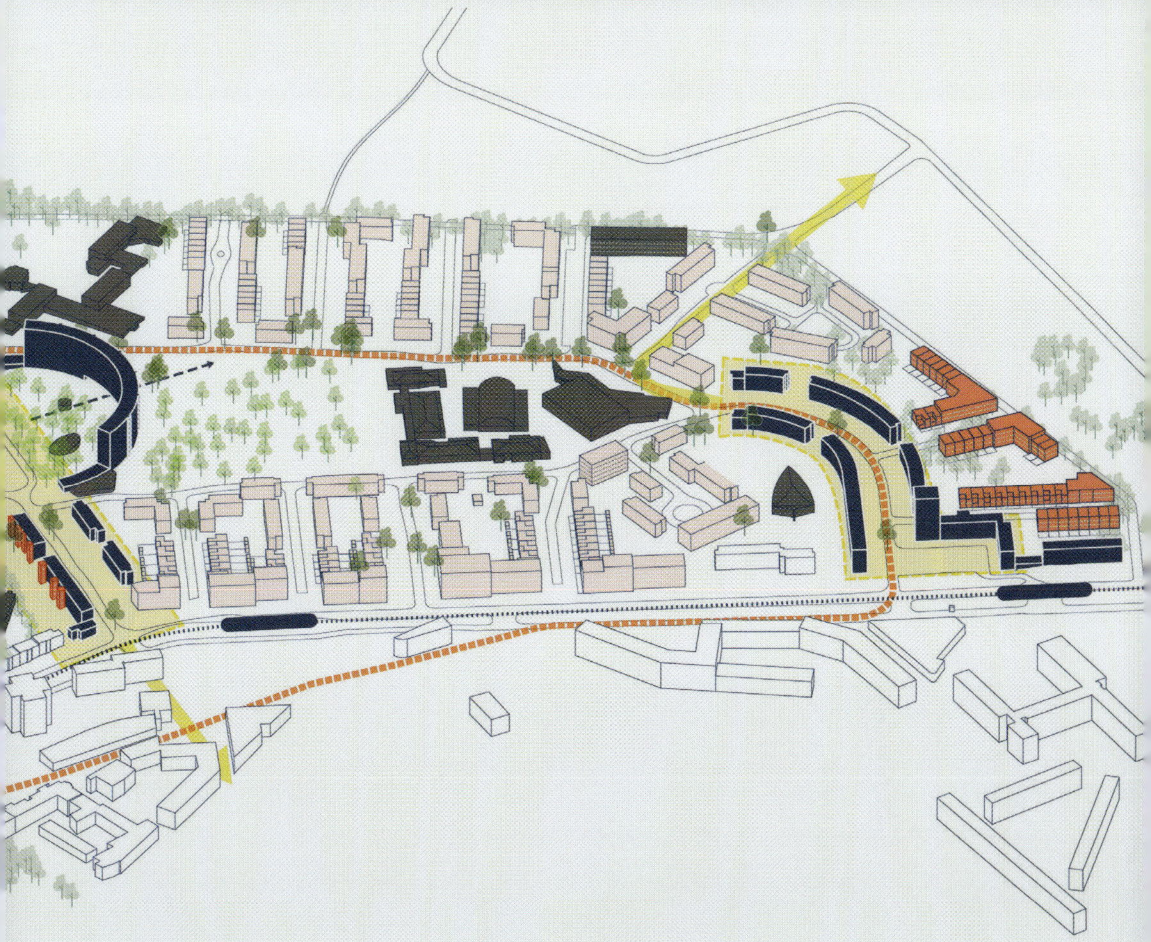

- **Monuments et pièces urbaines** / **rénover espaces publics et bâtiments, agrapher à la ville**
- **Cité-jardins d'origine** / **réhabiliter, adapter les logements aux besoins contemporains**
- **Les closes** / **réécrire et répondre au tramway et à la forêt**
- **La lisière moderniste** / **compléter et travailler avec la topographie**
- **Les peintres** / **créer une urbanité sur l'avenue**
- **Les écoles et équipements** / **rénover**
- **Les ajouts** / **évaluer**

Axonométrie de la Butte-Rouge, Châtenay-Malabry
Une variété de modes et d'échelles d'intervention issus du patrimoine urbain, paysager et architectural. Accord cadre multi-attributaire 2016.

PROJET

RETROUVER LE FIL DES PROXIMITÉS

Plan guide et suivi urbain et architectural du quartier Bottière à Nantes (44)

Renouveler un quartier d'habitat social hérité du Mouvement Moderne serait toujours un défi : nulle recette à appliquer autre qu'un regard positif, rarement consenti, sur l'existant, c'est-à-dire sur le bâti, les espaces publics et aussi la vie sociale. Cela pourrait-il passer par des échanges nourris, rendant l'usager compétent pour progresser vers un retissage urbain, une vie animant des rez d'immeubles jusque-là opaques, un espace public faisant lien et facilitant le vivre-ensemble ? Et comment l'urbaniste peut-il toujours mieux saisir et réunir usages et économie urbaine ? [AM]

Années : 2014 — en cours
Maîtrise d'ouvrage : Nantes Métropole Aménagement
Équipe :
AJOA paysagistes mandataires
LAQ architectes urbanistes
MA-GEO BET génie urbain, hydrologie
VILLE OUVERTE, concertation
collectif Dérive (Quand Même), urbanisme transitoire
Avec chez Laq : Vanessa Merrien, Camille Estève, Pauline Marty, Pierre Offresson, Delphine Charnacé, Romane Petesque

Le quartier Bottière à Nantes : une soixantaine de plots, barres et barrettes, hérités d'une conception de l'habitat social des années soixante-dix, sont éparpillés sur un sol au passé horticole effacé, encore majoritairement paysager mais peu qualifié, entre voies sans issue et poches de stationnement. Bordé de rez-de-chaussée aveugles, sans parcours clairs, l'espace public ne relie plus. Le tramway est proche pourtant, comme un cordon ombilical vers la ville centre. Les bâtiments, d'échelle intéressante mais vieillissants et peu confortables, nécessitent d'être remis aux normes et aux usages du jour. Leur rénovation, portée par des politiques publiques urbaines et sociales, est l'occasion d'étoffer une réflexion d'ensemble pour fondre le quartier dans la ville sans le banaliser, en révélant ses atouts.

Avec les habitants

Quelles lignes de force réactiver pour retrouver le contentement d'habiter là, l'intérêt de descendre de chez soi, de marcher dans la « rue » ? Pour nous (avec Jacqueline Osty paysagiste mandataire), c'est d'abord respecter la vie en place, comprendre la géographie comme l'histoire urbaine et sociale du quartier, et partir à la rencontre des habitants. Avec le collectif Dérive, le temps de « chantiers ouverts » pour la fabrication d'un kiosque mobile ou la plantation d'un verger, nous interpellons les habitants, proposons des modes participatifs qui sortent des cadres habituels pour encourager la parole de tous, si possible des plus éloignés de l'inclusion citoyenne, et réactiver cette machine à rencontre qu'est l'espace public. Puis nous écoutons, échangeons lors d'ateliers de quartier animés par Ville Ouverte et Scopic. La culture du dialogue citoyen nantais est un appui certain, mais le temps des transformations urbaines, très long au regard de l'imminence des besoins, s'avère difficile pour maintenir un contact soutenu, sans verser dans une « agitation culturelle » d'attente.

Tracer une simple rue

L'enjeu qui émerge est de retrouver une lisibilité des liens et des parcours. Pour reconnecter le quartier à l'armature naturelle du territoire, nous déployons un cordon boisé à partir des très beaux espaces paysagers du site. À l'intérieur du quartier, nous distinguons un « fil des proximités », reliant impasses et raquettes de parking en une simple rue, oubliée des théories modernistes. Tracée à partir de l'écheveau sinueux des cheminements du quotidien, elle reçoit des aménagements de qualité pour marquer un parcours cohérent, confortable et continu même s'il n'est pas rectiligne, sur lequel adresser les bâtiments rénovés, quelques constructions ciblées, et agréger les activités, des places et des équipements.

Des rez-de-chaussée actifs pour le quartier : une idée partiellement aboutie

Le long du fil des proximités, notre volonté de « mettre le paquet sur les rez-de-chaussée » dans le cadre de la rénovation des bâtiments, n'a pu être mise en œuvre dans son intégralité. Les socles seront ouverts partiellement pour gagner, sur les anciens garages, des halls d'entrée lumineux ou des locaux à vélos. Mais notre proposition d'élargir ces occupations à des activités comme celle des autoentrepreneurs inventoriés au sein du quartier — assistantes maternelles, plombiers, mécaniciens, réparateurs de vélos, etc. — n'a pas trouvé le portage suffisant pour venir à bout des complexités financière et de gestion. Les avantages semblent pourtant nombreux : fortifier l'emploi au sein même du quartier en lui offrant espaces et visibilité, et augmenter la vie dans les rues au quotidien. Un prisme « monoculturel » sur l'habitat et la coexistence « en silos » des dispositifs sociaux et spatiaux semblent toujours régir le renouvellement des quartiers prioritaires, malgré d'importants efforts pour y remédier. [CS - MT]

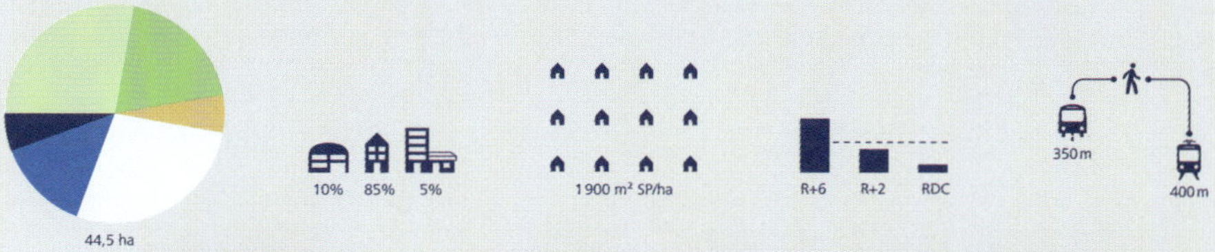

Collage, principes de réhabilitation des RDC.

RÉPARER LA VILLE DES TRENTE GLORIEUSES

Plan guide pour la réparation de la zone d'activités Nord à Rennes et Saint-Grégoire (35)

Comment recomposer ce qui est communément (et étrangement) nommé «entrée de ville», espace que l'on a pu qualifier de «ville moche» de par sa dévotion à la voiture comme à la consommation ? Ces paris peuvent-ils être remportés, et quels changements majeurs impliquent-ils pour les politiques publiques, les décideurs et les urbanistes ? [AM]

Années : 2018 — en cours
Maîtrise d'ouvrage : TERRITOIRES, Rennes Métropole
Équipe :
LAQ architectes urbanistes mandataires
ATELIER GEORGES paysagistes
INGEROP BET génie urbain, hydrologie
TRIBU BET environnement
Avec chez Laq : Hélène Guillemot, Raphaël Debec

Comment réparer les «entrées de ville», ce modèle hérité des dernières décennies, issu du zonage, de la profusion des énergies fossiles et du tout-voiture, corollaire d'une économie globalisée et de formes commerciales basées sur la surconsommation (néanmoins encore plébiscitées) ? Ces espaces abondants à l'obsolescence rapide sont de vastes îlots de chaleur, «insoutenables» climatiquement et écologiquement. Derrière la dénomination «coteaux de l'Ille» donnée à l'étude urbaine, la réalité physique n'apparaît plus : la géographie est morcelée par des infrastructures infranchissables (quatre voies, ronds-points dénivelés, voie ferrée…), les cours d'eau sont busés, le sol est enseveli sous les couches de bitume. La tentation d'une substitution pure et simple de l'activité par le logement (donc la table rase) est séduisante pour une ville qui envisage la croissance de son centre ville et peine à trouver des qualités urbaines à cette urbanisation façon «Far West». Cette stratégie présidait à l'OAP initiale du site.

Des «fils verts» pour retrouver des porosités

Nous formulons des priorités : d'abord, retrouver la géographie et l'échelle du piéton. Des «fils verts» seront progressivement mis en place entre la vallée de l'Ille et les coteaux de Beauregard. Ces aménagements «mutualisent» des réponses à de multiples dysfonctionnements : installation de parcours est-ouest à destination des modes actifs, désimperméabilisation des sols et retour de la végétation, gestion de l'eau en surface au profit des sols et de la biodiversité, lutte contre les îlots de chaleur, etc. D'épaisseur variable pour s'intégrer dans l'existant, ces continuités sont consignées dans une nouvelle OAP et s'accompagnent d'un travail foncier pour organiser des mutations par parcelle et regagner, petit à petit, des conditions d'habitabilité favorables à l'implantation de nouveaux programmes et *a fortiori* de logements autour des transports en commun et de polarités de quartier à créer.

Renouveler à partir des acteurs en place

L'enjeu est aussi d'organiser le renouvellement du site à partir des usages actuels et avec les acteurs en place. Cela vaut pour les activités productives, du BTP ou d'autres, comme pour les petits écosystèmes d'Économie sociale et solidaire que nous découvrons nichés dans des hangars vétustes ou de second rang. Fragiles et non déplaçables car précaires, ils sont souvent considérés comme transitoires et remplacés lors d'opérations urbaines par des programmes aux charges foncières élevées. Nous marchons à pas feutrés pour plaider leur maintien comme ferments du projet, tant il peut paraître incongru de vouloir conserver «des boîtes sans intérêt et mal isolées». Appuyés par les élus (Marc Hervé adjoint à l'urbanisme) et les services de la ville que nous avons pu convaincre de l'utilité que cela représente pour la résilience du modèle métropolitain, nous améliorons leurs conditions d'existence et de visibilité pour offrir, intra-rocade, des lieux alternatifs à la consommation de masse et garder des artisans à proximité des quartiers habités. Cette mutation «en douceur» implique un travail de péréquation avec des opérations plus classiques et lucratives.

Dans un esprit voisin, nous échangeons avec les acteurs du «grand commerce» présents sur le site et incontournables tant leurs activités génèrent des chiffres d'affaires importants, portant leurs terrains à des valeurs inaccessibles à l'achat par les collectivités, ou seulement à la marge. Dès lors, la transformation de ces emprises doit se faire dans le cadre d'un urbanisme négocié, en définissant des leviers et garde-fous réglementaires et en cherchant des accords. Ne sachant prédire la forme que prendront demain les activités commerciales, nous élaborons une trame capable, adaptée à la structure viaire existante et à l'héritage parcellaire et pouvant accueillir différentes configurations : des commerces en socle d'autres programmes, des «boites» compactes et adressées sur le boulevard et le tram, ou des îlots de logements. Une manière de jouer avec l'incertitude. [CS - MT]

Axonométrie sur le secteur ZA Nord - Coteaux de l'Ille, Rennes, Saint-Grégoire. Plan guide 2023.

LE JUSTE PRIX DU MÉNAGEMENT

Étude de programmation urbaine pour le cœur d'Arcueil, secteurs Doumer, Convention, entrée sud (94)

Comment régénérer un centre historique de banlieue, le relier aux quartiers alentour alors que l'urbanisme moderne a rompu les continuités ? Comment redonner son sens à l'édifice de la mairie, emblème essentiel dans une ville ? [AM]

Années : 2022-2023
Maîtrise d'ouvrage : EPT Grand Orly Seine Bièvre, Ville d'Arcueil
Équipe :
LAQ architectes urbanistes paysagistes mandataires
TRIBU BET environnement
EPDC BET génie urbain
SADEV94 conseil montage opérationnel
VILLE OUVERTE concertation
RR&A BET mobilité
BIODIVERSITA écologue
SYNTHÈSE étude d'impact
Avec chez Laq : Victoire Coizy, Emmanuelle Floc'h

Le tissu urbain du cœur d'Arcueil est le résultat archétypal des bouleversements sociaux et sociétaux des trois derniers siècles et des métamorphoses urbaines qui en découlent. Domaine viticole paroissial puis seigneurial installé sur les coteaux de la Bièvre, il comporte au XVIIe siècle un château et de vastes jardins en terrasse, potagers, massifs, parterres, bois. Les révolutions, française puis industrielle, auront raison de cette magnificence, remplacée par des industries (teintureries, blanchisseries, toileries, puis brasseries, fabriques) et par un tissu faubourien qui s'étire le long des courbes de niveau, au nord de l'aqueduc de la Vanne. L'arrivée du chemin de fer puis de grands tracés routiers accompagnent l'urbanisation massive d'Arcueil, des lotissements des années trente à la réalisation de grands ensembles d'habitat social dans les années soixante-dix. Il en résulte un tissu hétérogène, non dénué de cachet ni de trésors cachés, mais envahi par la voiture, où la géographie est brouillée (la Bièvre est enterrée) et la vie urbaine atrophiée.
Le choix réfléchi et symbolique de déplacer l'hôtel de ville d'un bâtiment des années soixante de l'Arcueil moderne à l'ancien siège de la CAVB[1] dans le tissu faubourien, ainsi qu'une levée de boucliers contre une certaine densité affichée lors d'un précédent projet, conduit le maire Christian Métairie et son adjointe à l'urbanisme Sophie Pascal-Lericq à lancer une étude stratégique pour la revitalisation des 7 hectares du cœur historique de la ville.
Explicitement posé, l'objectif principal est celui d'une réparation urbaine et paysagère : retrouver des sols poreux, planter massivement, rendre la ville « marchable » et plus amène.

Compléter, relier, aérer

Les actions que nous proposons sont simples : compléter au nord le tissu lâche des années soixante en prolongeant les alignements depuis le RER Laplace et leurs rez-de-chaussée animés ; relier le haut et le bas du coteau par de nouveaux passages, escaliers, squares et jardin au gré d'opportunités foncières ; mettre en scène la nouvelle mairie ; prolonger la Bièvre réouverte par une promenade plantée ; aérer l'entrée de ville sud au pied de l'aqueduc grâce à la libération de la parcelle du centre technique municipal et remettre la voiture à sa place en faveur de trottoirs confortables et plantés.

Les mutations foncières au service de la réparation

La rénovation des espaces publics sera couverte par la construction de logements au sein de parcelles acquises par la Ville ; la surface à bâtir étant ici la stricte résultante des dépenses publiques à compenser, et en aucun cas un préalable. Cette corrélation permet d'ajuster proportionnellement les termes de l'équation. Se met alors en place un jeu d'allers et retours pour évaluer collectivement (élus, services et habitants) ce qui est indispensable pour la rénovation cœur de ville, versus ce qui est acceptable comme formes urbaines et densité.
Nous alimentons ces échanges par la formalisation des m^2 à construire en volume, associée à une quantification spatialisée des espaces publics. Trois ateliers et visites « en marchant » sont organisés avec les arcueillais : la première pour écouter leur lecture des lieux ; la seconde pour discuter de scénarios possibles autour de maquettes ; la troisième pour exposer in situ les contours d'un projet. Les choix, objectivés par le tryptique : besoins – coûts – conséquences, sont alors arbitrés collégialement lors de workshops pour conduire à un projet (programme) urbain au bilan équilibré. La qualité du processus conduit par les élu.es (hiérarchisation stratégique des questionnements et des décisions), ainsi que la transparence de la concertation, sont ici à noter, car malheureusement trop rares dans nos missions d'urbanistes, où les plans-guide en vue d'opérations d'aménagement sont lancés sans programmation urbaine préalable, conduisant à des errements décisionnels qui font perdre du temps et de l'énergie à tout le monde, au détriment de la lisibilité démocratique d'un processus de projet. [CS - MT]

[1] Communauté d'agglomération du Val de Bièvre.

Vue axonométrique du projet
Cœur d'Arcueil - 2023

(TENTATIVES POUR) UN QUARTIER D'ACTIVITÉS EN VILLE

Plan guide et suivi urbain du quartier de La Lainière à Roubaix et Wattrelos (59)

Serait-ce une ambition démesurée que de vouloir soigner les quartiers à dominante d'activités économiques ? Est-il possible, dans un processus de reconversion, de lier les territoires économiques à un environnement auquel ils ont toujours tourné le dos ? Le passage à l'acte peut s'avérer inconfortable tant il serait difficile de faire accepter aux acteurs économiques l'idée qu'une bonne économie passe par la qualité urbaine, y compris au cœur des zones purement fonctionnelles qui en étaient dénuées. [AM]

Années : 2016 — en cours
Maîtrise d'ouvrage : SEM Ville renouvelée, Métropole européenne de Lille
Équipe : LAQ architectes urbanistes mandataires EMPREINTE paysagistes ARTELIA BET génie urbain
Avec chez Laq : Simon Goddard, Hélène Guillemot, Charlie Plessier, Raphaël Debec

Le modèle des zones d'activités monofonctionnelles et dévoreuses d'espaces en périphérie des villes a fait long feu. Les anciennes friches textiles de La Lainière, Pennel et Flipo et Peignage Amédée, à Roubaix et Wattrelos, ont pour vocation de devenir le quartier pilote d'application de la « Charte des parcs d'activités du XXIe siècle » au cœur de la métropole lilloise. Si le recyclage foncier est acquis, celui des bâtiments reste problématique. Lorsque nous démarrons la mission, il ne subsiste qu'un entrepôt historique flanqué de deux « beffrois » des 16 hectares de sheds de la Lainière, pourtant « capitale mondiale de la laine » qui a employé jusque 8000 personnes dans les années soixante-dix. Nous proposerons en vain de reconvertir ces derniers totems d'un passé industriel prospère, tant la profusion de ces bâtis industriels du Nord semble perçue localement comme un poids, à financer et à programmer, plutôt qu'un atout.

Un quartier d'activités habité

D'un point de vue urbain, notre ambition vise à poursuivre le récit qui, alentour, a produit un tissu historique mixte d'une grande richesse en imbriquant lieux de production et logements ainsi que des services utiles à la vie résidentielle autant qu'à la vie active. Au sein de grands îlots qui reprennent les traces des anciennes usines, nous organisons la mixité en implantant les activités du côté des rues les plus passantes, et l'habitat adressé sur les rues les plus domestiques dans le prolongement du tissu roubaisien. Entre les deux, en limite parcellaire, des talus largement plantés sont façonnés à partir des gravats issus des déconstructions des usines, auxquels ils offrent ainsi un débouché en circuits courts, servant d'écrans visuels et sonores. Ces cordons végétalisés et bordés de noues forment une infrastructure végétale et hydraulique qui complète la trame écologique du quartier, déployée à partir d'une ancienne voie ferrée transformée en promenade par les paysagistes d'Empreinte. Ces qualités d'aménités et d'habitat à proximité immédiate de lieux de travail doivent apparaître comme un avantage pour les entreprises, dans un contexte compétitif entre les parcs d'activités de l'Eurométropole. Néanmoins, un nécessaire réalisme reste de mise : proposer des typologies variées mais simples, allant du petit artisanat à la logistique ; assurer des modes de fonctionnement rationnels et préserver la souplesse inhérente à l'évolution des modes de production et de distribution ; et maintenir des coûts de foncier et de construction cohérents.

Ramer contre l'incurie périphérique

D'un point de vue opérationnel, la variété des formats et la volatilité du marché économique imposent de considérer les documents d'urbanisme comme bases de négociation avec les porteurs de projets. Pas de plan masse figé, mais des orientations fondamentales pour garantir l'esprit d'ensemble, et un cahier de prescriptions pour définir les règles spécifiques au quartier. Ces dernières ont pour principale visée d'assurer une insertion qualitative et fonctionnelle du bâti et d'éviter une architecture banalisée, tout en restant simple. Nos demandes concernent par exemple : l'adressage d'une façade du bâtiment d'activité sur rue, afin qu'il participe à une frange urbaine soignée ; un choix de matériaux bruts parmi une palette pour assurer l'identité des lieux, etc. Elles s'attachent aussi au confort par une approche bioclimatique : isolation performante, éclairage naturel diffus par sheds, lieux de pause pour les salariés, récupérateurs d'eaux pluviales, etc. Si ce type de prescriptions est usuel pour les acteurs de la fabrication d'une ville plus centrale, nous sommes confrontés, dans le cas de l'immobilier productif et logistique, à des opérateurs (investisseurs, preneurs, maîtres d'œuvre) habitués à agir en périphérie, sans ce type de contraintes, et quasiment sans rendre de comptes. Le suivi de ces projets s'avère donc délicat, nécessitant tact et mesure : le nombre très réduit de phases d'étude restreint les moments où il est possible d'amender sans tout défaire et les remarques apparaissent vite comme des exigences indues et dispendieuses. Ces difficultés sont accentuées par un portage technique et politique qui, légitimement, priorise l'action économique. Les arbitrages empruntent donc un prisme très orienté « emploi ». L'ambition de l'aménageur restant néanmoins forte, nous tâchons d'accompagner les opérations et de *challenger* les équipes au cas par cas, non sans déception… et certains permis de construire nous échappent. [CS - MT]

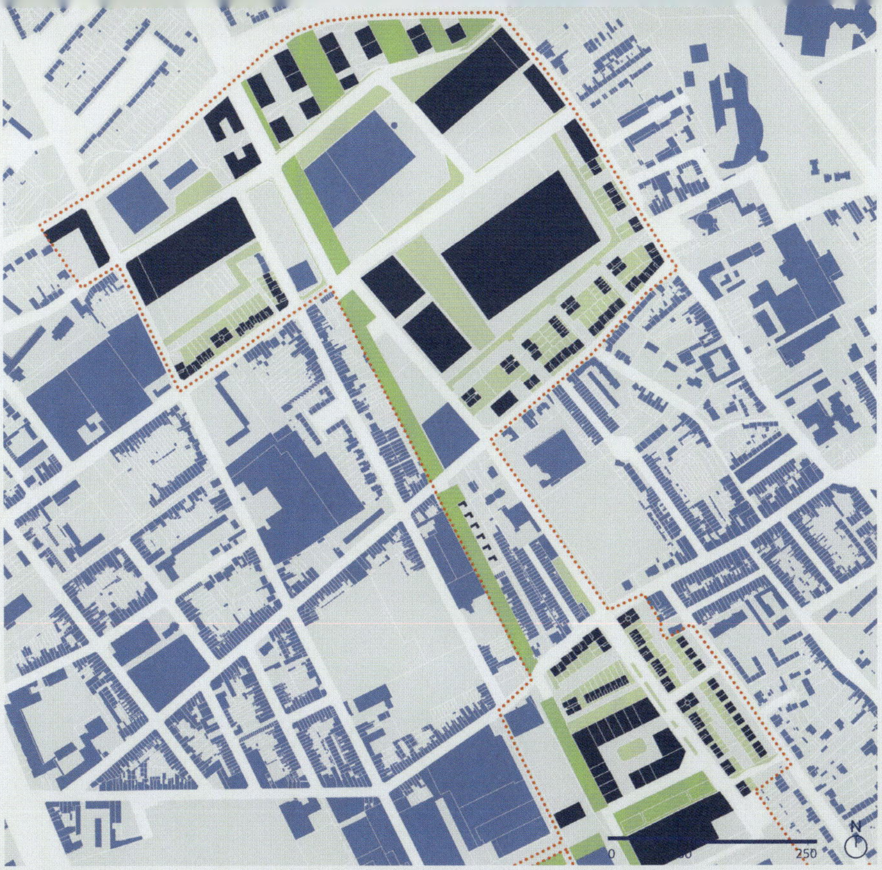

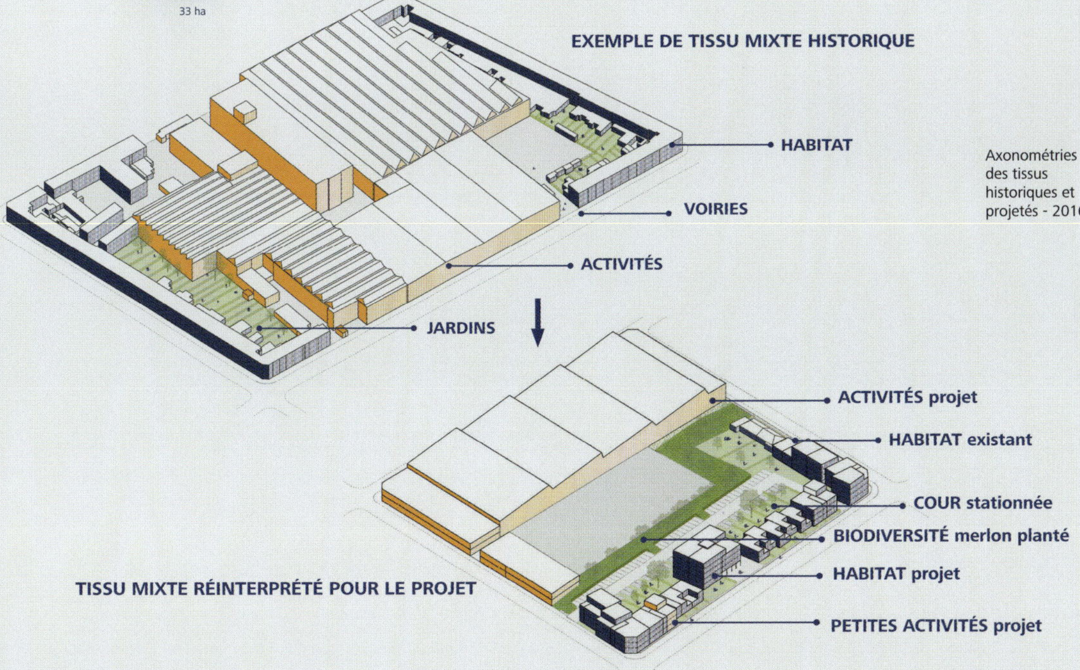

Axonométries des tissus historiques et projetés - 2016

Schéma directeur Euralens Nord - 2020.

STOP AU ZONAGE !

Master plan du territoire d'Euralens Nord à Lens, Liévin et Loos-en-Gohelle (62)

Planifier l'organisation d'un territoire marqué par l'industrie minière impose d'affirmer l'exigence de non-consommation des territoires non urbanisés et de recycler l'existant. Comment comprendre que cette doxa ait toujours autant de mal à convaincre malgré ses avantages non seulement pour la planète mais pour la qualité urbaine ? [AM]

Années : 2019 — en cours
Maîtrise d'ouvrage : Communauté d'agglomération Lens Liévin
Équipe : LAQ architectes urbanistes mandataires
LEBLANC VENACQUE paysagistes
MA-GEO BET génie urbain, hydrologie
TRIBU BET environnement
ALFA BET biodiversité
RR&A BET mobilité
KATALYSE programmiste stratégie économique
UNE FABRIQUE DE LA VILLE montage, bilans avec FIDAL juriste pour la reconversion du CHL
Avec chez Laq : Bertille Pruvost, Victoire Coizy, Raphaël Debec

Territoire parmi les plus peuplés d'Europe, le bassin minier a vu se déployer en quelques décennies une constellation de « pièces urbaines », les cités minières autour de leurs puits de forage. Cette trame productive habitée est venue « concurrencer » le réseau traditionnel des bourgs par un accroissement démographique faramineux, porteur de nouvelles centralités, églises, grandes places, écoles, commerces, sur les terres nourricières des bourgs. Un phénomène frappant, qui reste encore à « absorber » en termes de cohérence urbaine et dont subsistent çà et là des frontières visibles et invisibles. S'en est suivie, avec la généralisation de l'automobile, une nouvelle vague de développement urbain massif. Voies rapides, ronds-points, zones d'activités et grandes surfaces parachèvent la constitution d'un tissu suburbain lâche et disloqué, où l'on peine à trouver de l'intensité et de la proximité.

Héritage et renaissance d'un territoire

Aujourd'hui, le renouveau de ce territoire « phœnix » s'appuie sur le réinvestissement des figures remarquables de son passé (terrils, cavaliers, cités minières, désormais classés au patrimoine mondial de l'Unesco), symboles d'une trajectoire « du noir au vert[1] ». Mais, en dépit de la volonté d'exemplarité écologique d'acteurs motivés et d'une diversité d'expériences pionnières, cette renaissance se heurte, sur le plan urbain, aux habitudes héritées du modèle carboné et consommateur de ressources du XXe siècle, auxquelles s'ajoute un déficit de moyens financiers et d'attractivité (pour l'emploi et la mixité sociale).

3. Qualification de la route de Béthune en véritable boulevard actif d'entrée de ville par le renouvellement parcellaire.

« Ranger la chambre ! »

Le périmètre de la mission que nous confie la CALL[2] sur le territoire d'« Euralens Nord » est plus opportuniste et agrégatif que cohérent. Il englobe pêle-mêle : un tronçon d'autoroute (rocade minière), une voie pénétrante à requalifier (la Route de Béthune), une base minière dont la réorientation comme incubateur autour de l'écotransition doit se poursuivre (la base 11-19), les deux plus hauts terrils d'Europe, des cités-jardins, lotissements, zones d'activités, parcelles agricoles éparses, délaissés, un futur hôpital et un ancien qui doit rechercher sa nouvelle programmation… aux confins de cinq communes (Lens, Loos-en-Gohelle, Liévin, Grenay et Bully-les-Mines). L'objet ne peut donc pas être de remettre une couche supplémentaire de composition urbaine forte qui n'aurait pas sa place. C'est une question de suture, et non de remplissage : faire l'inventaire et le tri de ce qui est là et retrouver des liens. En bref : « Ranger la chambre ! ».

L'enjeu suivant consistera à faire coïncider autant que possible les nouveaux besoins avec l'inventaire. Nous avançons des propositions en ce sens, comme prévoir les surfaces programmées pour des activités économiques (priorité du territoire) dans d'anciens carreaux de mine réhabilités ou dans des dents creuses plutôt qu'en extension sur des terres agricoles. Il est temps de changer de paradigme, de réintensifier, réorganiser et hiérarchiser les tissus existants plutôt que de remplir les derniers « vides » ; prendre conscience de leurs valeurs paysagère, écologique, économique et ne pas gâcher le capital foncier encore disponible. L'avantage du renouvellement des friches est triple. Il permet d'économiser carbone et matériaux en évitant de construire et en réutilisant les voies existantes ; d'être sobre en consommation foncière pour maintenir des terres filtrantes, vivantes, cultivables en circuits courts ; et de rapprocher les emplois des habitants jusqu'au cœur des cités pour dynamiser la vie en ville et générer moins de déplacements motorisés. Nos tests de recyclage fonciers, à partir d'opportunités relevées sur le terrain, ont permis de convaincre qu'il était possible de restreindre très fortement la zone d'activité prévue de longue date sur des terres cultivées, et de sanctuariser le paysage agricole et naturel emblématique autour des terrils. Une portion congrue de la zone se développera quand même… On ne peut être contre l'emploi… [CS - MT]

[1] Le passage « d'un archipel noir à un archipel vert » a notamment été conceptualisé par Michel Desvigne dans le dispositif de la Chaîne des Parcs, outil de développement, de rayonnement et de métamorphose des territoires du Bassin Minier.
[2] Communauté d'agglomération Lens Liévin.

Métabolisme et sols vivants

Quartier Montjean à Rungis
Composer ensemble la plaine et la ville

Quartier Fil Soie à Orléans
Ménager le dernier clos

Quartier Plessis-Botanique à La Riche
De la ville-puzzle à la ville-jardin

Quartier République à Villejuif
Un agro-écosystème urbain

Textes par Claire Schorter et Myriam Toulouse

Page de gauche :
Analyse de la qualité du sol, friche horticole, Villejuif, 2023.

COMPOSER ENSEMBLE LA PLAINE ET LA VILLE

Plan de référence, suivi urbain et architectural, et maîtrise d'œuvre des espaces publics du quartier Montjean à Rungis (94)

Marier ville et agriculture, économiser les sols et les rendre fertiles, penser le territoire comme un métabolisme urbain… Ce rêve anticipateur des politiques publiques de demain peut-il devenir réalité ? Si la démarche proposée s'y attelle avec ambition et enthousiasme, visant à réussir d'un même geste la préservation de la nature et la qualification du quartier à construire, tenir les enjeux dans le temps et animer la mobilisation des acteurs au-delà de la déclaration de principe reste un défi. [AM]

Années : 2014 — en cours de livraison
Maîtrise d'ouvrage : EPA ORSA
Équipe : LAQ architectes urbanistes mandataires ATELIER JOURS paysagistes MA-GEO BET génie urbain, hydrologie Avec chez Laq : Pauline Marty, Bertille Pruvost, Loïe Jacotey, Camille Berthou

En 2014, sept ans avant l'institution du « ZAN[1] », une consultation à Rungis nous mobilise sur les enjeux de préservation de terres agricoles métropolitaines. Un débat agitait alors l'EPA ORSA, établissement public en charge du territoire, la Ville de Rungis et la Région Île-de-France autour du devenir de la plaine agricole de Montjean. Le premier s'affichait garant du projet national de développement territorial sur ces terrains acquis initialement dans l'hypothèse d'un agrandissement de l'aéroport d'Orly ; la Région défendait leurs qualités d'espace ouvert et agricole, uniques dans cette banlieue congestionnée du Val-de-Marne ; la Ville questionnait la bonne mesure de l'agrandissement de son bourg. À la manière des paysages toscans, nous proposons de composer ensemble ville et agriculture comme un démonstrateur des évolutions conjointes nécessaires des métropoles et de leurs territoires cultivés, dans un contexte de transition écologique : préserver la dominante agricole et naturelle de la plaine et retrouver le cycle de l'eau ; accompagner la reconversion de l'activité céréalière en cultures maraîchères biologiques de proximité ; organiser des itinéraires de circulations douces pour relier la ville à la plaine ; et participer à l'effort régional de production de logements en édifiant une ultime frange bâtie, côté Rungis. L'occasion de mettre en œuvre, concrètement, les désirs contemporains d'agriculture urbaine et de ville-nature plébiscités.

Un quartier écotone

Sur une emprise réduite à 3,5 ha, nous aménageons un quartier écotone, mi-ville/mi-nature, rencontre fertile entre deux milieux, où prédomine la pleine terre. Les vues depuis la ville et la colline boisée voisine, les lignes topographiques et la nature des sols, l'écoulement des eaux pluviales pour rejoindre la plaine, guident la définition d'une limite, épaisse et pérenne, entre l'habité et le cultivé. Cet enrichissement mutuel donne naissance à un vocabulaire d'espaces publics particulier développé avec les paysagistes de l'Atelier Jours : des allées-prairies, une lisière boisée, un chemin en belvédère et des jardins potagers partagés. C'est un fait rare qu'une collectivité accepte un taux d'espaces publics végétalisés aussi important, en raison des coûts de gestion notamment.

L'importance d'un suivi tenace pour la qualité urbaine et architecturale

Fixées avec les élus et les services au moment de la conception d'ensemble, les ambitions pour le quartier sont synthétisées autour de trois piliers : la valeur écologique et d'usage des espaces extérieurs, la haute qualité d'habité des logements et une exigence environnementale transversale musclée. Celles-ci sont détaillées dans les fiches de lot qui servent de socle à la consultation des promoteurs, bailleurs et architectes amenés à réaliser les constructions. Mais l'énoncé de ces prescriptions, même ratifiées, ne suffit pas à produire une ville exigeante. Nous constatons en effet, après la surenchère de promesses faites par les opérateurs pour remporter le marché d'un lot et après l'octroi du permis de construire, que s'amorce souvent une phase de « lucidité » retrouvée lors de laquelle le promoteur révèle un hiatus entre le niveau des ambitions (performances environnementales, matériaux biosourcés, etc.) et le bilan financier. S'ouvre alors une phase de déshabillage du projet que nous nous efforçons d'endiguer. Par exemple : dépôt de permis modificatif sans avertir l'urbaniste, avec l'espoir que les services instructeurs ne mesurent pas l'incidence d'altérations « minimes » sur la qualité et les performances du projet. Or, nul « détail » n'est anodin : transformer des T4 traversants en T2 mono-orientés offre des logements moins agréables tout en nécessitant plus de chauffage, impose la climatisation à d'autres, etc. Dans le même esprit, la suppression de duplex au profit de simplex s'accompagne du remplacement des planchers intermédiaires en bois par des dalles isolantes en béton, etc. L'une des principales difficultés consiste à maintenir l'attention soutenue de l'aménageur, main dans la main avec son urbaniste, sur la durée. L'essoufflement provient souvent du manque de moyens octroyés au suivi architectural et urbain au-delà du stade des permis de construire des lots, et de l'usure de la répétition. Certains opérateurs utilisent le temps comme allié, réitérant les tentatives de nivellement des projets, à différentes échéances. Pourtant, la légitimation d'un projet urbain, à Montjean comme ailleurs, tient dans la réussite de son « atterrissage », et la tenue des exigences architecturales et environnementales. [CS - MT]

[1] ZAN : Zéro Artificialisation Nette.

Double page suivante : Quartier Montjean en cours de livraison, Rungis 2024.

0
50
100
N

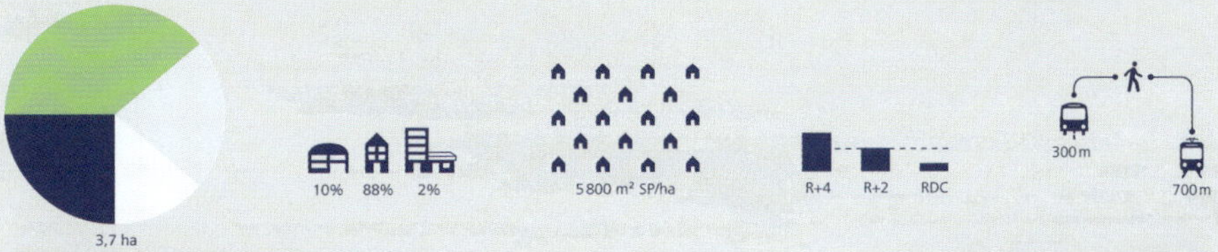
3,7 ha
10%
88%
2%
5 800 m² SP/ha
R+4
R+2
RDC
300 m
700 m

Le vide qui fonde le plein

Laurence Rosaz, Directrice du pôle aménagement de la Ville de Rungis

Je travaille avec Claire depuis douze ans et voici trois temps forts et significatifs qui m'ont particulièrement marquée.
Le premier remonte à sa présentation des principes d'aménagement de l'écoquartier de Montjean, présentation qui m'a éblouie. D'emblée, les principes développés sont puissants car ils lisent l'histoire du territoire, sa topographie, sa géographie et ses usages. Ils placent le futur quartier et la plaine agricole en écosystèmes interdépendants. En résumé, la ville de Rungis et sa plaine agricole étaient jusqu'alors juxtaposées, sans aucune forme de communication ou d'inter-échanges. L'ambition développée par Claire est, d'une part, de recréer les chemins entre la Ville et la Plaine, «poursuivre la boucle du village» à travers les champs ; en préfiguration d'une mutation agricole à engager, visant des cultures nourricières de l'espace urbain. D'autre part elle pose, comme principe invariant, la préservation de vues dégagées et lointaines depuis le village vers la plaine. À ce stade, je trouve cette approche de l'urbanisme — *le vide, qui fonde le plein* —, tout à fait pertinente.
Le second est lié au projet de l'Estérel pour lequel Claire et son équipe Laq interviennent en tant qu'AMO de la Ville de Rungis. Il s'agit d'un projet de renouvellement urbain d'un secteur d'activités tertiaires. Si les porteurs du projet s'interrogent sur le maintien des bâtiments datant des années soixante-dix, Claire défend la sauvegarde de ce patrimoine existant très qualitatif (d'un point de vue structurel), comme approche décarbonée du renouvellement urbain. Dans une salle autour d'une grande table carrée qui réunit le promoteur et ses prestataires (architectes et BET), la Ville et son AMO, et au milieu, une grande maquette. Claire monte sur la table, pieds nus, et anime la réunion, à côté de la maquette. Loin de vouloir faire le show, il s'agit plutôt d'une volonté de livrer ses convictions, sa «vérité», vis-à-vis du site, sans fards et d'échanger sur les opportunités et les réalités techniques du site.
Le troisième est également lié à ce projet et à la phase de conception des bâtiments avec les architectes retenus. Claire n'avait pas pu assister aux réunions de lancement et lorsqu'elle y participe à nouveau, c'est un tournant. Au cours d'un comité technique, elle explique, dans un silence presque monacal, simplement mais fermement que la méthodologie est à revoir dans son ensemble et qu'il va falloir recommencer depuis le début. Elle ne veut pas voir de plans de niveaux, de façades, de perspectives avant d'asseoir collectivement le fonctionnement du quartier, de valider les volumétries et les systèmes constructifs au-dessus des socles existants. De suite, le processus de conception redevient plus clair, guidé et rassurant. Il permet les échanges et les positionnements pour l'ensemble des acteurs. Claire imprime ainsi sa marque…
À travers ces trois anecdotes, je reconnais Claire, Grand Prix de l'urbanisme 2024, comme une évidence. Elle est avant tout convaincue par le respect du territoire et de son évolution, du sol, en tant que denrée rare et richesse incontournable et stratégique, des populations, en place et à venir, et de l'urgence climatique et l'analyse à porter à nos pratiques d'occupation de l'espace. Cette approche, profondément respectueuse de l'existant, couplée à une technicité très aboutie, produit un urbanisme propre à Claire, profondément ancré, sincère, qui impose très souvent l'adhésion sur le plan technique. Pour finir par une qualité qui lui est remarquable, je ne peux qu'admirer la simplicité du discours de Claire, avec tous les publics : élus, techniciens, aménageurs, promoteurs, confrères et public, permettant des échanges spontanés et vrais.

Page de gauche :
Atelier de suivi des projets architecturaux. Quartier Montjean, Rungis, 2019.

MÉNAGER LE DERNIER CLOS

Plan guide du quartier Fil Soie à Orléans (45)

Ménager les sols fertiles en construisant dans une idée de « greffe urbaine » tout en préservant l'espace naturel impose de construire un peu plus densément et de s'opposer au modèle pavillonnaire envahissant. Difficile encore de convaincre de cet enjeu majeur pour mieux habiter, moins urbaniser, lier l'existant et le nouveau, préserver la nature et l'eau toujours plus rare. [AM]

Années : 2015-2019
Maîtrise d'ouvrage : Métropole et Ville d'Orléans, puis SEMDO
Équipe :
LAQ architectes urbanistes mandataires
LAVERNE paysagistes
BEG / MERLIN bet génie urbain
CONFLUENCES hydrologie
Avec chez Laq : Myriam Toulouse, Pauline Marty, Camille Berthou

Le lieu-dit « Fil Soie » en bordure Est de la ville d'Orléans est l'un des derniers témoins de la figure du « clos », forme d'installation caractéristique de la campagne ligérienne, les autres ayant été presque tous lotis par l'extension de la ville. En 2015, l'équipe que nous formons avec le paysagiste Thierry Laverne est retenue pour orienter le devenir de ces terrains d'une trentaine d'hectares. À l'époque, le « Zéro Artificialisation Nette » n'est pas encore réglementé, et le débat local sur l'urbanisme est polarisé entre des zones pavillonnaires périphériques pléthoriques et plébiscitées, et des opérations urbaines récentes, mal-aimées, compactes et minérales, produisant un effet repoussoir. Nous tâchons d'emprunter une troisième voie pour proposer un habitat urbain aimable, proche d'aménités naturelles et nourricières.

Conciliation d'usages ville-nature…

Il nous semblait essentiel que le site dicte sa capacité à accueillir de nouveaux usages et de nouvelles constructions à partir d'un état des lieux précis de ses ressources, de sa topographie, de ses rues de campagne, de ses haies et de ses clairières habitées, de ses délaissés et dépôts sauvages. Prenant le contrepied de la faisabilité urbaine préalable qui implantait logements et bureaux au cœur du site, nous envisageons une urbanisation progressive limitée à un épaississement « par les bords » des quartiers limitrophes, profitant au maximum de la viabilisation existante pour limiter les coûts et l'imperméabilisation des sols. L'objectif est de préserver au centre, un vaste espace paysagé aux vertus écosystémiques : gestion de l'eau, milieux humides et boisés, ferme urbaine et vergers, maillon d'une continuité écologique entre la Loire et la forêt d'Orléans.

Côté bâti, les formes architecturales proposent des typologies économisant le foncier en s'inspirant de l'habitat vernaculaire des hameaux pour composer six quartiers aux ambiances distinctes. Cette partition permet de phaser le projet au gré des acquisitions foncières et de l'évolution des besoins du marché, et d'envisager un premier quartier pionnier. La sobriété des interventions reprend la tactique néerlandaise du « rouge pour le vert » : accepter de lotir efficacement une partie (le rouge) pour pérenniser le reste comme réservoir de nature ouvert à tous (le vert).

… versus compétition dans les formes d'installation urbaine

Une fois le plan guide validé par les élus, la réalisation opérationnelle est concédée par la Ville à une société d'économie mixte. Les techniciens et commerciaux nouvellement en charge du projet s'inquiètent en découvrant les typologies proposées, plus resserrées et « villageoises » que celles produites dans le péri-urbain. Ils s'attellent alors à modifier la programmation pour calquer l'offre sur celle des lotissements, « ce qui se vend ». Nous tentons de les convaincre de travailler sur un catalogue de typologies économes en foncier, en partenariat avec les CMIstes[1] locaux et les filières d'éco-matériaux, en vue d'inventer un modèle d'habitat orléanais non générique, mais bon marché, à l'instar des maisons en bande « loi Loucheur » voisines du site. Rejoints par une agence locale Vaconsin Mazaud et les architectes Garo-Boixel, nos premières esquisses et propositions méthodologiques en ce sens ne font pas consensus et le process n'est pas poursuivi.

Une fois posées sur le site, les typologies de la SEM (terrains à bâtir, villas avec jardins « dont on peut faire le tour », et quelques plots collectifs) auraient grignoté l'ensemble du cœur vert. Dans la vision du maître d'ouvrage, seuls de grands jardins privés pouvaient garantir une présence de nature suffisante, l'emportant sur l'idée d'un cœur commun de biodiversité associé à un paysage domestique de plus petite échelle (seuils plantés et jardinets). Sans maîtrise foncière, nous considérons alors que figer une vision « tartinée » sur l'ensemble du site n'était, à ce stade, ni souhaitable ni stratégique. Nous quittons alors le projet en espérant que l'avènement du ZAN changera la donne. [CS - MT]

[1] Constructeurs de Maisons Individuelles.

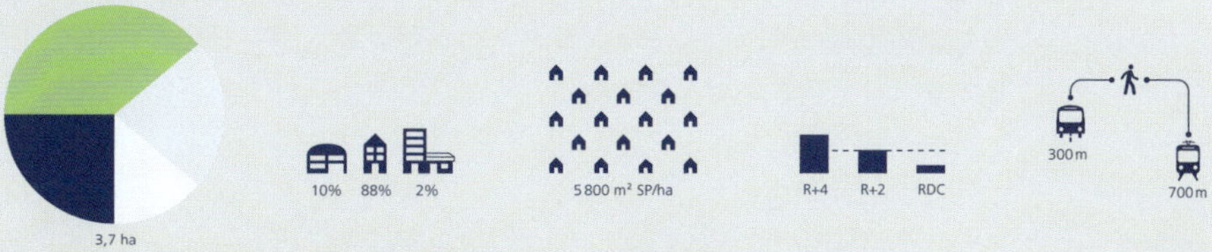

Axonométrie des typologies «longères».

Paysage et voisinage... font bon ménage

Thierry Laverne, paysagiste

Arpenter, visiter, explorer les territoires, les villes et les jardins, les faubourgs et les friches, allier le plaisir de la découverte et le bonheur de la rencontre... Chaque projet partagé avec Claire a été une aventure nouvelle, savoureuse et heureuse, offrant l'occasion de dépasser nos habitudes et postures pour jouer à quatre mains la partition de l'autre. De la nature à l'urbain, de la ville au jardin, nos regards croisés, nos échanges argumentés, parfois contradictoires et toujours passionnés, ont été motivants et fructueux. Ils ont permis de nous assurer de la justesse de nos positions, afin de convaincre de la légitimité et de la fécondité de nos propositions. Avec Claire, nous nous sommes rencontrés au bon moment, lorsque nos convictions respectives ont trouvé plus de force, partagées dans nos projets communs, alliant restauration d'écosystèmes dégradés, plaisir de vivre et d'habiter, nouvelles responsabilités et exigences de société.

Le projet de paysage propose de nouveaux milieux et inspire de nouveaux modes de vie ; les projets de voisinage, de nouvelles échelles, de nouvelles mixités et de nouvelles urbanités aussi. Réconcilier urbanité et naturalité, définir des milieux durables, des proximités aimables et des modes de vie heureux, ont été la priorité de nos projets, afin de restituer leur juste place à chacun des éléments indispensables au confort des villes et au plaisir de leurs habitants.

Nous avons un devoir d'émerveillement et d'enthousiasme... Connaître et reconnaître, faire connaissance et avoir de la reconnaissance pour les hommes et les territoires sont des préalables et des conditions primordiales de chacune de nos interventions qui fondent le sens, l'économie et le plaisir de nos projets. Au-delà de la question posée, du programme et du périmètre d'intervention, explorer, découvrir, promouvoir les ressources et valeurs existantes, souvent négligées par ignorance, facilité ou intérêt, est une obligation et un plaisir. Inscrire les projets dans la nature profonde, la géographie, l'histoire, la culture et l'économie des territoires, permet de les projeter dans le temps long pour garantir leur durabilité et leur adaptabilité. Franchir les limites, dépasser les bornes, chercher de nouveaux horizons, donner du champ, inspire et donne du courage et de l'audace. Cette impertinence nécessaire bouscule et libère. Elle rassure mais oblige à la fois. Toutes ces conditions et situations, ces mémoires et ces valeurs sont l'énergie, les ressources et les acteurs du projet.

L'avenir sera naturel ou ne sera pas, la ville aussi. Ouverte, poreuse et perméable, la ville fertile compose avec le territoire naturel et cultivé qui l'accueille, et qu'elle poursuit dans son projet, un écosystème solidaire dont elle dépend et qu'elle a l'intérêt et le devoir de produire. Du plus profond des territoires naturels et des campagnes vivantes, les éléments naturels se prolongent jusqu'au plus intime des villes. Ces voies naturelles essentielles assurent les fonctions vitales de la ville. Elles composent l'armature vivante qui irrigue et accueille naturellement ses quartiers et ses habitants. La campagne cultivée et habitée est belle comme un jardin. Elle est le jardin fertile des villes... La ville n'est pas durable sans campagne solidaire ni la campagne sans ville solidaire. Habiter plutôt qu'occuper, cultiver plutôt qu'exploiter et relier plutôt qu'isoler sont les trois conditions de projets urbains et de territoires fertiles et vivants, ne s'imposant pas aux dépens du reste, mais composant avec et au bénéfice de l'ensemble.

Habiter, Cultiver, Relier... les vergers en friche du Clos Fil Soie à Orléans, l'archipel naturel de la vallée de l'Orne à Hérouville-Saint-Clair, la forêt urbaine tempérée européenne sur les friches ferroviaires de Pantin, ces projets heureux partagés avec Claire témoignent concrètement de l'intérêt et du potentiel du métissage fécond entre paysage et voisinage.

Page de gauche :
Arpentage, Orléans, 2015.

PROJET

DE LA VILLE-PUZZLE À LA VILLE-JARDIN

Plan Guide, suivi urbain et architectural, et conception des espaces publics du quartier Plessis-Botanique à La Riche (37)

Puiser l'inspiration dans les logiques qui ont présidé à la fabrication d'un tissu historique, en comprendre les structures et les figures permettrait d'échapper à la ville ennuyeuse et de mieux lier l'histoire et le futur. Passer de la « ville-puzzle » à la « ville-jardin » pourrait sembler à portée de main, mais reste encore à trouver le modèle d'aménagement qui le permettra. [AM]

Années : 2021 — en cours
Maîtrise d'ouvrage : ICADE Synergie urbaine
Équipe : LAQ architectes urbanistes paysagistes mandataires
LALU paysagistes
MA-GEO BET hydrologie
GEO-PLUS BET génie urbain
CONCEPTO conception lumière
Avec chez Laq : Pauline Marty, Victoire Coizy, Emmanuelle Floc'h

La Zac du Plessis Botanique intègre les derniers fonciers disponibles au cœur de la ville de La Riche, presqu'île urbaine dans le lit majeur de la Loire et du Cher. Autrefois fertile et nourricière, principale pourvoyeuse du marché Sainte-Anne, ce n'est que tardivement, à partir des années soixante-dix, que son tissu vernaculaire s'étiole et cède la place à une urbanisation plus éclatée et opportuniste, sans centralité, peuplée des figures bâties archétypales du XXe siècle : plots, barrettes, lotissements pavillonnaires, hypermarchés, grands équipements, etc., qui la transmue en ville-dortoir, à l'entrée de Tours. L'arrivée du tramway, qui reliera le nouveau quartier à la gare de Tours en 15 min, est l'occasion de redonner une identité et une intensité à ce territoire morcelé.

Un tissu contemporain d'inspiration ligérienne

Pour recomposer les fragments de cette ville-puzzle, nous puisons dans des motifs urbains traditionnels et locaux. Leur analyse typo-morphologique nous documente sur des conditions d'installation complices avec le territoire, sa géologie, son hydrographie, son climat, inspirants pour composer un tissu original, non générique, réitérant les codes Larichois. L'habitat maraîcher, en particulier, attire notre attention, assemblant le long de ruelles des volumes bâtis en L ou en U autour d'une cour, et des parcelles cultivées disposées dans le sens de l'écoulement des eaux. Nous insérons une trame fondée sur cette géo-histoire, dans le chapelet de terrains en friche qui s'égrène du nord au sud de la commune, organisant une imbrication contemporaine d'îlots et de jardins, pour une ville poreuse et végétale. La référence vernaculaire se transpose, au gré des besoins, d'un habitat familial individuel groupé à du collectif, et s'adapte dans ses épaisseurs et ses hauteurs aux usages contemporains et au contexte métropolitain. Les lots en L sont mitoyens par deux, adressés sur une ruelle et bordés, côté opposé, par une bande maraîchère. Chaque ensemble dispose ainsi d'une cour, lieu de vie domestique, et d'un jardin commun, espace de verger, de potager et de rencontre qui pourra être mis en gestion par des associations. À l'échelle urbaine, la succession de ces parcelles jardinées forme de longues lanières qui garantissent des respirations paysagères entre le bâti. Parcourues de sentes publiques et de noues végétalisées, elles constituent un réseau de continuités de la Loire au Cher qui facilite les parcours piétons-cycles et la gestion naturelle de l'eau, apportant de la fraîcheur et un enrichissement des milieux naturels en ville. Autour des stations de tramway, l'espace se dilate en place et placettes et favorise la programmation de quelques bâtiments de bureaux et de commerces de proximité.

Une chaîne d'opérateurs sans amortisseurs face au marché

La conjoncture économique révèle de manière criante le phénomène contemporain de financiarisation du logement. Face aux difficultés actuelles de commercialisation, les promoteurs immobiliers dégradent la variété typologique souhaitée par la Ville et l'aménageur, en découpant les grands logements en petites surfaces (T1, T2), plus rentables et « plus faciles à écouler », au risque d'une ville uniforme et vite obsolète. Alors que construire du logement devrait répondre à l'intérêt général et à une fabrique de la ville diverse et pour tous, dans une vision à long terme, l'« écoulement » répond aux objectifs commerciaux de structures actionnarisées. C'est pourquoi il nous paraît essentiel de ne pas céder à cette immédiateté, quitte à ne pas construire quand « ça ne se vend pas », et attendre des jours meilleurs (en l'occurrence l'arrivée du tramway en 2028 changera la donne). La disjonction utile entre la temporalité des aménageurs et celle des promoteurs devient confuse dans le cas d'un aménageur propriétaire des terrains qui vend des charges foncières à sa filiale de promotion. Là, la boucle tend au contraire à s'auto-alimenter.
[CS - MT]

Raphaël Gabrion, Chanteloup

Chédigny

Dumont-Legrand, Biganos

SOA architectes, Paris

Coupe de principe des lanières bâties et des bandes maraîchères, 2021.

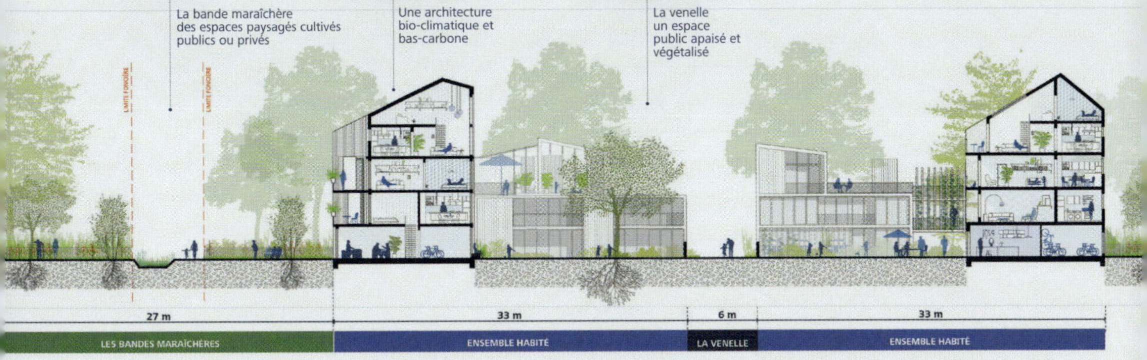

UN AGRO-ÉCOSYSTÈME URBAIN

Plan guide du secteur sud de la Zac Campus Grand Parc (quartier République), à Villejuif (94)

Emporter la décision de préserver des territoires agricoles exige encore des démonstrations multiples. Pour Laq, il s'agit de spatialiser de la constructibilité par une densification raisonnée tout en définissant, à l'appui d'expertises scientifiques, l'évolution des zones agricoles. [AM]

Années : 2022 — en cours
Maîtrise d'ouvrage : SADEV94
Équipe :
LAQ architectes urbanistes paysagistes mandataires
Franck Chevallier, design agricole
MA-GEO BET génie urbain et hydrologie
TESORA BET pollutions
SÉCUR-AGRI cultures test
ANECO assainissement écologique
Avec chez Laq : Loïe Jacotey, Raphaël Debec

L'appel d'offre pour repenser l'aménagement de la zone Campus Grand Parc à Villejuif nous a motivés à plusieurs égards. D'abord, par le souhait de réinterroger un projet urbain d'il y a dix ans, signe qu'une nouvelle appréhension des territoires est à l'œuvre au regard de l'urgence écologique. Ensuite, parce que le périmètre qui porte sur le secteur sud de la ZAC[1] offre une situation de projet idéale pour s'engager sur le sujet des problématiques récurrentes de la banlieue métropolitaine, en particulier ici la pollution des sols alourdie par une décharge sauvage de plusieurs tonnes de déchets.

Transition à signaler dans les projets urbains

Les 22 hectares du site, bordés par l'autoroute A6 en surplomb, embrassent des occupations diverses : la Zone d'activités économiques de l'Épi d'or, des pavillons et quelques immeubles collectifs, un regroupement de jardins familiaux ainsi que trois hectares de terres, serres et hangars horticoles en friche. La nouvelle commande assume un changement de focale du modèle d'aménagement : préserver des sols fertiles et installer une ferme urbaine, jusqu'à tester l'hypothèse d'une conservation totale des surfaces culturales. La porte d'une dé-densification est ouverte pour permettre ces nouveaux usages. De très longs débats s'ensuivent, avec autant de scénarios de répartition spatiale, pour qu'un arbitrage ville — aménageur soit délivré entre le nombre de logements (équilibre du bilan) et les surfaces agricoles conservées (résilience du territoire). Pour une fois, c'est le scénario que nous poussons, préservant la totalité des terrains horticoles, qui est retenu ! Nous apprécions cette sanctuarisation des sols fertiles qui cessent d'être la variable d'ajustement de l'urbanisation, malgré le corollaire d'un quartier trop dense en compensation. Nous comptons sur le jeu d'acteurs (incluant les citoyens) pour affiner dans un second temps le travail sur la densité et les formes urbaines de la part bâtie.

Nouvelles compétences, nouvelles connaissances pour des systèmes agro-urbains

Nous menons également un travail sur les synergies possibles entre quartier habité et ferme productive, en allant plus loin qu'à Rungis il y a dix ans sur la mise en place d'un métabolisme circulaire, préfigurateur d'une ville résiliente qui repense ses fonctionnalités, son rapport à la nature et à l'écologie. Pour l'étayer concrètement, nous avançons sur plusieurs fronts, aidés par des experts et partenariats ad hoc. Le recueil de connaissances ultra-locales sur les caractéristiques agro-pédologiques et hydrologiques des milieux s'accompagne de cultures-tests, en cours avec AgroParisTech, en différents points du site, pour constater l'impact des types de sols et degrés de pollutions sur les légumes produits. Ces enseignements doivent affiner la répartition des cultures maraîchères bio-intensives et leur inscription dans un système agroforestier, pensé avec Franck Chevallier, agriculteur et designer agricole, pour réduire les effets de l'évolution climatique. Nous sollicitons l'association Aneco sur la stratégie de recyclage/compostage des eaux jaunes, grises et noires de l'habitat urbain afin d'en faire des ressources pour amender, fertiliser et irriguer les sols, et visitons ensemble des opérations avancées sur ces sujets en Europe. Des analyses de corpus scientifiques réalisées par les étudiants et chercheurs de Polytech Sorbonne permettent de préciser les atouts et correctifs de différentes solutions. Autant de nouveaux champs à investiguer pour les urbanistes, d'enquêtes à mener in situ et de savoirs pointus à intégrer au service d'un pari, celui d'une réparation et d'un avenir résilient des territoires urbains. [CS - MT]

[1] Le secteur nord de la ZAC autour de l'hôpital Gustave-Roussy et de la nouvelle gare de la ligne 14 poursuit sa phase opérationnelle sous conduite de l'agence TVK.

Page de droite :
Coupe sur une lanière agro-forestière, d'après Franck Chevallier.

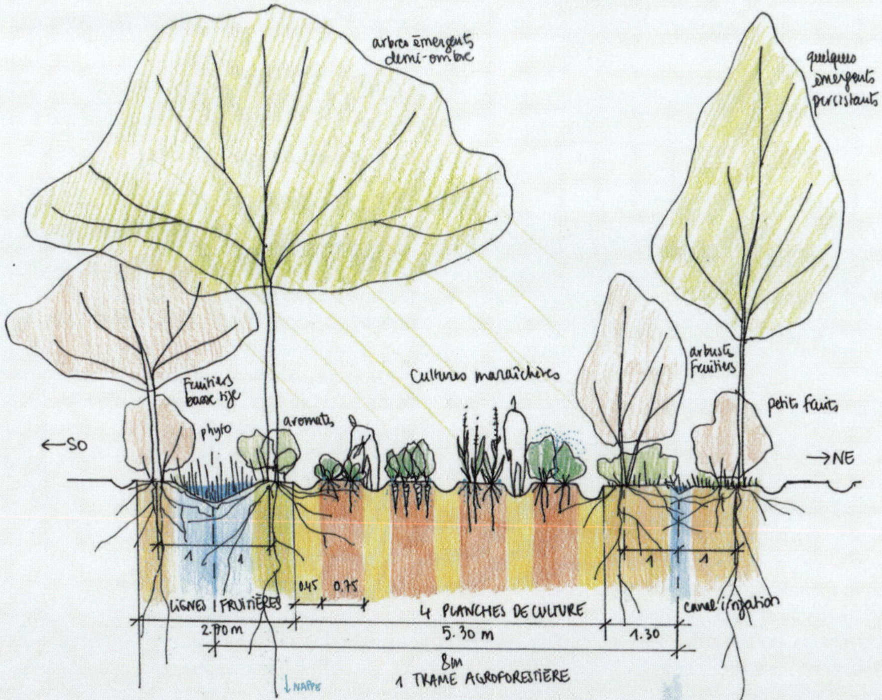
arbres émergents
demi-ombre
quelques émergents persistants
Fruitiers basse tige
phyto
aromates
Cultures maraîchères
arbustes fruitiers
petits fruits
←SO
→NE
1
1
0.45
0.75
LIGNES 1 FRUITIÈRES
4 PLANCHES DE CULTURE
canal irrigation
2.70 m
5.30 m
1.30
8m
1 TRAME AGROFORESTIÈRE
↓ NAPPE

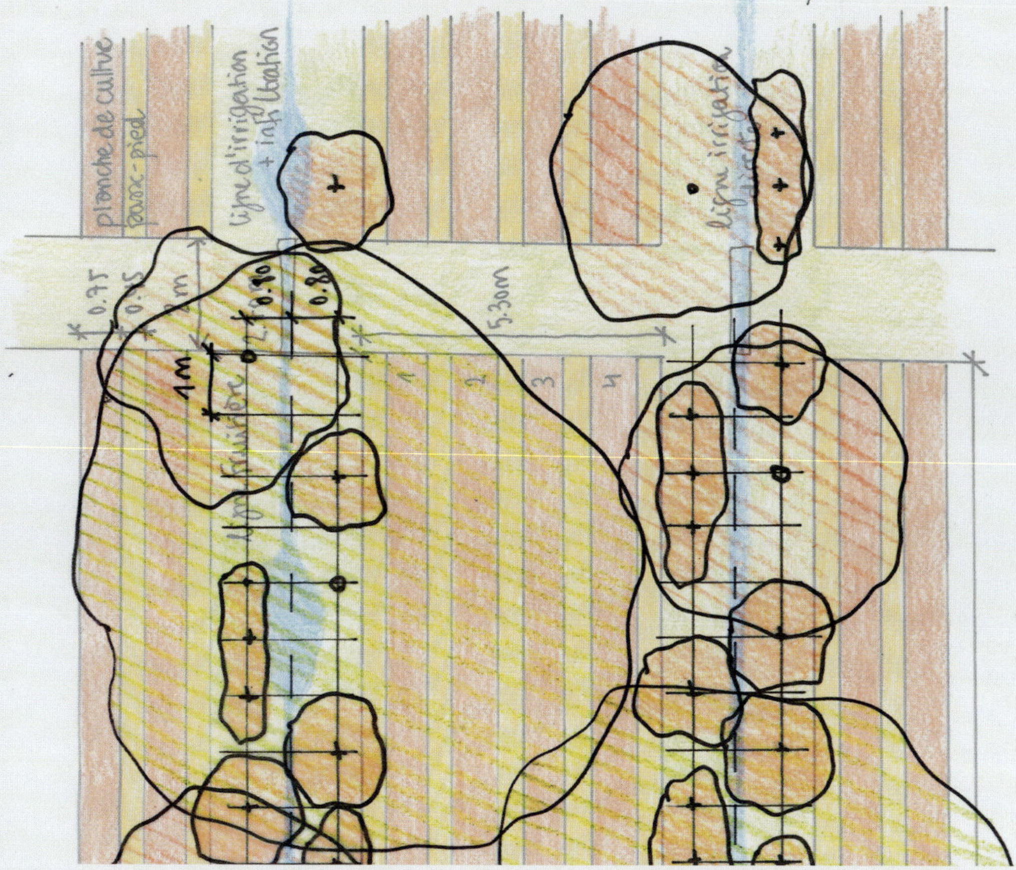
planche de culture
passe-pied
ligne d'irrigation + infiltration
ligne irrigation
0.75
0.45
0.90
0.80
5.30m
1M
1
2
3
4

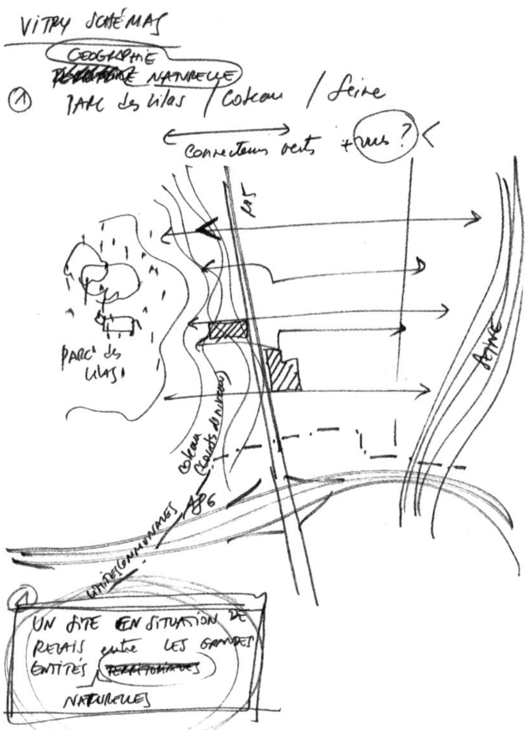
VITRY SCHÉMAS
GÉOGRAPHIE
NATURELLE
1 PARC des Lilas / Coteau / Seine
Connecteurs verts + vues ?
PARC des LILAS
Seine
A86
UN SITE EN SITUATION DE RELAIS entre LES GRANDES ENTITÉS NATURELLES

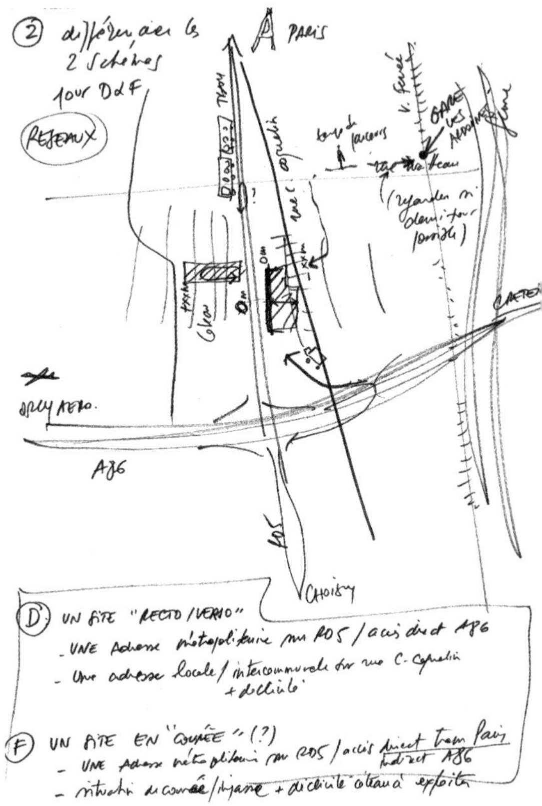
2 différencier les 2 schémas pour D&F
RÉSEAUX
PARIS
ORLY AERO.
A86
CHOISY
D UN SITE "RECTO/VERSO"
- UNE Adresse métropolitaine sur RD5 / accès direct A86
- Une adresse locale / intercommunale sur rue C. Coquelin + déclivité
F UN SITE EN "COURÉE" (?)
- UNE Adresse métropolitaine sur RD5 / accès direct tram Paris / indirect A86
- situation de courée / + déclivité coteau à exploiter

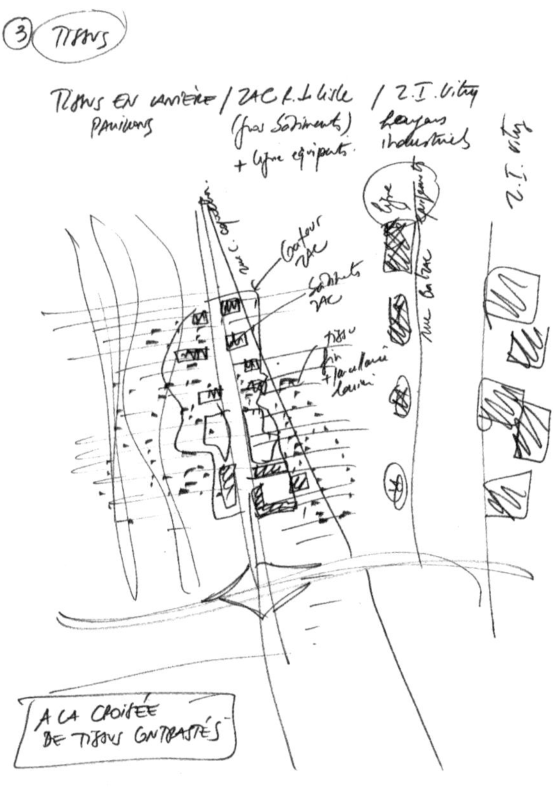
3 TISSUS
TISSUS EN LANIÈRE / ZAC R. Lisle / Z.I. Vitry
PAVILLONS
Hangars industriels
Z.I. Vitry
Contour ZAC
A LA CROISÉE DE TISSUS CONTRASTÉS

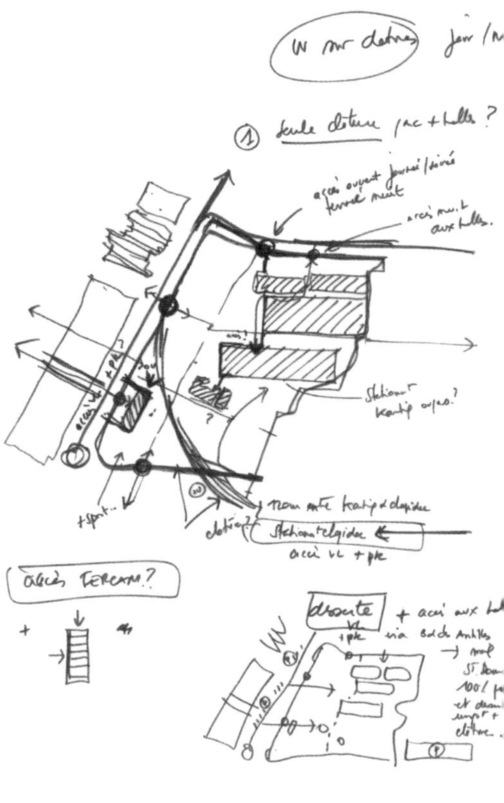
1 seule clôture parc + halles ?
accès ouvert journée/soirée fermé nuit
accès nuit aux halles
ACCÈS TERRAIN ?

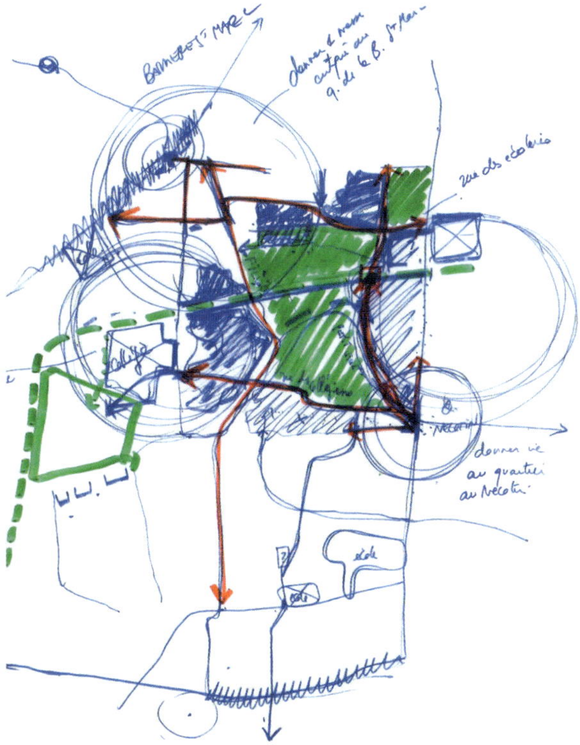

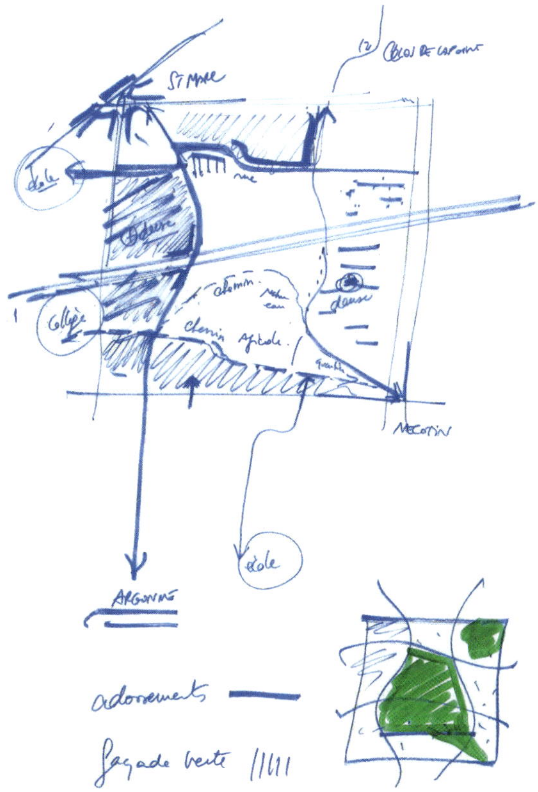

Croquis de travail

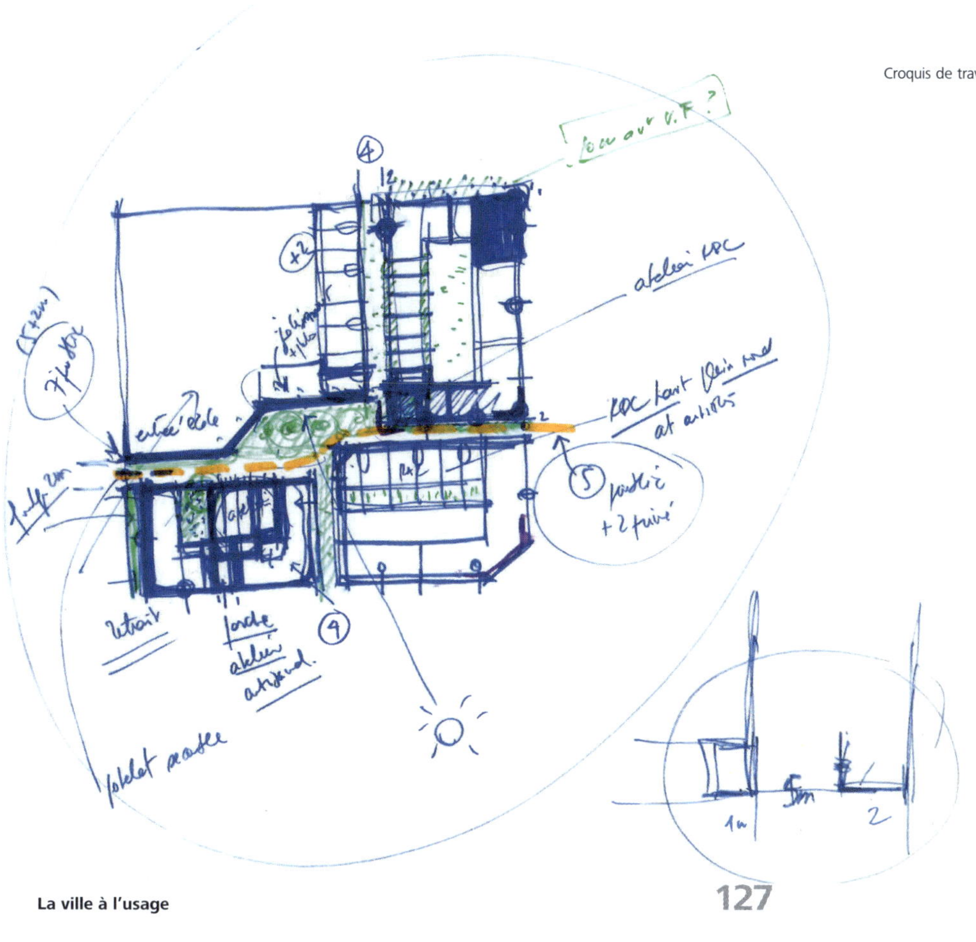

Des tracés aux usages et de la ville aux territoires

Réflexions de terrain

P

Des tracés aux usages

Un art du parcellaire au service de métropoles résilientes

Ariella Masboungi et Antoine Petitjean

AM + AP : *Vos projets sont attentifs à une approche relationnelle de l'espace urbain, intégrant les notions de seuils, d'emboîtement d'échelles de vie, de mitoyenneté, a contrario d'opérations immobilières conçues sur des emprises de plus en plus vastes, sans relation spatiale ni fonctionnelle avec leur environnement, ce qui est encore parfois le cas malgré l'évolution sensible des projets contemporains en la matière. Par ailleurs vous souhaitez favoriser l'évolutivité des tissus, leur sédimentation urbaine, donc leur enrichissement. Comment procédez-vous ?*

CS : La taille des parcelles a considérablement augmenté dans les tissus urbains contemporains, jusqu'à être assimilée à l'unité opérationnelle, de plus en plus étendue dans le cas des macro-lots s'affirmant en objets urbains autonomes entourés d'espaces publics. Cela fige la forme urbaine et freine l'évolutivité des quartiers dans le temps. Or l'une de nos responsabilités d'urbanistes est de léguer des lieux qui peuvent se transformer et s'adapter aux conditions sociales, économiques et climatiques, comme ils ont toujours su le faire. Mon intérêt pour les tracés et l'organisation du parcellaire naît de l'observation de la diversité et de la richesse spatiale de la ville historique. Des centres aux faubourgs, nous héritons d'une mine inépuisable d'inspiration. Dans les faubourgs, en particulier, c'est un esprit des lieux qui assure la cohérence des dispositifs spatiaux, non la conformité des bâtiments à des règles strictes. La surprise y est possible. L'exception architecturale induite par l'inattendu d'un usage rend les lieux uniques, crée un sentiment d'attachement qu'il serait pertinent de susciter dans la ville contemporaine. Diversifier un tissu urbain est ardu : le danger serait de tomber dans un formalisme artificiel. Il me semble pourtant nécessaire d'échapper aux formes urbaines rendues parfois trop massives et homogènes pour plus de simplicité opérationnelle et d'efficacité productive.

Pour concevoir des tissus contemporains diversifiés et transformables qui ne singent pas la ville historique, vous requestionnez l'un des outils fondamentaux de l'organisation urbaine : le parcellaire. De la diversité et la précision de son découpage à la dissociation entre parcelle et fonctions mutualisées (stationnement, réseaux, énergies), comment en explorez-vous les potentiels dans vos projets ?

Page de gauche :
Le bloc A du quartier République de nuit, sur l'Île de Nantes, 2024.

Réintroduire un découpage parcellaire fin et diversifié dans les opérations demande du courage et de la longueur de vue de la part des aménageurs, car le processus est plus complexe qu'une vente à la découpe de grandes emprises foncières. À Nantes, nous avons proposé à la Samoa (Société d'Aménagement de la Métropole Ouest Atlantique) une forme urbaine faite de petits îlots équivalant à l'unité opérationnelle, au sein desquels un découpage parcellaire correspond à chaque copropriété ou programme différent. Au sein de certains îlots, nous avons proposé de réserver de petits fonciers à commercialiser une fois le quartier livré, destinés à des opérations en autopromotion d'échelle modeste et sortant du schéma de la promotion immobilière classique. Ce dispositif urbain a pour but d'associer à chaque unité résidentielle ou d'activité sa parcelle, pour une (auto)gestion des copropriétés plus agile et pour une évolutivité possible. Ceci est faisable si la parcelle s'étend jusqu'au tréfonds, c'est pourquoi nous avons également proposé de dissocier les parkings des lots en les mutualisant.

La mutualisation des stationnements ainsi que celle de la gestion des eaux pluviales en contexte dense ou encore celle de l'énergie (photovoltaïque en toiture et adduction au réseau de chaleur) peut nécessiter un niveau de gestion supplémentaire, type Association syndicale libre (ASL). Celui-ci complexifie la simplicité recherchée : une fonction / une adresse, une propriété / une parcelle. Il requiert de la coordination au stade de la conception et des autorisations administratives, puis une ingénierie juridique pour maintenir autant que possible le dispositif facilitant et agile de la parcelle. Reste à observer comment cela vit dans la durée, même si l'on peut parier que cela sera de toute façon plus souple qu'une grosse copropriété au sein d'un macro-lot multifonctionnel ! Dans le quartier République de l'Île de Nantes, la Samoa a libéré des lots de la fonction stationnement, partagée entre les promoteurs au sein d'un lot dédié. Le sous-sol n'est plus figé par des niveaux enterrés de parkings peu mutables, coûteux, carbonés et souvent sous-utilisés. Chaque lot est construit sur un « vrai sol » et dispose de pleine terre ce qui, outre la régulation des effets d'îlot de chaleur et l'optimisation de la gestion hydraulique, réouvre l'éventail des configurations bâties, à commencer par la mitoyenneté. Les contraintes sont spatiales, techniques et économiques : le découpage parcellaire exige par exemple une dissociation des structures mitoyennes pour assurer la mutabilité des bâtiments indépendamment les uns et autres dans le temps.

Outre la mutabilité, cette conception du parcellaire a des conséquences en chaîne sur la mise au point du tissu bâti. Peut-on dire qu'en découlent la qualité des logements, la fraîcheur des îlots et la quiétude de l'espace public ? Cela favoriserait-il une cohésion sociale parfois complexe à faire émerger dans les nouvelles opérations denses ?

Un parcellaire fin et diversifié permet en effet de repenser la manière dont les bâtiments s'articulent entre eux, avec des architectures qui dialoguent, et que les habitants s'approprient. À l'échelle des bâtiments, nous incitons à limiter les cages d'escaliers à une vingtaine de logements, pour faciliter les relations de voisinage tout en ouvrant aux habitants des capacités d'autogestion et d'entretien de leur environnement immédiat. Sur un autre plan, il s'agit de diversifier les adressages des bâtiments et des programmes pour obtenir une ville « pas chiante[1] ». Cela a des conséquences sur le traitement des seuils mais aussi sur la conception de l'espace public. Rappelons que l'on n'habite pas de la même manière le long d'un boulevard, d'une rue, d'une allée ou d'une placette : à chaque fois, les échelles bâties et les solutions architecturales doivent apporter des réponses spécifiques, garantes de confort et de bien-être individuel comme collectif. Si la rue est essentielle à l'urbanisme contemporain, il s'agit d'en explorer l'immense diversité d'échelles et de typologies pour enrichir les quartiers d'ambiances et d'atmosphères spécifiques et organiser de nouvelles manières d'habiter en ville. Par exemple, s'il est inconfortable de vivre en rez-de-chaussée d'un boulevard passant, habiter une ruelle ou une venelle est enviable à condition d'organiser l'espace très précisément. Il nous faut renouer avec cet art de l'articulation des seuils et des interfaces qui organisent la vie domestique comme la vie sociale en ville.

Pouvez-vous revenir sur les exigences que vous placez au cœur de votre rôle d'urbaniste ? Ces dernières posent des bases non négociables tant sur le plan des usages que de la performance environnementale afin d'assurer la qualité des bâtiments et espaces publics à venir.

Nos prescriptions sont en effet très précises sur le plan qualitatif, étant garantes de la qualité de vie au sein de chaque projet. Plus que l'aspect formel, c'est la pluralité des plans et des propositions des architectes, répondant à ces objectifs qualitatifs, qui font ensuite la richesse du quartier. Les logements, par exemple, doivent offrir l'éclairage naturel des escaliers comme celui des cuisines ou encore la présence de celliers. L'organisation des rez-de-chaussée est, elle, l'objet de prescriptions concernant le traitement qualitatif des angles, la lisibilité de l'adressage à des fins de forte appropriation par les habitants, l'accessibilité et la qualité des locaux vélos (eux aussi éclairés naturellement) comme leur visibilité depuis la rue, ou encore la robustesse des matériaux et le rythme des façades. Nous intégrons dans les fiches de lot des prescriptions concernant les aspects environnementaux et bioclimatiques : usage de matériaux bruts et décarbonés mis en œuvre dans leur « vérité », dessin en verticalité des fenêtres pour être en contact avec le sol de la ville comme avec le ciel, interdiction de volets roulants au nu de la façade… Les

[1] Ariella Masboungi, Antoine Petitjean, *La ville pas chiante, alternatives à la ville générique*, Paris, Le Moniteur, 2021.

architectes sont parfois étonnés par autant d'attention à des sujets qui peuvent sembler mineurs, mais ils sont toujours reconnaissants de notre soutien pour ne pas dégrader les sujets de qualité de vie au cours du développement de leur projet.

Ces prescriptions s'ajoutent aux normes en vigueur concernant en particulier les logements mais vous semblez aller plus loin pour défendre une très haute qualité de conception et de réalisation. Comment procédez-vous ?

La qualité des logements est un enjeu crucial de bien-être collectif et de santé publique. Impossible d'en faire l'impasse ! Nous imposons des logements traversants ventilés naturellement et donc rafraîchis de manière passive en été, avec des conséquences directes sur la forme urbaine en influant sur le gabarit, l'orientation et le rapport des volumes bâtis entre eux. Sans jamais les dessiner, nos prescriptions «entrent» dans l'organisation des plans : chaque logement doit disposer d'une pièce sur rue et d'une autre au calme, les cuisines lumineuses peuvent être fermées dans les logements familiaux pour mieux s'adapter aux besoins des habitants, les balcons ou terrasses, obligatoires pour tous les logements mêmes petits, doivent permettre à tous les occupants d'y partager un repas. La succession des seuils, du hall à la séquence d'entrée du logement, est conçue pour apaiser la vie en commun tout en la stimulant. Sur des espaces publics adaptés (venelles, ruelles) et grâce à l'aménagement de seuils, il doit être possible d'habiter au rez-de-chaussée, en duplex dans lesquels aucune chambre ne donne sur la rue, et tous les logements ont visuellement accès à un espace vert. Autant de règles élémentaires qui, prises ensemble, tissent la qualité du logement en milieu urbain dense. Il s'agit de critères à l'origine empiriques, vérifiés par l'usage et leur adéquation aux modes de vie. Nous en avons fait un système ouvert de repères adapté aux particularités de chaque site d'intervention. Ce référentiel précis traduit nos propres expériences de la vie quotidienne : chez Laq, nous prescrivons en tant qu'urbanistes et concevons en tant qu'architectes des logements dans lesquels nous avons envie d'habiter.

Cette exigence n'est-elle pas, parfois, source de conflits avec les investisseurs et les promoteurs ?

La relation n'est pas toujours facile et il faut savoir s'opposer à une approche purement quantitative et financière du bâtiment, *a fortiori* lorsqu'il s'agit de logements. Ces derniers ne sont pas des «produits», n'en déplaise aux promoteurs et investisseurs qui ont longtemps imposé ce champ lexical ! Fixer une épaisseur bâtie à 12 mètres maximum contrevient aux logiques économiques et aux «coefficients de forme[2]» devenus la règle à partir des années quatre-vingt, lorsque les volumes habités ont

[2] Rapport entre la surface de façade et la surface de plancher.

été calqués sur la largeur des parkings enterrés. Moins de façades et moins de fenêtres, c'est la promesse d'un bilan optimal de l'investissement initial… et d'une qualité de vie médiocre, donc de désordres majeurs à long terme. Lutter contre l'obsolescence programmée des bâtiments va dans le même sens : nous imposons des systèmes simples, «*low-tech*», venant compléter des dispositifs de régulation climatique et de confort intégrés à l'architecture (protections solaires, châssis ouvrants…). Face aux opérateurs et investisseurs, faire valoir ces contraintes suppose un portage ferme de la part des aménageurs ainsi que des élus. Cela conduit nécessairement à aborder l'enjeu du coût global des projets (investissement initial, rentabilité mais aussi coût humain et environnemental de la construction) pour échapper à l'approche parfois court-termiste des opérateurs économiques.

Comment faire valoir ces exigences qui se rajoutent à bien d'autres dans la composition des nouveaux quartiers ?

Tenir ses positions tout en trouvant des solutions de compromis est au cœur du métier d'urbaniste. Pour faire valoir nos prescriptions, je questionne les promoteurs qui les contestent : «vivriez-vous dans ce bâtiment, à ce niveau, avec un tel vis-à-vis ou dans un salon sans soleil direct tout au long de l'année ?» Il nous faut parfois jouer le rôle de l'habitant, absent des étapes amont de définition des logements «en blanc», pour parer les vents contraires… Nombre d'opérateurs privés jouent le jeu. Nous ne sommes en difficulté que lorsque le maître d'ouvrage (aménageur) ou les élus cessent, quelle qu'en soit la raison, de nous appuyer et cèdent aux exigences des opérateurs privés. Dans ce cas et en dernier recours, il faut parfois quitter un projet : il en va de notre crédibilité et de notre légitimité et j'y vois une forme d'honnêteté professionnelle. En tant qu'urbanistes, nous sommes garants de l'intérêt général qui repose sur des choses simples mais indispensables comme donner accès à des logements dignes, confortables et sains sur le plan environnemental. Notre tâche est de convaincre tous les acteurs que leurs intérêts convergent *in fine*, ce qui nous impose d'être cohérents dans nos engagements.

Double page suivante :
Maquette de travail.
Quartier République,
Île de Nantes 2020.

préau

Paul Chemetov

Architecte urbaniste, Grand Prix national de l'Architecture 1980

La question urbaine n'est pas une question technique, c'est une question politique

Paul Chemetov était un urbaniste de la réparation. Contrairement aux architectes de sa génération, il n'a pas participé à la construction des Zup[1] dans les années soixante, mais il a contribué à leur réhabilitation, à travers les GPU puis GPV[2] lancés au début des années 2000. C'est dans ce contexte que je suis «née» à l'urbanisme, à l'agence C+H+. Aux côtés de Borja Huidobro et de Paul Chemetov, j'enchaînais les marchés de définition, à Saint-Dizier, à Strasbourg, à Orléans… Sur le terrain, «Chem» critiquait cet urbanisme illisible et inégalitaire, aux architectures dénaturées par des rénovations décoratives, aux habitants relégués loin de la ville-centre, privés de transports et d'équipements efficients. Provocateur, il n'hésitait pas à dénoncer les bailleurs qui selon lui profitaient de l'APL[3] pour se constituer une rente sur le dos des plus pauvres.

S'il faisait preuve de recul sur la production architecturale de ses contemporains, il était néanmoins farouchement contre les démolitions, au risque de priver les familles de leur maison et donc d'une partie de leur vie et de leurs souvenirs. Communiste de conviction, il m'a transmis l'importance de concevoir une ville contemporaine capable de donner l'égalité d'accès à ce qui est commun : transports, écoles, hôpitaux, police, justice, boulangeries ou marchands de journaux… «car si elle ne le peut pas, c'est qu'elle est le miroir brisé d'une société éclatée.» … Il y a encore là, matière à réflexion et surtout à actions… [CS]

[1] Une Zone à Urbaniser en Priorité est une procédure administrative d'urbanisme opérationnel utilisée en France entre 1959 et 1967 afin de répondre à la demande croissante de logements, permettant la création de quartiers de logements ex nihilo.
[2] Le programme des Grands Projets de Ville, pour la période 2000-2006, prend le relais des Grands Projets urbains (GPU). Le GPV est un projet global de développement social et urbain qui vise à réinsérer un ou plusieurs quartiers dans la dynamique de développement de leur agglomération et concentre des investissements sur des sites dévalorisés en termes spatial, économique et social, ainsi qu'en termes d'image. Ses actions portent notamment sur la restructuration du bâti, l'implantation de services publics et collectifs, le désenclavement des quartiers.
[3] Aides personnalisées au logement.

Bernard Reichen

Architecte urbaniste, Grand Prix de l'urbanisme 2005

C'est moi qui écris, mais c'est vous qui aimez !

C'est ainsi que Bernard Reichen décrit le rôle de l'urbaniste, comme celui d'un écrivain public qui pose le récit urbain d'un territoire en empathie avec ses habitants. Exercer à ses côtés entre 2002 et 2013, m'a donné l'envie de projet et le plaisir de l'urbanisme.
Bernard dessine beaucoup, dessine tout, à la main avec quatre couleurs : le vert pour le végétal, le bleu pour l'eau, le noir pour le bâti, le rouge pour l'intensité, comme résoudre une équation qui, plus elle est complexe, plus elle est passionnante. Il fonde chaque projet sur des invariants, et y intègre des principes correctifs pour éviter les erreurs du passé.
Travailler sur la ville territoire pour le Scot de Montpellier, l'un des premiers Scot de France, a sans doute été l'expérience commune la plus marquante. Avec Hervé Huntzinger, économiste et Alfred Peter, paysagiste, nous avons inventé notre propre méthode, dans le plaisir des débats. L'inversion du regard, priorisant les espaces naturels et agricoles comme valeur maîtresse de la ville-territoire, et identifiant leurs limites avec la ville comme espaces de projet, était visionnaire et anticipait le ZAN. [CS]

ENTRETIEN

Réparer la ville et son territoire

Vers un métabolisme métropolitain ?

Ariella Masboungi et Antoine Petitjean

AM + AP : *Vous affirmez que la création de votre agence répond au besoin de recentrer votre pratique de l'urbanisme sur les enjeux écologiques et la prise en compte des usages tout en assumant la dimension humaine du métier de concepteur. Pouvez-vous expliciter les fondements et modes d'intervention d'une agence construite sur ces bases ?*

CS : L'urbanisme donne un sens à ma vie en ce qu'il me permet de contribuer à répondre au défi de notre siècle : le changement climatique et l'érosion de la biodiversité. Ce métier est un engagement ! Nous affichons clairement le positionnement éthique de l'agence : se soucier en priorité des « fragiles », qu'il s'agisse des habitants précaires comme des sols maltraités depuis les Trente Glorieuses, ou du vivant dans son ensemble. C'est aussi considérer l'empathie, la douceur et l'équilibre comme des qualités fortes de l'urbanisme, quitte à lutter contre des procès en naïveté...

Vous décrivez vos projets comme des leviers de réparation des territoires, notamment au sein des métropoles, environnements particulièrement dépendants et davantage exposés aux conséquences du changement climatique. En quoi le projet urbain, nécessairement circonscrit à des limites spatiales, peut-il répondre à ces problématiques qui le dépassent par leurs nature et échelle ?

L'insuffisance de réaction collective devant l'urgence environnementale est pour moi source de vive interrogation et d'inquiétude. Face aux conséquences du changement climatique, les très grandes villes (qu'elles aient ou non le statut de Métropole qui, en France, recouvre des situations disparates), sont vulnérables car extrêmement dépendantes de territoires parfois éloignés pour leur alimentation, leur énergie comme l'ensemble de leur fonctionnement. Bien plus que les établissements humains d'échelle moins conséquente, et *a fortiori* que les territoires ruraux. En tant qu'urbaniste, il pourrait paraître plus aisé d'œuvrer au sein de ces territoires attractifs très outillés en ingénieries pointues. C'est vrai quand il s'agit de les aménager à renfort de projets « neufs » au sein de périmètres opérationnels limités. Ça l'est beaucoup moins dès que l'on envisage de réparer l'existant à juste échelle. Or tout projet devrait être l'occasion d'une réparation, qu'elle soit de nature environnementale (l'adaptation climatique, les risques, la biodiversité...), économique ou sociale. Il nous faut donc souvent « sortir » des périmètres définis par les opérations urbaines.

Intervenant principalement sur des opérations d'urbanisme au périmètre défini, vous affirmez que les questions écologiques doivent être au centre de vos préoccupations. Toutefois, si les avancées sont significatives à cet égard, il y a encore bien du chemin à parcourir pour mieux croiser les sujets et parvenir à des résultats efficaces. Quels sont selon vous les obstacles à franchir pour parvenir à la prise en compte des préoccupations environnementales de manière holistique et à juste échelle ?

Sur les deux dernières décennies, nous avons fait de grands progrès concernant nombre de cibles environnementales, mais encore prises isolément les unes des autres. L'objectif de Zéro artificialisation nette (ZAN) a permis de faire la lumière sur l'importance des sols et ses enjeux cruciaux : nourricier, climatique (captation carbone) et biologique (le vivant dont nous sommes interdépendants). Cependant les « derniers » projets d'artificialisation voient encore le jour partout en France à l'aune de zonages urbains des PLU sur des territoires encore agricoles... Dans le même temps, les études d'impact présentent des failles méthodologiques (financées par le porteur de projet) et un manque de moyens de l'Autorité environnementale au niveau national et régional face au nombre de dossiers croissants. Quant à la logique de compensation souvent utilisée, elle rend abstraites les conséquences effectives de nos aménagements sur l'environnement et le vivant, pêchant par leur insuffisance, *a fortiori* dans un monde de plus en plus anthropisé : on ne « déplace » ni ne reconstitue pas si simplement un habitat ou une zone humide, par exemple. La question énergétique est, elle, de mieux en mieux intégrée au projet urbain, par les réseaux de chaleur et les mix énergétiques (isolation efficace des parois, toiture photovoltaïques) que l'on sait mettre en œuvre dans les tissus urbains. Avec la RE2020, la réglementation joue son rôle et encadre toujours plus précisément la trajectoire énergétique et carbone de la construction neuve. C'est une bonne chose même si cela implique un renchérissement des coûts de la construction que l'organisation des filières biosourcées devrait toutefois atténuer progressivement. À une autre échelle, les Plans climat-air-énergie territorial (PCAET), feuilles de route déclinant les actions réparatrices à mener à l'échelle des territoires, donnent une direction vers la résilience. Malheureusement ils n'intègrent pas, à ma connaissance, de dispositif d'évaluation ni ne précisent le rythme à mettre en place pour atteindre la neutralité carbone en 2050. À titre d'exemple : la métropole nantaise a évalué *a posteriori* son PCAET, élaboré en

2007. Ce dernier avait pour objectif de réduire les émissions de gaz à effet de serre de 35 % par habitant d'ici 2024, de tripler l'usage du vélo et d'accompagner les rénovations thermiques. Évaluation faite au rythme de ces avancées, non négligeables : la neutralité carbone serait atteinte en 2320 ! Agir à la bonne échelle, avec l'intensité nécessaire et selon le bon rythme sur l'ensemble de la ville ou de la métropole existante pour engager une réparation sérieuse des milieux de vie impose donc de mettre en place de nouveaux outils, gouvernances, moyens de financement...

Cette réparation des métropoles devrait être considérée à votre sens comme un poste de dépense primaire, à l'instar des services ou de la santé publics, de la défense ou des situations d'urgence. Comment y parvenir ?

Tant que ne sera pas décrétée comme besoin primaire la réparation environnementale des villes en l'adossant à un effort massif d'investissement public, d'autres leviers économiques sont à trouver. Certains exemples, portés par des politiques publiques courageuses, peuvent nous inspirer. La restauration des berges naturelles des fleuves, la désimperméabilisation de certaines villes ou encore le réseau de froid en construction à Paris en font partie. Mais il faut aller plus loin : déconnecter toutes les eaux usées des fleuves et rivières, conserver systématiquement les arbres et bosquets et déployer massivement la canopée dans les villes, réouvrir les rus et ruisseaux enterrés, régénérer leur ripisylve, reconstituer les ceintures maraîchères autour des villes en réinstallant des conditions de fertilité et de biodiversité, retrouver le cycle de la matière organique et de l'azote pour nourrir les sols... Chaque opération d'aménagement devrait prendre en charge une part de réparation, c'est un minimum. Mais les enjeux environnementaux sont rarement finançables par une ligne budgétaire dédiée, sauf dans le cas de la réparation face aux risques (corridor d'écoulement de pluies torrentielles, par exemple). Il faudrait que des politiques régionales et nationales se saisissent davantage de ces sujets. Quant aux financements, ils pourraient être trouvés dans l'installation d'une taxe carbone progressive quand le marché se rétablira en ciblant les plus gros émetteurs, ou dans un impôt sur les transactions financières qui tarde à venir...

Dans le cadre de cette réparation environnementale, comment agir sur la réparation du tissu urbain et des bâtiments ?

Malgré une évolution significative, la réhabilitation des quartiers comme des bâtiments reste une bataille quotidienne, alors qu'elle devrait être un réflexe depuis longtemps. Pour des raisons économiques comme écologiques (carbone et déchets), le réemploi des bâtiments et l'approche patrimoniale sont à élargir au-delà des monuments pour intégrer le patrimoine architectural et urbain « banal ». À Nantes, suite au travail d'Alexandre Chemetoff sur la reconnaissance du patrimoine industriel et ordinaire, nous avons énoncé l'intérêt patrimonial des nombreux bâtiments des années soixante et soixante-dix situés à l'est de l'île. Mais la plupart de nos combats ont échoué car il est encore plus simple de faire table rase, notamment face à un patrimoine bâti dont la reconnaissance n'est pas encore à l'ordre du jour. Pour y remédier, les Plans locaux d'urbanisme (PLU) sont un outil intéressant. Celui de Nantes par exemple a entrepris un recensement précis des séquences faubouriennes et du « petit patrimoine nantais », s'assurant du maintien de l'esprit des lieux au détriment de la spéculation immobilière. Quant au patrimoine de la Reconstruction, il présente souvent une mutabilité intéressante, sa réhabilitation / transformation, économe en carbone et en production de déchets, devrait dorénavant être un invariant de l'Agence nationale du Renouvellement urbain. Il y a évidemment des enjeux urbains, techniques, tous différents en fonction des contextes et des territoires. La contrainte sismique ou la présence d'amiante, par exemple, peuvent alourdir le coût d'une réhabilitation ou en complexifier la mise en œuvre de manière rédhibitoire et il n'est pas question de s'enfermer dans un nouveau dogme. Néanmoins, ajouter le coût environnemental de la démolition (émissions de CO_2 de la construction neuve, déchets générés par les démolitions, parfois suppression du végétal qui a poussé « avec » le bâtiment), changerait souvent la donne.

De la Butte-Rouge à Châtenay-Malabry au site de la Caisse des Dépôts et Consignation à Arcueil, force est de constater que du chemin reste à parcourir…

Ces deux exemples, comme d'autres, montrent qu'il est urgent de changer de braquet. À la Butte-Rouge, après deux ans de travail pour convaincre le maire de la qualité architecturale et domestique des logements inscrits dans une pièce urbaine résolument patrimoniale, et malgré un diagnostic convergeant entre concepteurs, architectes du patrimoine, collège d'experts renommés (auquel participait la sociologue Ginette Baty-Tornikian) et le soutien du bailleur[1], nous avons dû mettre fin en 2018 à notre contrat tant les divergences avec l'édile étaient prononcées.

Le rapport physique au sol vous guide dans la conception des projets comme un point de départ qui aboutit souvent à des démonstrateurs « agro-urbains ». Cela répond à un constat clair : après un siècle d'aménagement urbain, les ceintures maraîchères des villes ont presque toutes disparu. Le découplage entre l'urbain et ce

[1] Hélène Charra-Pontillo, directrice générale adjointe des Hauts-de-Seine Habitat en charge du patrimoine.

qui le nourrit est critique et il est une source de fragilité préoccupante à toutes les échelles des établissements humains. Comment y répondre ?

L'épuisement des sols est l'une de mes préoccupations quotidiennes. Ce souci s'enracine tant dans notre expertise technique d'urbanistes que dans nos histoires personnelles et nos sensibilités. J'ai grandi en lisière de la forêt de Sénart et sentir l'odeur de l'humus du sous-bois le matin me permettait de me connecter, instinctivement, à mon milieu de vie : il est parfois utile de se rappeler que nous sommes aussi des animaux ! Les communautés humaines s'effondrent quand les boucles de fertilité qui les alimentent sont rompues. Alors que notre autonomie alimentaire n'est pas structurellement garantie, l'agriculture n'a jamais été aussi émettrice de CO_2 ni nocive pour l'environnement, donc pour l'homme (transport, engrais). Rechercher une autonomie (et non une autarcie) alimentaire est l'une des conditions pour garantir plus de résilience à nos grandes villes et atteindre une sobriété carbone. Or le niveau de pollution et de détérioration des sols à proximité des villes est préoccupant, nous amenant à investir dans la recherche et le développement en agroécologie et en pédologie pour concevoir de nouveaux systèmes fertiles en milieu urbain.

Outre l'enjeu nourricier et de biodiversité, vous affirmez que les métropoles doivent réapprendre à utiliser leurs propres gisements : villes et quartiers ne génèrent pas que des déchets mais des ressources. Comment les valoriser ?

Comme pour la fabrique des tissus bâtis ou la relation ville-campagne, il est utile d'étudier notre histoire urbaine. Ne serait-ce qu'à Paris, sans idéaliser naïvement un passé socialement très dur qui a généré une pollution lourde des sols, les chiffonniers ou les égoutiers créaient de la valeur par une forme de recyclage. Au-delà du débat contemporain sur le réemploi des matériaux et des bâtiments, il est judicieux d'explorer à nouveau les valeurs non exploitées dont nous avons fait un problème. Récupérer les déchets alimentaires par le compostage (comme la nouvelle réglementation l'impose aux collectivités) ou valoriser systématiquement les urines (l'azote contenu dans les urines pourrait éviter l'import coûteux d'engrais chimiques comme l'anthropisation du réseau hydrographique), les eaux grises [2] et composter les eaux noires pour amender les sols sont de nouvelles pistes à explorer dans les projets d'aménagement. L'eau, ressource précieuse que nous souillons pourtant pour notre confort, est à ce titre un enjeu de premier ordre par sa rareté potentielle du fait du changement climatique. Même si une multitude d'actions sont déjà engagées, monter en puissance et systématiser ces logiques circulaires et

[2] Les eaux grises sont les eaux usées domestiques faiblement polluées (évacuation des douches, lavabos ou électroménagers). Les eaux noires sont plus fortement polluées (toilettes). Les eaux grises traitées peuvent, selon les pays et sous conditions, être réutilisées. Ainsi en France, un décret simplifiant les procédures pour la réutilisation des eaux usées traitées a été signé en août 2023.

relocalisées pour en conforter l'économie serait susceptible de généraliser le processus sur l'ensemble des territoires, en fonction de leurs spécificités.

Pour être pertinente au regard de l'ensemble de ces enjeux, comment monter en compétence et être à même de capter les innovations et d'en susciter sur les projets que vous avez en charge ?

À notre niveau, lorsque nous défrichons des sujets, il nous arrive d'autofinancer les études complémentaires pour étayer techniquement et scientifiquement nos propositions, sans parler des formations que nous suivons pour muscler nos compétences internes. Bien que ce soit coûteux, nous considérons que cela relève de notre responsabilité. Il nous arrive également de nous autosaisir de périmètres plus larges comme sur la Plaine Montjean à Rungis, pour faire valoir à juste échelle les enjeux agricoles. Jongler avec les normes ou les règlements locaux et nationaux est une constante pour mettre en place des systèmes pourtant élémentaires. Le cortège normatif a évidemment son intérêt, notamment sanitaire, à décliner en fonction des territoires pour ne pas en faire un carcan abstrait. Nous nous y employons avec AgroParisTech et l'association SécurAgri pour pallier le défaut actuel de réglementation relative à la mise en culture des sols soumis à des pollutions diffuses. Il en est de même de la réutilisation des eaux de ruissellement pour l'irrigation. À Rungis, nous avons déjoué le règlement imposant l'infiltration à la parcelle pour irriguer la plaine agricole. À Villejuif, nous allons plus loin et envisageons le recyclage des eaux grises pour irriguer la ferme urbaine aménagée en même temps que le quartier et lutter contre l'aridité croissante des sols du fait du changement climatique. Et nous pourrions faire un pas de plus en valorisant les eaux noires et en compostant les excrétas comme ose le faire la coopérative Équilibre, en Suisse, en pleine ville en installant des microstations de traitement des eaux noires en pied de bâtiment, par des composteurs reconstituant des couches de sol filtrants. À Villejuif, nous travaillons avec l'association Aneco[3] pour imaginer des systèmes de récupération les moins contraignants possibles. Pour les urbanistes comme pour les aménageurs, il est de mise d'expérimenter à tout crin ! Seule la mise au point de démonstrateurs urbains permettrait d'évaluer les dispositifs avant de les généraliser : c'est une culture professionnelle, administrative et populaire à faire évoluer, et c'est l'un des rôles du projet urbain.

[3] En 2012, la coopérative d'habitation Équilibre et leur architecte spécialisé en construction durable Stéphane Fuchs contactent le biologiste Philippe Morier-Genoud. Différents projets voient le jour dont celui de la coopérative d'habitation écoresponsable de la Bistoquette. En 2020 l'association Aneco, dédiée à la valorisation des ressources présentes dans les eaux usées, est créée.

Double page suivante :
Balade avec les habitants, ZAC Campus Grand Parc secteur sud, Villejuif.

Chris Younès

Psychosociologue, docteure et HDR en philosophie

L'architecture comme l'art de prendre soin de l'habitation des humains sur terre [1]

À quoi participe-t-on lorsque l'on est architecte et urbaniste ? Après plus de quinze années de pratique intense en agences, suivre le DPEA Architecture et Philosophie dirigé par Chris Younès en 2011 et 2012 a été salutaire. Cette figure féminine empathique et généreuse, philosophe du soin en théorie et en pratique, enseigne la responsabilité de l'architecte face à la terre. Elle transmet par là même une éthique, celle d'un rapport étroit à la nature, contestant un développement aveugle, ménageant des milieux de vie, insistant sur la responsabilité déontologique et politique de l'acte de construire. Celui de faire société, faire ville, qui passe selon Hannah Arendt par la mise à disposition d'un espace commun à partir duquel « paroles et actions entre les hommes peuvent advenir », et où « des hommes peuvent s'apparaître les uns aux autres dans leur pluralité [2] ». [CS]

[1] Chris Younès, « Des préoccupations du durable à la responsabilité de l'architecte », *Le Carré bleu, mémoire en mouvement*, 2007, p. 15-22 [en ligne].
[2] Hannah Arendt, *Condition de l'homme moderne* [1958], Paris, Calmann-Levy, 1994.

Franck Chevallier

Agriculteur et formateur pour la transition agro-écologique de l'agriculture (permaculture et key-line design)[1]

Planter de l'eau…

Tel était l'intitulé de la formation en key-line design que je me décidais finalement à suivre, dubitative, en plein mois de décembre, au cœur de l'Ardèche. La topographie et la gestion de l'eau… a priori ça me connaît ! Franck Chevallier, d'un ton doux et posé, expose, du sous-sol aux plantes, du climat à la géographie et au relief de notre territoire d'expérimentation, la manière d'utiliser au mieux les ressources pour concevoir un paysage agricole fertile, dans un contexte d'évolution climatique et de crise énergétique.

Là encore c'est une histoire d'observation, de soin et de détails : profiter d'un léger talweg pour installer un réservoir d'eau pluviale ; adapter les cultures au relief et à la profondeur du sol ; créer des buttes pour y planter des arbres afin que leurs racines bénéficient de l'écoulement de l'eau dans la pente, et que leur couvert empêche l'assèchement des cultures au sol, que leurs fleurs attirent les auxiliaires de culture, que leurs fruits assurent un complément de production ; amender les sols… rien ne se perd, tout se transforme, dans un cycle fécond. L'agriculture comme un projet systémique et holistique : c'est une révélation. [CS]

[1] La conception Keyline est une technique d'aménagement paysager visant à maximiser l'utilisation bénéfique des ressources en eau d'une parcelle de terrain. La « keyline » est une caractéristique topographique spécifique liée à l'écoulement naturel de l'eau sur le territoire.

Deux nominées

Isabelle Baraud-Serfaty

Christine Leconte

Le défi du partage

Isabelle Baraud-Serfaty

Introduction : comment mettre l'urbanisme en partage ?

Dans cette autobiographie scientifique, j'emploierai le terme « ville » de manière large : là où il y a des trottoirs ou là où des habitants en réclament[1].

Urbanisme : art du partage des espaces au service du vivre ensemble[2].
Économie : art du partage des richesses.
Mon ambition : mettre l'économie au service de l'urbanisme.

On ne peut plus faire la « ville » en 2024 comme il y a cinquante ans… ou même cinq ans. Les turbulences environnementales, sociétales, démographiques, numériques, sanitaires, géopolitiques, bouleversent les manières d'habiter, travailler, se déplacer, faire ses courses, s'informer, se rencontrer, agir collectivement, etc. La ville change, et aussi la manière de la penser.

Comment celui qui professe l'urbanisme peut-il alors avancer dans cette zone de turbulences dont il ne connaît ni la durée ni l'après ? Dans une tempête sur un bateau, il faut s'accrocher à la barre. Ma barre est celle de l'économie, et plus encore de la stratégie, qui est l'art d'allouer ses ressources, par définition disponibles en quantité limitée, pour les mettre au service de son objectif. Qui sont les acteurs qui fabriquent la ville, la gèrent, la font vivre ? Avec quel modèle économique, c'est-à-dire avec quelles recettes et quels coûts, mais surtout avec quelles finalités ou propositions de valeur, et quelles manières d'agir ?

Cette barre me semble un point d'appui d'autant plus solide que les raretés s'inversent : « avant l'homme était rare et la nature abondante, maintenant c'est l'inverse[3] ». Ceci a des conséquences majeures sur la manière de faire la ville. Le foncier et les matières premières se raréfient ; l'enjeu est désormais de fabriquer la ville autrement, et surtout de la « réparer » et d'en « prendre soin ». Le défi écologique accentue aussi les défis sociaux. Quand il y aura un ou deux mois de canicule chaque année, les « quartiers populaires » vont devenir de plus en plus « chauds ». Justice climatique et justice sociale sont donc des questions économiques. Qui dit inversion des raretés dit inversion des valeurs. Ce qui devient plus rare devient plus cher.

« De quoi parle l'économie ? Du partage. Du partage de la richesse. […] L'économie, c'est fondamentalement la question de la répartition. Pourquoi ? Parce que la question du partage est liée à celle de la rareté, et que sans rareté, il n'y a pas de problème économique[4]. »

Qu'est-ce qui était abondant et devient rare ? Ou plutôt, parce que l'urbanisme est situé et s'ancre dans des lieux, qu'est-ce qui devient rare, à quels endroits, pour quelles populations ? Les ressources naturelles, le vivant, le foncier, le sol, le trottoir, les savoir-faire, la population active,

Page de gauche :
« Urbaniste peignant des traits d'union » par Lilas Ozanne. Commande d'Isabelle Baraud-Serfaty pour son autobiographie scientifique.

[1] Métropoles, péri-urbain, villes moyennes et petites, voire territoires habités. Cette caractérisation par les trottoirs vaut pour la France, hors urbanisme sur dalle.
[2] J'emprunte à Nicolas Détrie la formule « art du partage des espaces ».
[3] Jean-Michel Severino, alors directeur de l'AFD, en 2010 lors d'une conférence organisée par Transit-City.
[4] Bernard Maris, *Antimanuel d'économie*, Paris, Breal, 2015.

l'argent public, l'argent privé, sont des exemples, ici ou là. Ce sont toutes ces raretés, nouvelles ou pas, qu'il faut identifier. Puis, pour permettre à des gens de vivre ensemble dans des lieux, partager.

Quel partage entre les habitants des villes centres et ceux des périphéries, du péri-urbain et des territoires ruraux ? Quel partage entre les territoires les plus riches et les moins riches ? Entre ceux qui sont peu affectés par les risques climatiques et ceux qui le sont beaucoup ? Entre les territoires attractifs et ceux où personne ne veut habiter ? Quel partage entre les retraités (qui, pour certains, sont à l'âge où ils commencent à hériter) et les jeunes (qui ont toujours raison même quand ils ont tort[5]) ? Entre les personnes qui habitent et celles qui travaillent ? Celles qui sont déjà là et celles qui vivront ici demain ? …

Comment mettre l'urbanisme en partage ?

Mon parcours d'économiste-urbaniste

« C'est uniquement dans les premières années de jeunesse que le hasard peut encore être assimilé au destin. On sait plus tard que le vrai cours de la vie est déterminé de l'intérieur[6]. »

Ma conversion à l'urbanisme

Ma conversion à l'urbanisme a eu lieu à Tokyo. Avant j'avais suivi une scolarité classique de bonne élève sans passion : une classe préparatoire commerciale, un DEUG de « Mathématiques appliquées aux sciences sociales » à Dauphine, une admission à l'École Supérieure de Commerce de Paris. La scolarité imposait un stage à l'étranger. Deux « hasards » (une camarade de chambre japonaise qui s'exprimait avec poésie, une offre d'une entreprise nippone d'import-export) me conduisirent à passer l'été de mes 21 ans à Tokyo. Au début, je me sentais oppressée par les buildings et les autoroutes urbaines franchissables seulement par des passerelles. Puis je pris goût à cette ville, au point de l'adorer. Je me plongeais dans les livres de Philippe Pons et d'Augustin Berque, et revenais avec une décision — j'allais étudier l'urbanisme — et une question : qu'est-ce qui fait qu'on aime une ville ?

Cet intérêt urbain découlait sans doute aussi d'une enfance enracinée dans des lieux. J'ai vécu jusqu'à mon baccalauréat à Bourges, dans le cœur historique de celle qui fut la « plus belle ville des Gaules » (Avaricum) selon Jules César, puis la capitale de la France sous Charles VII. Le lieu qui m'a construite, toutefois, n'était pas urbain. Jeune, je passais toutes mes vacances chez mes grands-parents, dans une vieille maison non carrée, isolée au milieu des Combrailles. Adossée à une montagne douce (une borne géodésique indiquait 742 mètres), elle offrait au nord-est une vue sur la plaine de la Limagne dont les lumières des villages scintillaient la nuit, et, au sud-ouest, après un chemin au milieu des fougères et des digitales, une vue sur la Chaîne des Puys. C'était à la fois un espace hors du monde (la seule autre enfant à plusieurs kilomètres à la ronde était ma sœur jumelle) et de totale liberté. Le lieu absolu : « ibi[7] » !

[5] « La jeune garde a toujours raison, même lorsqu'elle a tort ! », « Hedi Slimane, les jeunes, la mode et la mondialisation », entretien dans *Le Monde*, 22 septembre 2007.
[6] Stefan Zweig, *Le monde d'hier* [1941], Paris, Les Belles Lettres, 2013.
[7] Par opposition à « ubi », le lieu relatif.

Après mon école de commerce, j'étudiais donc au cycle d'urbanisme de Sciences Po. Année d'intenses découvertes, dans une promotion composée pour l'essentiel d'architectes.

Praticienne d'abord

Mon entrée dans le monde professionnel se colora de ma formation d'origine. Après un stage chez Dexia, je devins consultante en finances locales chez FCL. En 2000, je rejoignis la Caisse des Dépôts pour financer des projets d'investissement d'intérêt général, notamment dans des quartiers de renouvellement urbain. Je me passionnais pour le couple rendement/risque, mais il est parfois trop confortable de travailler chez une «vieille dame» fortunée. Je retournais à Tokyo pour un workshop d'urbanisme, hésitais à faire une thèse (j'avais contacté François Ascher), puis commençais à enseigner à Sciences Po (où j'enseigne toujours... soit vingt générations et un petit millier d'étudiants !).

En 2006, la banque néerlandaise ING créait en France une filiale de promotion immobilière qui voulait bousculer la fabrique urbaine en misant sur la création de valeur architecturale. Je postulais. Auprès de celui qui avait été le maître d'ouvrage de la «Maison dansante» de Frank Gehry à Prague, et d'une ancienne directrice de Jean Nouvel, j'acquis la conviction que l'ambition est liée à des personnes et non à des institutions. J'effleurais de l'intérieur «l'éthique protestante du capitalisme» et m'initiais à l'approche hollandaise du projet urbain si bien caractérisée par Françoise Fromonot[8].

En 2009, conséquence de la crise financière et immobilière, ING Real Estate France ferma progressivement. Je créais alors Ibicity pour inventer une autre pratique, à la fois opérationnelle, réflexive et exploratoire.

Refuser le piège de «la» vérité

Je fonctionne largement à l'envie, l'intuition, au gré de mes curiosités successives[9], avec l'ambition d'outiller la fabrique urbaine. J'essaye d'être en même temps dedans et dehors. Un portrait en 2018 me présentait comme une «brainstormeuse» qui «prend le pouls des signaux faibles de la ville de demain et invite à repenser sans cesse le duo public-privé dans la cité[10]». Si ce fil conducteur correspondait à un prolongement logique de ma double formation, il répond aussi à la tentative de toujours «penser contre soi», de réconcilier les contraires, de dépasser les injonctions contradictoires en les reformulant. Au quotidien de mes projets, je choisis des couples de contraires, puis je montre qu'ils ne sont pas opposés. Ou je crée des catégories, ou les reconstitue, et les décortique, puis je montre que les acteurs bougent et qu'il ne faut ni les enfermer dans leur case ni qu'ils s'y enferment.

Une explication est peut-être que j'ai cherché, sans la rejeter, à prendre de la distance avec mon éducation conservatrice. Mes parents, tous deux pharmaciens d'officine, ne remettaient pas en cause leur vérité.

[8] Après la lecture de *La Campagne des Halles: Les nouveaux malheurs de Paris* (Paris, La Fabrique, 2005) et «Manières de classer l'urbanisme» (*Criticat*), je l'ai interviewée en 2012 pour la revue *Études foncières*.
[9] «Ainsi de mes curiosités successives : il me semble qu'à mon insu elles étaient articulées. Chacune se trouvait marquée par les précédentes et influençait à son tour celles qui allaient suivre, de sorte que l'ensemble d'un jeu indécis allait son train, même si des données différentes étaient mises en questions». Roger Caillois, *Cases d'un échiquier*, Paris, Gallimard, 1970, p. 9.
[10] *Le Journal du Grand Paris*, 22 février 2018.

J'ai ainsi choisi des chemins de traverse. Une autre explication est qu'avoir une sœur jumelle, vraie ou fausse, habitue à prendre le point de vue de l'autre — et, souvent, à être vue comme indissociable d'un duo. Chercher ce qui bouscule, s'ouvrir à l'inattendu, secouer ses propres croyances : la « tempête de crâne » secoue, la position est inconfortable, sur une ligne de crête, mais elle permet d'avancer. Lorsqu'on rentre dans un monde nouveau, on le pense avec les lunettes du monde qu'on est en train de perdre : je crois aux pas de côté, notamment géographiques et historiques, qui permettent un nouveau regard. J'aime la posture de « semeuse », et c'est pourquoi je crois tant au pouvoir de la transmission et de l'enseignement. Je revendique une impertinence polie.

En résumé

« IBA est une urbaniste, tendance économiste-urbaniste, qui a développé une expertise singulière et créative, qui lui permet de pratiquer l'urbanisme dans toutes ses dimensions[11] ».

L'économie au service du projet d'urbanisme

L'économie est une figure libre, qui doit s'adapter à l'évolution de la fabrique urbaine[12].

« Où irez-vous prendre l'argent ? », une question formelle et politique

Je préfère la Villa Savoye aux rues de Chandigarh et au Plan Voisin, mais j'ai lu *Urbanisme* avec délectation. Dans ce livre écrit en 1925, Le Corbusier inscrit au milieu d'une page blanche : « Où irez-vous prendre l'argent ? (Depuis 1922, question stéréotype) ».

Malgré sa radicalité, la réponse de l'architecte (« bâtir sur 60 étages ») rappelle que financement du projet et formes urbaines sont liés. Dans la limite du nombre de mètres cubes que le concepteur urbain pense que le site peut absorber[13], la densité est une variable clef de l'équation économique du projet. Elle interroge les aspirations des habitants quant au type de logement et de quartier dans lequel ils souhaitent vivre[14].

Outre les formes urbaines, les prix de vente des logements, des locaux commerciaux, des activités, des bureaux, tout comme le nombre d'équipements publics ou la quantité et la qualité des espaces verts, sont des variables déterminantes de la table de mixage qu'est le bilan de l'opération. La manière de régler ces curseurs (niveaux relatifs de charges foncières, densité, part d'espaces publics, etc.) produit des sons variés (différents types d'habitants qui habiteront le quartier, différentes aménités urbaines, etc.)[15].

[11] C'est en tout cas ainsi que j'aimerais qu'on me présente.
[12] Dans *La ville est une figure libre*, Laurent Théry insiste sur l'inventivité opérationnelle (Marseille, Parenthèses, 2010).
[13] Tout le talent des architectes-urbanistes étant précisément de rendre les formes urbaines qui en découlent désirables.
[14] Cette question était notamment au cœur de la mission d'audit de la Zac Ecoquartier Louvres Puiseux que j'ai réalisée pour Grand Paris Aménagement (restitution devant les élus en mai 2019).
[15] Dans l'autobiographie initiale, un feuillet reprenait les principaux schémas issus de l'étude « Transparence sur les Zac », étude réalisée sur proposition d'Ibicity pour et avec Idhéal, parue en janvier 2024. Ceux-ci montrent notamment qu'un bilan d'aménagement est une table de mixage des péréquations et ne retrace qu'une partie des dépenses et recettes de l'opération, puisqu'il s'emboîte à la fois avec le bilan de la collectivité et aussi avec les bilans en amont (propriétaires initiaux) et en aval (promoteurs, investisseurs, utilisateurs).

Plutôt que d'évacuer la question économique, je plaide pour la mettre au service de l'ambition du projet. Il faut la penser en amont, sinon elle conduit à déshabiller le projet, voire l'arrêter, ou à augmenter les prix de sortie (gentrification) ou les impôts locaux. *A contrario*, intégrée au départ, elle stimule la créativité[16].

Le financement du projet urbain est une question de formes urbaines, de prix des logements, de mixité programmatique. Il est le reflet des choix des élus, et constitue une composante à part entière du projet d'urbanisme. Il est politique.

Initialement circonscrit au périmètre de l'opération d'aménagement, le financement des projets d'urbanisme doit de plus en plus s'envisager à des échelles élargies.

Recyclage urbain sobre cherche modèles économiques créatifs

Aux projets dans les « champs de betteraves » ont largement succédé des projets de transformation de friches et de tissus urbains constitués. En euros, ce recyclage urbain coûte plus cher. Mais les chassés-croisés des acteurs de la chaîne de l'aménagement-immobilier ont permis de le financer en même temps qu'ils ont conduit à l'apparition de nouvelles formes urbaines[17].

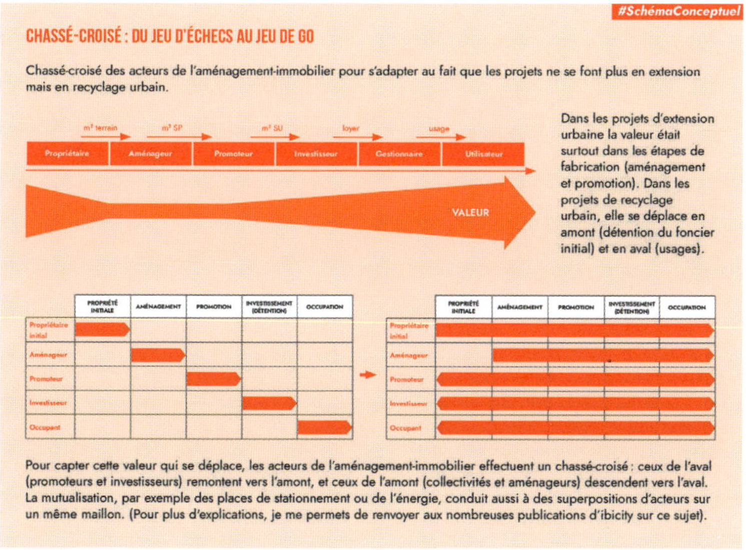

Désormais le modèle se grippe complètement. L'impératif écologique rend urgent de diminuer les émissions de carbone et d'éviter que ce qui est désormais rare (le foncier non artificialisé, les matières premières, la faune, la flore, etc.) ne devienne encore plus rare avant de s'épuiser.

[16] Cf. par exemple l'intervention d'ibicity, en juin 2021, devant le Comité citoyen de la Zac Bercy-Charenton, à Paris. La Semapa et la Ville de Paris m'avaient demandé de présenter l'équilibre financier du projet « sous un angle pédagogique et d'information » de manière à indiquer à quel point les arbitrages programmatiques, financiers et de formes urbaines sont imbriqués. Un « *serious game* » permettait de faire réagir les habitants sur l'impact de tel ou tel scénario.

[17] Par exemple, le macro-lot conceptualisé par Jacques Lucan, dont j'ai réalisé une interview pour la revue *Études foncières* en 2012. Le lien entre formes urbaines, modèles économiques et jeux d'acteurs est le sujet de l'étude que j'ai faite en 2018 pour l'Institut Paris Région : « Modèles économiques des projets d'aménagement ».

Or du point de vue strictement financier et à court terme, le surcoût de la sobriété se rajoute au surcoût du recyclage urbain. *A fortiori* depuis 2022, avec l'augmentation des coûts de construction et des taux d'intérêt[18] qui obère le pouvoir d'achat des ménages et contribue à aggraver la crise du logement. Parallèlement, les bureaux deviennent trop abondants, le marché tertiaire (hors hyper centres des métropoles) s'effondre et menace des territoires où les charges foncières tertiaires permettaient l'équilibre des opérations.

Surtout, dans les tissus urbains constitués, là où il faut réparer la ville, l'exigence de sobriété invite à considérer les planchers des immeubles déjà bâtis comme un nouveau foncier. Il ne s'agit plus de « remettre à nu » les terrains pour reconstruire dessus, mais d'une « reconversion », qui se fait souvent sans création de surfaces bâties supplémentaires et donc sans recettes pour l'aménageur. L'intelligence de l'écriture urbaine ne suffit plus, la densification et la maximisation des prix de sortie ne sont plus possibles, faudra-t-il alors rogner sur les aménités urbaines ? Quand les collectivités en ont les moyens, elles peuvent verser une participation d'équilibre ou financer des équipements et infrastructures. Mais ailleurs[19] ?

Des pistes existent qui tirent profit du chamboule-tout des valeurs que provoque l'objectif de Zéro artificialisation nette (ZAN)[20]. D'un côté, les fonciers construits ou constructibles deviennent plus rares et donc plus chers, et invitent à développer des mécanismes de « propriétés partagées » pour dissocier les valeurs. De l'autre, ceux qui servent de support à des bureaux excédentaires et/ou passoires thermiques perdent de leur valeur, ce qui peut faciliter l'urbanisme de reconversion[21]. La capacité des maîtres d'ouvrage des projets d'urbanisme à faire dialoguer une pluralité d'opérateurs, avec des modèles économiques qui diffèrent selon les métiers (aménageur, promoteur, investisseur, exploitant, etc.) et les types d'immobilier (logement, activité, commerce, etc.), devient déterminante. *[Voir schéma ci-contre p.159]*

Du jeu d'échecs au nouveau jeu de go : extension de l'urbanisme[22]

Avec le chassé-croisé de la fin des années 2010, la fabrique urbaine se transformait d'un jeu d'échecs en un jeu de go. Désormais, le plateau comprend des extensions de jeux, et les modèles économiques doivent être d'autant plus créatifs qu'ils impliquent de plus en plus d'acteurs très divers : la transformation radicale de la fabrique urbaine est à la fois cause de l'essoufflement du modèle économique de l'aménagement, et en même temps creuset possible de sa réinvention. *[Voir schéma p.160]*

Certaines extensions de jeu correspondent à des hybridations sectorielles : après la mobilité (via notamment le stationnement[23]) et l'énergie, l'aménagement s'hybride avec l'économie circulaire (la « mine urbaine »), la logistique urbaine, l'agriculture[24],

[18] La hausse des taux d'intérêt entre 2020 et 2024 se traduit, pour un acquéreur moyen, par un logement avec une pièce en moins.

[19] Cette question de l'équilibre des bilans se pose encore plus fortement dans les territoires peu « attractifs » (sans marché immobilier, économies locales atones), comme les milieux périurbains, les villes petites et moyennes et la galaxie des bourgs, hameaux et villages du monde rural, où cette situation est encore plus épineuse.

[20] Je me permets de renvoyer à ma présentation du 4 avril 2024 devant le Réseau national des Aménageurs sur la « valeur mistigri » (transfert d'un coût sur un acteur-tiers) et la « valeur colibri » : la somme des petites valeurs, portées par des acteurs de plus en plus spécialisés, devient une grande valeur.

[21] En urbanisme de reconversion, les marchés immobiliers déterminent non plus seulement les prix de sortie mais aussi les prix d'entrée, d'une manière différente de l'approche classique du « compte à rebours ».

[22] Voir Frédéric Bonnet, *Extension du domaine de l'urbanisme*, Marseille, Parenthèses, 2014.

[23] Outre la publication d'articles sur le sujet, Ibicity a réalisé de nombreuses missions sur le stationnement, dont la plus récente pour Euroméditerranée sur le montage et les modes de gestion de parkings silos.

[24] Par exemple : des aménageurs dans des territoires péri-urbains investissent dans des sociétés de maraîchage au titre des compensations agricoles ; d'autres travaillent sur des urinoducs qui les obligent à anticiper le prix des engrais, et impactent la conception des tuyaux à l'intérieur des immeubles.

#Pratique ibicity

RECYCLAGE URBAIN SOBRE CHERCHE MODÈLES ÉCONOMIQUES CRÉATIFS

« Input » et « output » du projet urbain évoluent. De nouveaux modèles économiques sont à inventer.

Type de projet urbain	CE QUI EST TRANSFORMÉ	Mode de transformation	CE EN QUOI C'EST TRANSFORMÉ	**QUOI** (ce qui est fabriqué)	**COMMENT** (financement)
Extension urbaine	 € Champ de betteraves	Opération aménagement → ZAC	 €€€ Morceau de ville	m² SDP neufs Aménités urbaines Abordabilité sociale	Valeur financière
	La création de valeur financière permet de financer m² supplémentaires, aménités urbaines et abordabilité.				
Recyclage urbain	 €€€ Friche / tissu vivant	Opération aménagement → ZAC	 €€€ Morceau de ville	m² SDP neufs Aménités urbaines Abordabilité sociale	Valeur financière *Chassé-croisé des acteurs*
	Le chassé-croisé des acteurs de l'aménagement-immobilier finance m² supp., aménités et abordabilité.				
Recyclage urbain sobre	 €€€€ Friche / tissu vivant	Opération aménagement → ZAC	 €€€ Morceau de ville sobre	m² SDP neufs Aménités urbaines Abordabilité sociale Sobriété(s)	Valeur financière Besoin financement
	Le modèle se grippe, a fortiori depuis 2022 pour des raisons conjoncturelles.				
Péri-urbain	 € Diffus	Opérations immobilières → Diffus	 €€ Diffus densifié	m² SDP neufs Sobriété(s) ~~Abordabilité sociale~~ ~~Aménités urbaines~~	Valeur financière
	La densification permet une certaine sobriété, mais sans financer aménités urbaines et abordabilité.				
Reconversion (Nouveau recyclage urbain)	 €€€€ Bâtiments existants	Opération aménagement →	 € Morceau de ville sobre	~~m² SDP neufs~~ Aménités urbaines Abordabilité sociale Sobriété(s)	Exploration
	La somme des surfaces de plancher devient le nouveau foncier. Il n'y a pas ou peu de création de m² neufs.				
Réparation	 €€€ Site asphalté	Renaturation →	 0 Site renaturé	~~m² SDP neufs~~ Aménités urbaines Abordabilité sociale Sobriété(s)	Exploration
	Le foncier initial peut valoir très cher (ex : zones commerciales).				

€ : coûts du foncier initial et de la transformation (en 2024)
€ : recettes générées pour l'opérateur de la transformation (en 2024)

m² SDP neufs = production de logements, bureaux, commerces
Aménités urbaines = équipements et espaces publics, commerces (mixité programmatique)
Abordabilité sociale = locaux abordables (mixité sociale et programmatique)
Sobriété(s) = sobriétés énergétique, carbone, foncière, matière, infrastructurelle

#SchémaConceptuel

DU JEU DE GO AU JEU DE GO AVEC EXTENSIONS

Le plateau de jeu urbain comprend désormais des extensions.

JEU D'ÉCHECS

La fabrique urbaine est comme un jeu d'échecs : le mouvement des pièces est déterminé par le nom de la pièce : la tour avance tout droit, le fou avance en diagonale, l'aménageur aménage, le promoteur fait de la promotion.

JEU DE GO

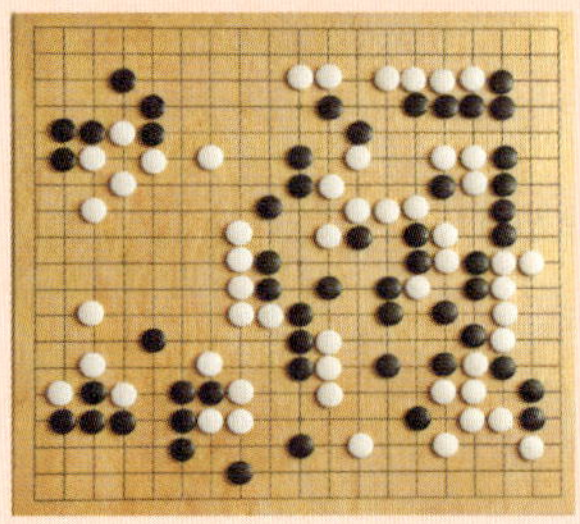

Elle devient comme un jeu de go : chaque opérateur a la même liberté de mouvement. L'aménageur peut devenir investisseur, l'énergéticien fait de la promotion.

JEU DE GO AVEC EXTENSIONS

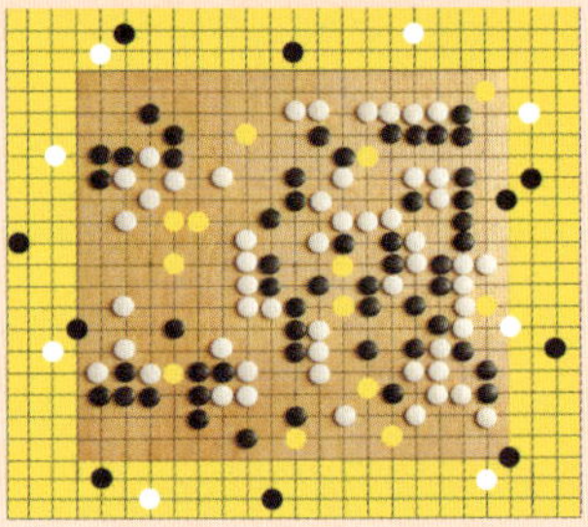

Le plateau de jeu s'étend : la réalisation du projet urbain s'hybride de plus en plus avec l'alimentation, l'agriculture urbaine, l'économie circulaire, le grand cycle de l'eau, le végétal, etc. La gestion aussi devient déterminante. Les acteurs de ces secteurs rentrent en jeu.

l'alimentation, etc. De nouveaux acteurs arrivent via de nouvelles portes d'entrée comme la gestion du grand cycle de l'eau ou de la nature en ville. D'autres extensions, en lien avec les précédentes, correspondent à de nouveaux maillons qui supposent parfois d'agir sur d'autres échelles. L'activation du gisement temporel, façon occupation temporaire, outre qu'il est une nouvelle manière de faire du projet urbain, permet de révéler la valeur de biens sous-utilisés. Le vivant ne s'arrête pas de vivre en ville : les arbres et les herbes poussent. Qui sera l'opérateur de l'entretien du végétal en ville ?

« Sur quelle case dois-je aller ? » se demande chaque pierre du jeu de go ? Quel est mon métier s'interroge celui qui s'appelle encore « aménageur » ? Chaque acteur doit ainsi repenser son positionnement au regard des finalités qui sont les siennes ou qui pourraient le devenir. Car seul compte le mouvement coordonné des pierres : la notion d'écosystème (ensemble d'acteurs interdépendants qui se partagent des ressources) devient la clef pour comprendre le nouveau paysage de la fabrique urbaine. Pour savoir où et comment agir, il faut déplier toutes les interdépendances et anticiper leurs évolutions. *[Voir schéma ci-contre p.161]*

L'écriture urbaine reste nécessaire pour faire un projet de qualité, mais elle n'est plus suffisante : les conditions du projet se jouent de plus en plus à d'autres échelles que l'opération d'urbanisme et sur d'autres maillons que sa fabrication. Elles deviennent le cœur du « projet d'urbanisme ».

IL FAUT DÉPLIER LES SYSTÈMES URBAINS POUR AVOIR PRISE SUR LEUR ÉVOLUTION

Les racines des cathédrales (1981), de l'architecte-écologiste-historien Roland Bechmann, contient un schéma intitulé « Systématisation des relations et interactions entre les divers facteurs historiques, techniques, économiques, écologiques, etc., intervenant dans la formation et le développement de l'architecture gothique (Écosystème des cathédrales) – XII-XIIIe siècle » (ci-dessous zoom illustré sur 20 des 80 facteurs identifiés).

ÉCOSYSTÈME DES CATHÉDRALES - EXTRAIT

Source (hors pictogrammes) : R. Bechmann

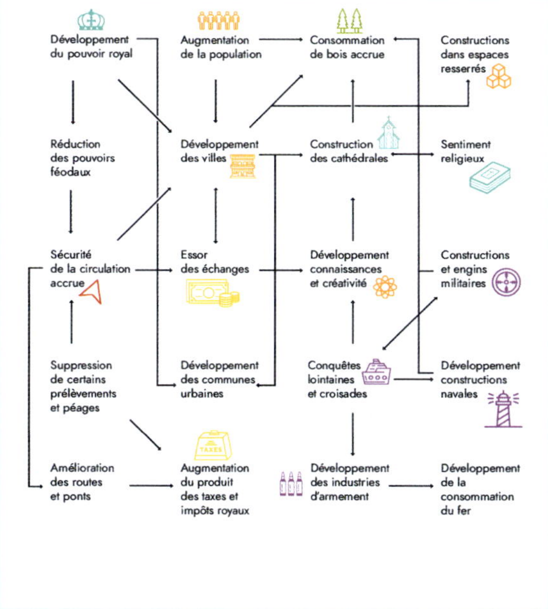

ÉCOSYSTÈME DU PÉRI-URBAIN AVANT 2020

Ébauche (Source : ibicity)

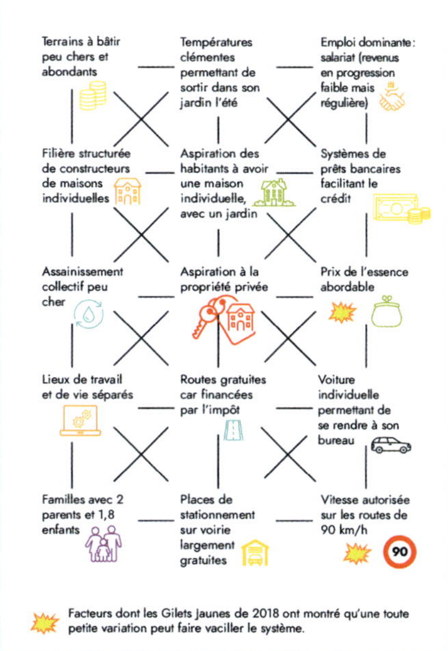

Ce schéma invite à déplier tous les facteurs expliquant l'émergence ou le maintien de certaines formes urbaines (ci-dessus, une ébauche pour le péri-urbain) pour : résoudre des équations économiques qui, comme dans le « test des 9 points », paraissaient impossibles à résoudre parce que la focale était trop étroite ; anticiper l'évolution des formes urbaines.

Les turbulences sont à la fois la cause de la perturbation des modèles et la possibilité de leur résolution pour autant qu'on regarde le nouveau plateau de jeu tel qu'il évolue et qu'on évolue avec lui.

La valeur du commun

« Projet urbain » = « Zac » = « trop grand, trop lent, trop bétonné, trop dense ». Quoique discutable, ce raccourci est de plus en plus fréquent, et risqué : il ne faudrait pas, avec l'eau du bain de la Zac, jeter l'opération d'ensemble. Outre qu'elle offre plus de marges de conception, celle-ci permet en effet de mettre en commun le financement des rues, trottoirs, jardins, réseaux, équipements publics de première nécessité. *A contrario*, la densification « douce » (à l'échelle de la parcelle), notamment dans le pavillonnaire, permet de rajouter des logements, mais pas, à elle seule, de financer les aménités urbaines qu'ils nécessitent[25].

[25] Les lotissements soulèvent des défis économiques et aussi juridiques : la gestion des espaces communs sous forme d'Association syndicale libre (ASL) peut présenter des risques importants.

L'opération d'ensemble, éventuellement multi-sites, permet aussi de faire face au réchauffement climatique. Alors que « les oiseaux et les arbres ne connaissent pas le cadastre[26] », la nature doit-elle être considérée comme une nouvelle infrastructure ? Avec par exemple des aménageurs qui deviendraient des « producteurs de nature » ?

Au-delà de la conception et de la fabrication, la question est : qu'est-ce qui doit être détenu ou géré en commun, et à quelle échelle ? Par exemple, une réponse fréquente à la question « qui entretiendra le végétal en ville ? » est la prise en charge par des collectifs d'habitants. Mais ceux d'une rue, d'un quartier ? Avec quelles obligations de moyens ou résultats ? Quelle représentativité ? Quel suivi des enjeux d'intérêt général ? Quel risque d'entre-soi ? Et aussi : quelle mise en commun des rez-de-chaussée « actifs » pour animer les rues et ramener des activités productives en ville ?

Également : quelle mise en partage de la ressource en eau entre des territoires qui en ont et d'autres qui sont à sec ? Alors que les tuyaux d'eau potable s'allongent (lorsque certains territoires sont solidaires), l'évacuation des eaux pluviales passe de plus en plus par un mixte entre des tuyaux, publics, et des éponges (l'infiltration à la parcelle), souvent privées. Le réseau physique était le support d'une péréquation tarifaire entre les habitants-usagers. Comment s'organise la facturation de la ville-éponge ?

Ceci appelle un projet national, un projet de territoire et un projet local, et rend indispensable l'alignement public-public.

[26] Gilles Clément, « Les nouveaux partages de l'espace public », *Le Visiteur*, 2019.

#Pratique ibicity

LA NATURE COMME INFRASTRUCTURE EN COMMUN ?

Dans une perspective de baisse des consommations, la rigidité des infrastructures actuelles menace leur viabilité technique et financière. Leur évolution est au cœur de l'exploration sur « les modèles économiques des services urbains au défi de la sobriété » que je conduis avec Espelia et Partie Prenante (financement Ademe, PUCA, Banque des Territoires).

VILLE ÉPONGE

Source : Turenscape

La nature en ville, outre sa gestion, pose un défi de représentation : une pensée en coupe plutôt qu'en plan vient révéler l'imbrication des registres du naturel et de l'artifice (Antoine Picon, *Natures urbaines*).

VILLE SEMI-ÉPONGE (AVEC ENCORE DES TUYAUX)

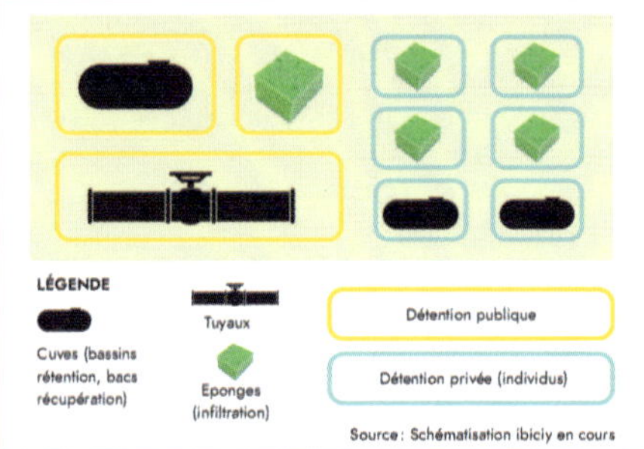

Source : Schématisation ibiciy en cours

La somme des cuves et éponges (publiques et privées) et des tuyaux devient une nouvelle infrastructure, distribuée, et un nouveau « commun » pour évacuer les eaux de pluie.

Également : quel est le moment de la mise en commun ? La conception ? Le financement ? La réalisation ? La détention ? La gestion ? Jusqu'à présent, les échelles aux différentes étapes coïncidaient[27]. Le travail de l'agence Laq sur l'Île de Nantes a montré qu'il est possible de prévoir un découpage astucieux et que l'échelle de conception ne présage pas de l'échelle de gestion[28]. Mais quid lorsque ce qui est fabriqué vise potentiellement à être transformé, voire démoli ? Faut-il mettre en commun les infrastructures de la transition ? Par exemple les parkings silos, si on considère que leur reconversion est possible, sont-ils une manière d'accompagner l'évolution des pratiques de mobilité et doivent-ils être à ce titre partagés ?

Également : quelle mise en commun des « actifs échoués » (ou « communs négatifs ») ? Est-ce au propriétaire de la maison en bord de mer bientôt sous les eaux ou au propriétaire d'un terrain devenu non constructible de supporter leur perte de valeur ? Ou bien faut-il mutualiser ces pertes de valeur[29] ?

Le commun est à la fois une condition du projet (c'est parce que les infrastructures sont réalisées en commun que le projet est possible) et ce qui fait projet : sont en jeu les péréquations à l'intérieur du projet urbain, et au-delà, les solidarités (ou pas) territoriales, sectorielles, temporelles[30].

En résumé

L'économie conditionne le droit à la ville, les formes de celle-ci, et le vivre ensemble. Aujourd'hui, l'équation économique des projets devient plus difficile à résoudre, avec le risque que la ville qui en résulte se fasse au détriment du commun[31] ou du demain, ou que, de plus en plus, des pans entiers du territoire français soient délaissés. Mais les pistes sont là pour peu que les élus et les concepteurs urbains sachent s'en saisir : économie du projet abordée en amont ; dépliage fin de toutes les variables de l'équation en élargissant la focale au-delà de la seule opération d'urbanisme, de manière située et prospective. C'est l'addition de tous les points de dénouement (le stationnement, la gestion de l'eau, la gestion et maintenance, l'industrialisation, la diminution des risques, etc. — le cas échéant à de nouvelles échelles) et la prise en compte de l'inversion des valeurs qui permettrait par exemple de démontrer que reconvertir peut s'avérer plus intéressant économiquement que construire neuf. C'est ainsi que je conçois mon métier d'économiste-urbaniste. « La politique n'est pas la révolution mais l'explicitation[32] » ; l'explicitation est le prérequis pour partager des pistes de solutions.

L'urbaniste des traits d'union pour faciliter les pas de deux

La résolution de l'équation économique suppose donc d'en déplier toutes les variables. Mais c'est aussi la manière de poser l'équation qu'il faut changer, en lien avec les nouvelles lunettes à chausser pour appréhender

[27] Sur le jeu des acteurs classiques, voir le schéma « Chassé-croisé : du jeu d'échecs au jeu de go ». Pour une note plus détaillée, voir par exemple « Les recompostions de la chaîne de l'aménagement et de l'immobilier », note co-écrite par Ibicity et la SCET pour le Réseau national des Aménageurs, publiée en juin 2017.

[28] Par exemple, ce n'est pas parce qu'un promoteur intervient à l'échelle d'un macro-lot/îlot que la copro ou ASL qui détient ensuite l'immeuble ne peut pas être à l'échelle de la parcelle.

[29] Dans les Alpes-Maritimes, des lotissements très riches de résidences secondaires désormais non assurables contre le risque incendie s'organisent pour acheter du foncier et réaliser, avec les collectivités, des parcs forestiers protecteurs gérés de manière publique-privée. Également voir des politiques nationales sur le trait de côte commencent à intégrer ces réflexions.

[30] Exemple de péréquations temporelles : la maintenance (payer maintenant pour éviter de réinvestir demain), les emprunts des collectivités (les contribuables futurs payent ce dont ils bénéficieront), la prise en compte du risque (agir maintenant pour éviter de dépenser demain).

[31] Avec une forme de sécession urbaine ou de « clubbisation » (Éric Charmes). À Marseille, 30 % des rues sont privées. De même, l'exemple ci-dessus des Alpes-Maritimes soulève le risque de *gated-community*, et pose la question des quartiers également exposés mais plus modestes voire précaires, qui ne peuvent pas se protéger.

[32] Bruno Latour citant Peter Sloterdijk, *Paris, ville invisible*.

le monde nouveau. Ce changement d'optique doit être partagé : les acteurs qui fabriquent et gèrent la ville et les territoires doivent se mettre en mouvement de manière synchronisée. Ce qui, en danse, s'appelle : faire un pas de deux. Pour mettre l'économie au service de l'urbanisme, deux pas de deux, que je cherche dans ma pratique à faciliter, me semblent indispensables.

Les pas de deux entre acteurs publics locaux et acteurs privés

La distinction public/privé structure largement les représentations de la fabrique urbaine en France[33]. Elle me paraît moins politique que la question du commun, car elle renvoie aux modalités plus qu'aux finalités, mais les deux sont liées (des collectivités locales exsangues ne pourront pas être les acteurs de tout ce qui doit être mis en commun). Je travaille depuis longtemps sur les conditions de l'alignement entre acteurs publics et privés pour qu'ils agissent ensemble au service de la ville. En particulier la compréhension des motivations de l'autre est une manière de réaliser avec une seule orange ce qui ne paraissait possible qu'avec deux (synonyme : créer de la valeur — *a fortiori* quand les oranges sont rares[34]).

Je mobilise pour cela les outils de l'analyse stratégique qui permettent de saisir la pluralité des acteurs, privés comme publics (les uns et les autres ont des finalités, des ressources clés, etc.), et d'organiser leurs complémentarités dans le sens de l'intérêt général. Je mets en œuvre des partenariats dans le cadre de missions. Je publie aussi des articles qui visent à aider à décrypter ses partenaires potentiels. Je travaille comme une traductrice, qui précise le vocabulaire[35], et constate que la lunette public/privé n'offre peut-être plus une vision affûtée. En France, « public » renvoie le plus souvent à la dimension d'intérêt général et « privé » à une rationalité économique d'efficacité. Or, il me semble que ces deux dimensions s'expriment de plus en plus à l'intérieur même de certains acteurs : cf. les fonds d'investissement créés par des collectivités, l'« utilité sociale » et la « lucrativité limitée » des entreprises de l'Économie sociale et solidaire, ou encore la mission des « entreprises à mission ». Plus fécond me paraît le distinguo entre la logique « shareholder » versus « stakeholder » (l'entreprise au service de ses seuls actionnaires ou de l'ensemble de ses parties prenantes). Ou encore, la prise en compte, ou pas, du long terme[36]. Le « plus de privé » appelle « mieux de public » et les politiques publiques, nationales et locales, ont assurément un rôle à jouer.

Un autre distinguo serait autour de la caractéristique territorial/a-territorial avec l'enjeu d'une connexion entre les acteurs du local et ceux du supra-local : par exemple pour développer le hors site et ainsi marier les avantages de l'industrie (les économies d'échelle et donc la baisse des coûts et la rapidité) et de l'immobilier (le sur-mesure), ou encore pour mettre en place des filières sur les matériaux neufs ou de réemploi. Il y a aussi un enjeu du passage à l'échelle des structures de l'ESS, comme les SCIC[37] ou

[33] D'un point de vue académique, cette distinction est aussi très présente dans les théoriques critiques de la ville néolibérale, mais avec l'hypothèse que la distinction public/privé est de façade : les acteurs publics seraient au service des acteurs privés. J'ai proposé de « dépasser la ville néolibérale » dans une critique du livre de Gilles Pinson (*La ville néolibérale*, Paris, Presses universitaires de France, 2020), que j'ai publiée en 2021 dans *Métropolitiques*. S'intéresser aux acteurs privés de la ville ne me semble pas se détourner de la question du commun et du partage, au contraire.

[34] La métaphore de deux sœurs et de l'orange était schématisée dans l'autobiographie initiale, sous le titre : « Manières de partager une orange ». Elle peut se résumer ainsi : deux sœurs veulent partager une orange. Que font-elles ? Elles la découpent en deux : 1 = ½ + ½ = 1. Or, si elles avaient discuté, elles se seraient rendu compte que l'une voulait un jus d'orange, l'autre le zeste pour confectionner un gâteau. Après discussions, l'une prend le zeste, l'autre prend le jus : 1=1+1=2.

[35] Par exemple, le terme « privé » est ambigu, puisqu'il désigne aussi bien les acteurs économiques privés que les « petits propriétaires » qui détiennent, via des copropriétés ou des ASL, des petits morceaux de ville. Le mot anglais « *coporate actors* » est plus précis.

[36] L'intégration de la valeur du long terme passe aussi par des instruments financiers adaptés. Il faut par exemple actualiser… les taux d'actualisation (= taux de substitution entre le présent et l'avenir) qui servent souvent à déterminer la rentabilité des investissements publics.

[37] SCIC : Société coopérative d'intérêt collectif.

les foncières solidaires, qui constituent des ferments d'inventivité, que ce soit dans la manière d'associer les parties prenantes ou de gérer. Une autre forme de cette connexion, descendante, vise à permettre l'atterrissage local des acteurs financiers ou de l'assurance au moment même où ils sont en plein renouvellement de leurs modèles[38].

Les pas de deux entre praticiens et chercheurs

Le deuxième pas est entre ceux qui, « les mains dans le cambouis », « font », et ceux qui « pensent » et publient. « Les bilans d'aménagement étant de plus en plus difficiles à équilibrer », « les finances locales se tendent ». Ces affirmations ne valent que vues par les lunettes de la comptabilité d'aujourd'hui, selon lesquelles une dépense d'investissement sert davantage l'avenir qu'une dépense de fonctionnement, et un espace vert n'est qu'un coût. Loin d'être neutre, la comptabilité est un instrument, un « pilote invisible de l'action publique[39] », qui traduit de facto une représentation du monde et doit être questionné lorsque cette vision change. Il s'agit ainsi de révéler toutes les hypothèses implicites, les croyances, qui sous-tendent les pratiques des fabricants et gestionnaires urbains, et de les interpeller lorsqu'elles vont à l'encontre des objectifs poursuivis[40]. C'est un autre calcul qui doit être fait, qui doit intégrer le long terme et le coût de risques de plus en plus certains. De la même manière, compter en « coût global » (investissement + fonctionnement + extra-financier) est indispensable pour inventer de nouveaux modèles économiques ; je commence à y retravailler dans le cadre d'une mission sur « la sobriété foncière et immobilière » lancée par l'Ademe.

Il est aussi important d'explorer selon une logique de sérendipité, pour creuser certains sujets avant qu'ils ne soient identifiés comme dignes d'intérêt et susceptibles de faire l'objet de commandes, ou même d'études en souscription. Par exemple, alors que l'accès à l'espace public passe de plus en plus par l'accès *à l'information* sur l'espace public, je crois que les urbanistes doivent se saisir du sujet de la « couche informationnelle ». J'explore ainsi le « curb management » et le modèle économique de Google Maps qui conditionne la manière dont les habitants se représentent leur ville. Le numérique n'est pas immatériel, il impacte directement la forme et la vie en ville.

Pour explorer, une première condition est la capacité de traduction et l'intuition, qui sont permises par le fait de travailler sur des « terrains » avec des opérationnels, de lire les chercheurs, et de côtoyer tous ceux qui permettent les pas de côtés. La deuxième est la nécessité d'une exploration sans a priori[41].

L'exploration a pour but d'orienter concrètement l'action. L'urbaniste a un devoir de clarification, de pédagogie, d'inventivité, d'interpellation. Et aussi un devoir de regarder ailleurs, là où personne ne regarde, dans ces plis non encore investis par les effets de mode, ou dans ces territoires décidément oubliés. Et si, justement, un espace oublié était sous nos pas ?

[38] Il faut par exemple « territorialiser » les critères ESG ou ISR des investisseurs (ce qui est une manière de transformer de l'extra-financier en financements sonnants et trébuchants), et « massifier » les projets publics locaux.

[39] Dominique Lorrain, « Les pilotes invisibles de l'action publique, Le désarroi du politique ? », in Pierre Lascoumes et Patrick Le Galès (dir.), *Gouverner par les instruments*, Paris, Presses de Sciences Po, 2005, p. 163-197.

[40] L'étude que je conduis avec Partie Prenante et Espelia sur « Les modèles économiques des services urbains au défi de la sobriété » (financée par l'Ademe, le Puca et la Banque des Territoires) montre par exemple que de nombreux services urbains reposent sur l'hypothèse, implicite, que les quantités consommées, et facturées, continueront à augmenter. Cette hypothèse n'est plus valable et risque de faire échouer les politiques de sobriété.

[41] Ni *a priori* sur ce qu'on cherche (au mieux on trouve ce qu'on a cherché), ni *a priori* sur qui on rencontre dans l'exploration. En forçant le trait, il y a ici une différence de posture avec le monde de la recherche dont le mode de reconnaissance (par les pairs) tend parfois à l'enfermer dans son couloir et ses certitudes. Gilles Pinson a écrit que les travaux de recherche sur la ville néolibérale ont aujourd'hui tendance à « construire un ennemi omnipotent [qui] les dispense de réfléchir à d'autres facteurs de changements » (Gilles Pinson, *La ville néolibérale*, *op. cit.*). Or ces travaux pourraient être très utiles pour faciliter le pas de deux entre acteurs publics et privés, car la compréhension de l'impact des logiques financières des acteurs de la finance globale sur la ville réelle devient un élément à maîtriser ex-ante au niveau de la conduite du projet, et non plus seulement ex-post.

Pas de deux sur le trottoir

« Alors [...] se donnant la main, ils se mettaient à courir, ou jouaient à la marelle, ou couraient à cloche-pied le long des trottoirs[42] ».

J'ai insisté sur deux pas de deux pour mettre l'économie au service de la ville. De multiples autres sont nécessaires. L'urbanisme est la danse de tous ces pas, lesquels sont très situés. Mais il y a un lieu qui traverse toutes les situations urbaines : c'est le trottoir — auquel j'ai consacré un livre, *Trottoirs ! Une approche économique, historique et flâneuse*.

L'espace public est depuis longtemps au cœur de l'urbanisme. Mais zoomer sur cette sous-partie de la rue permet un léger décalage de focale qui rouvre des plis d'inventivité. Car le trottoir est un entre-deux, entre chaussée et façades, entre marchand et non marchand, entre public et privé. Il est l'espace du « jeu », au sens mécanique du terme, qui rend possible pour les villes de s'ajuster aux évolutions qu'elles subissent et les rendre désirables. Pendant le Covid, il est devenu la salle d'attente des commerces et le prolongement du chez-soi, désormais, il permet d'installer des bornes de biodéchets, de planter des arbres et des végétaux, d'accueillir des fontaines rafraîchissantes et des ombrières. Entre autres. Jane Jacobs[43] avait a souligné combien il est l'espace privilégié de la sociabilité et du vivre ensemble. Et de la démocratie plus encore[44].

Le trottoir est ainsi un espace pour faire projet urbain au plus près des habitants. Il est aussi une manière d'incarner la vision de l'urbanisme que je défends.

L'approche économique permet de voir le trottoir tel qu'il est (un lieu de plus en plus convoité par une multitude d'occupants) et non tel qu'on voudrait qu'il soit (le lieu exclusif du piéton). Elle permet d'interpeller les collectivités : elles doivent le gouverner. Car lorsque chaque mètre carré compte pour permettre la transition écologique et développer des usages, les trottoirs[45] deviennent une nouvelle rareté, dont les collectivités doivent urgemment prendre conscience de la valeur avant que d'autres ne la captent. Le trottoir permet aussi de dépasser des visions a priori antagonistes en montrant qu'elles sont plus fines, plus situées, plus contextuelles[46]. Le trottoir invite à passer sur le trottoir d'en face !

Mais l'approche économique ne doit pas être exclusive. Le trottoir est aussi le lieu de l'ordinaire, de l'« infra-ordinaire[47] ». Lui prêter attention, désinvisibiliser cet espace sur lequel on marche tous les jours sans le regarder, c'est montrer que ce qui paraît subalterne ne l'est pas. Si certains associent le trottoir à la prostitution, à la vie dans la rue et au caniveau, il est avant tout le lieu des pratiques quotidiennes de la ville, voire le plus court chemin vers la poésie (il y a assurément une anthologie littéraire du trottoir à réaliser).

Sujet absolument trivial (au sens étymologique : « de la croisée des chemins »), le trottoir est inattendu, surprend, et permet de parler d'urbanisme en dehors du cercle des urbanistes[48]. Ce mot, européen s'il en

[42] Georges Perec, *Les Choses, Une histoire des années soixante*, Paris, Julliard, 1965.
[43] Jane Jacobs, *Survie et déclin des grandes villes américaines* [1961], Marseille, Parenthèses, 2012, p. 37 sq.
[44] Avant le trottoir, les eaux usées coulaient au milieu de la rue. Lorsqu'une personne « du peuple » en croisait une « de la haute société », la politesse voulait qu'elle lui laisse la place la plus éloignée du caniveau central. Cette dernière tenait donc le « haut du pavé ». Également : dans certains pays à certaines époques, certaines catégories de personnes n'avaient pas le droit de marcher sur le trottoir. M. Keuner, le personnage de Bertolt Brecht, résiste quand l'officier d'occupation ennemie lui ordonne de descendre du trottoir.
[45] Ou plus exactement, les trottoirs de beaucoup de rues dans beaucoup de villes. Le trottoir est très contextuel.
[46] Par exemple l'usage marchant et l'usage marchand ne doivent pas être confondus, et les mêmes qui érigent la gratuité de l'espace public en principe absolu seront ceux qui militeront pour la taxation des livreurs Amazon façon Barcelone.
[47] Georges Perec, *L'infra-ordinaire*, Paris, Seuil, 1989.
[48] *Trottoirs !* a reçu un bon accueil critique et donné lieu à plusieurs émissions de radio, dont «Zoom Zoom Zen» sur France Inter fin février 2024 avec plus de 800 000 auditeurs qui, à travers lui, sont invités à regarder différemment leur ville.

LE TROTTOIR, ESPACE D'INVENTIVITÉ POUR PROJET D'URBANISME

Le trottoir est au carrefour de toutes les problématiques urbaines. Ci-dessous, quelques exemples de défis urbains qui nécessitent de travailler sur le trottoir.

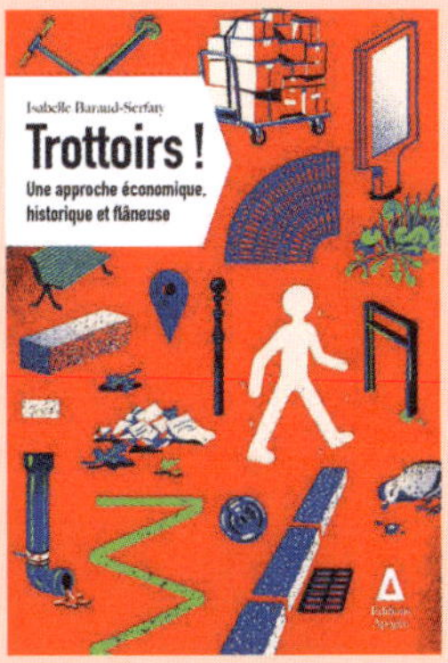

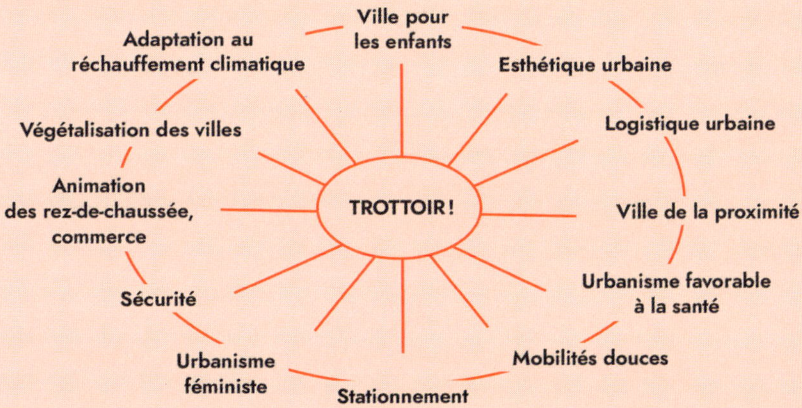

est, permet aussi de sortir des frontières hexagonales, et d'investiguer toutes les situations urbaines. L'économie était une manière d'attraper la complexité des systèmes urbains. Désormais, alors que les frontières disciplinaires sont en train de disparaître, le trottoir devient un nouvel objet pour interroger les évolutions en cours[49] et plus encore pour permettre de créer du dialogue, du projet commun.

En résumé

Mettre l'économie au service de l'urbanisme nécessite de faciliter les pas de deux entre acteurs, « publics » et « privés », praticiens et chercheurs. Au-delà de l'économie, je crois qu'un urbaniste doit peindre les traits d'union qui permettent à chacun de passer sur le trottoir d'en face, et favoriser la rencontre de tous ceux qui font la ville et la vivent. Le trottoir, métonymie de la ville, métaphore de l'urbaniste !

[49] L'INRS du Québec démarre ainsi un projet sur les « Qualités, Usages et Acteurs des Trottoirs », auquel je suis associée, avec l'ambition de lancer un champ disciplinaire sur les « sidewalk studies ».

« Économiste atypique, d'une grande curiosité, touche à tout et proche du terrain, ses travaux sur les modèles économiques urbains, les nouveaux métiers de l'aménagement et plus récemment sur les trottoirs, sont originaux et précurseurs. Enseignante et praticienne, elle est une consultante précieuse pour tous les professionnels de l'urbain.

Hélène Peskine, directrice générale adjointe du Céréma, ex-secrétaire permanente du Puca (Plan Urbanisme, Construction, Architecture)

Propos issus de la consultation des experts, printemps 2024

Conclusion : le défi du partage

Partage des raretés, partage des points de vue, partage des représentations, partage des finalités, partage des priorités, partage des savoirs, partage de son bout de trottoir, je crois que tous ces partages sont indispensables pour permettre de créer les conditions d'un vivre ensemble dans des lieux.

Les conditions économiques sont des conditions du projet, mais surtout elles sont en elles-mêmes du projet. Je revendique que la question économique soit pratiquée comme une composante du projet d'urbanisme, avant d'être ensuite transformée en matérialité sensible sur un lieu. Je milite pour qu'elle soit mise en partage et saisie par tous ceux qui font la ville.

Mais il y a encore davantage à partager.

Une conséquence des turbulences actuelles est la fragmentation de la société et la montée de la conflictualité. Il y a un an, j'intervenais dans le cadre du « Grand débat sur la fabrique de nos villes » organisé par la Métropole de Nantes. C'était un jour de manifestation (le 28 mars 2023, contre la réforme des retraites). Pour me rendre à l'École d'architecture, je cheminais entre gaz lacrymogènes et poubelles brûlées. J'avais prévu de commencer mon intervention en partageant mes réinterrogations sur ma propre pratique et le fait que, cinq ans auparavant, ma présentation aurait été différente, davantage remplie de certitudes. Mais la question que je me posais en rentrant dans l'amphithéâtre, devant des « citoyens » qui étaient de fait des professionnels, devenait la suivante : est-ce que mon métier a du sens ? Est-ce que cet exercice de pédagogie sur la fabrique urbaine, qui m'avait toujours paru si indispensable, permet de répondre à la crise de la société ? Des points de vue si divergents trouvent-ils encore à s'exprimer dans le cadre d'un débat ? Depuis, cette conflictualité de la société s'est encore accentuée : sporadiquement, comme avec les violences dans les « quartiers » fin juin 2023 après la mort de Nahel Merzouk, ou de manière continue, comme depuis le 7 octobre 2023, où chacun devient de plus en plus assigné à une identité. Dans ce contexte, comment créer l'envie et les conditions du vivre ensemble ? Comment faire ville dans un contexte de forte conflictualité ?

Je crois à l'impératif de la nuance. Ma tentative de déconstruire les représentions des acteurs (en l'occurrence publics-privés) me sert à outiller la fabrique urbaine. Mais j'espère qu'elle sert, au-delà de l'urbanisme, comme un exercice pour s'entraîner à déconstruire toutes les « essentialisations ». C'est au fond le but ultime du cours que je donne à Sciences Po : conduire les étudiants à refuser l'idée d'un bloc contre un autre, se déplacer, changer de regard, être curieux. Intensément curieux, de tout et de tous. « *Qui que tu sois, je te suis bien plus proche qu'étranger*[50] ».

[50] Andrée Chédid, *Poèmes pour un texte*, Paris, Gallimard, 2020.

Merci à Amélie Figeac, Ariella Masboungi, Sandra Moatti, Delphine Négrier, Antoine Petitjean, Océane Ragoucy et Les Mots qui Manquent pour leur contribution à cette autobiographie scientifique.

Étudiante à l'École Supérieure de Commerce de Paris, un stage de deux mois à Tokyo a été le déclic qui m'a orientée vers l'urbanisme, et incitée à compléter ma formation par le Cycle d'urbanisme de Sciences Po. De 1996 à 2000, j'ai travaillé comme consultante en finances locales au sein du cabinet Financière Collectivités Locales, puis de 2000 à 2006 comme directrice d'investissements au sein de CDC Projets urbains, filiale dédiée à l'investissement d'intérêt général de la Caisse des dépôts et consignations. Entre 2006 et 2009, je fus directrice de programmes au sein de ING Real Estate Development France, filiale de promotion française du groupe financier hollandais ING.

En 2009, j'ai fondé « Ibicity », agence de conseil en économie urbaine (www.ibicity), pour inventer une autre pratique d'urbanisme, à la fois opérationnelle, exploratoire et réflexive. J'interviens : à l'échelle des projets urbains ou territoriaux, en lien avec ce qui se joue à d'autres échelles ; sur la fabrique de la ville, sa gestion et ses usages.

Pratique opérationnelle : mes clients sont surtout des aménageurs et des collectivités locales, pour qui je réalise des missions de conseil opérationnel ou stratégique, notamment d'appui au montage de projets urbains complexes qui imbriquent plusieurs échelles d'interventions et plusieurs acteurs. Par exemple : le pilotage stratégique de l'opération des Ardoines (Vitry-sur-Seine) de 2011 à 2014 pour le compte de l'EPA ORSA, l'appui à la réalisation et à la mise en place de la gestion du quartier des Fabriques à Marseille pour Euroméditerranée (2018 à 2020), des missions d'audit de ZAC (2018-2019 puis depuis 2022) et l'appui à l'élaboration stratégique des offres de services de l'aménageur pour Grand Paris Aménagement (2023), une étude d'opportunité sur la création d'un fonds d'investissement régional en faveur de la requalification des zones d'activités économiques pour la Région Île-de-France (depuis 2024), etc. Je suis également intervenue pour des missions sur l'aménagement en Tunisie, Sénégal et Côte d'Ivoire, pour le compte de la Banque Mondiale et de l'UEMOA.

Pratique exploratoire : il me paraît essentiel de nourrir l'approche opérationnelle d'une approche analytique, prospective et pluri-sectorielle, sur la manière dont les transitions écologique, numérique et sociétale bousculent les modes d'action des collectivités locales. Démarrée en 2015, l'Étude sur les nouveaux modèles économiques urbains (que je réalise avec Partie Prenante et Espelia, avec des financements Ademe, Puca et Banque des Territoires) travaille simultanément sur cinq secteurs (immobilier, mobilité, eau, déchets, énergie) et a donné lieu à sept publications ; elle se poursuit sur les modèles économiques des services urbains au défi de la sobriété. D'autres explorations sur les espaces publics, à partir notamment d'une veille nord-américaine sur le « curb management », ont donné lieu à plusieurs travaux pour la Direction de la Prospective du Grand Lyon sur « les rues de demain ». L'étude que j'ai réalisée pour Idhéal (« Transparence sur les Zac : jusqu'où l'acquéreur de logements finance-t-il son quartier, son voisin et la non-artificialisation », 2024) est un autre exemple, qui combine une dimension recherche avec une forte composante pédagogique. La pratique exploratoire se nourrit aussi d'une approche prospective — les séminaires prospectifs que j'organise pour Futuribles sur les « futurs de ville » depuis 2022 étant l'occasion de réunir des points de vue de professionnels divers (académiques, opérationnels, élus, consultants) pour anticiper les tendances

Pratique réflexive : je crois aussi beaucoup à la nécessité de prendre du recul sur sa pratique, à la fois pour comprendre ce qui la sous-tend et la réinterroger pour la faire évoluer, et en même temps la partager avec les autres acteurs de la fabrique urbaine. J'ai publié plus d'une cinquantaine d'articles sur l'économie des villes, dans des revues spécialisées (*Urbanisme*, *Métropolitiques*, *d'A*, *Le Visiteur*, etc.) ou plus généralistes (*Esprit*, *Le Débat*, *Futuribles*, *L'économie politique*, etc.), dans des formats courts ou longs, également sous la forme de chapitres d'ouvrage (par exemple dans « La beauté d'une ville », 2021). J'interviens également dans de nombreux débats, conférences, formations. L'enseignement est une composante essentielle de cette pratique, à travers notamment le cours que je dispense à l'École urbaine de Sciences Po, depuis vingt ans (cours obligatoire de deuxième année du Master Stratégies territoriales et urbaines (STU) sur « les acteurs privés de la ville »). Je suis la seule associée et salariée d'Ibicity, mais je travaille souvent dans le cadre de collaborations. Je suis par ailleurs membre de plusieurs comités scientifiques ou d'orientation, qui me permettent de côtoyer une pluralité d'opérateurs publics et privés (Club Ville et Aménagement, Ihédate, La Fabrique de la Cité, Futuribles, Urban Land Institute). Depuis 2022, j'ai un bureau à Césure, à Paris, site géré en occupation temporaire par Plateau urbain, ce qui permet d'expérimenter in situ ces espaces de croisements et d'inventivité.

En 2023, j'ai publié le livre *Trottoirs ! Une approche économique, historique et flâneuse* (Éditions Apogée). Il comprend de nombreuses citations de Georges Perec, Annie Ernaux, Georges-Eugène Haussmann, décortique le modèle économique de Google Maps, voyage à Paris, Marseille, Birmingham, Dakar, Montréal, Pompéi... Il y est aussi question de cheval, mouton, soleil, ombre, sable, Ruine-de-Rome, empoisonnement, chewing-gum, voleur de perruques, dentier, pierre de Volvic. Entre autres.

Chercheuse de solutions, au croisement de l'économie et de la ville

Matthieu Garrigou-Lagrange Écrivain, journaliste, producteur et animateur de radio

J'ai eu trois fois le plaisir d'interroger en direct Isabelle Baraud-Serfaty sur France Culture. Pour «Géographie à la carte», en juin 2024, elle était venue éclairer les auditrices et les auditeurs sur le thème suivant : *La Smart City, où en est-on ?* en compagnie de l'économiste Gilles Jeannot. Je l'avais invitée car je sais qu'elle a, sur ces sujets au croisement du numérique et de l'urbanisme, une vision originale, personnelle et nuancée. La *smart city*, ce concept à l'allure désormais *vintage* qui recouvre une réalité un peu floue, je savais qu'elle pourrait l'expliciter et le rendre clair. Qu'elle saurait aussi le mettre à distance, en montrer les limites, le porter au-delà du simple slogan qu'il a été au tournant des années 2010, faire la part des choses entre ce qui relevait de la mode urbanistique et ce qui s'est vraiment intégré dans nos villes et dans nos vies.

Quelque temps plus tôt, elle était venue, toujours dans la même émission, parler de son livre sur les trottoirs. Ce sujet constitue du pain béni pour les journalistes qui traitent de la ville, car il porte en lui-même un certain suspense : que peut-il y avoir à raconter sur cet objet, tout au long d'un livre de 300 pages ? Et pourtant, au terme d'une heure d'émission, il y avait encore beaucoup à dire, et de nombreuses idées contre-intuitives et stimulantes avaient été abordées, comme la privatisation de ces espaces publics par des magasins qui obligent leurs clients à y faire la queue, par des restaurants qui proposent des repas à emporter ou encore par des livreurs qui s'en servent quotidiennement comme d'un quai de débarquement. Ces utilisations privées d'un bien public crèvent les yeux une fois qu'on les a pointées du doigt, mais encore faut-il quelqu'un pour nous les montrer.

Quant au fait de tirer les conséquences de cette «évidence», cela permet de repenser le partage et l'utilisation de l'espace et, partant, de réinterroger certaines politiques publiques.

La ville restera-t-elle gratuite ? était le premier sujet qui m'avait mis sur la piste de cette chercheuse, en 2015, et je l'avais invitée à venir parler de ce thème dans l'émission «Modes de vie, mode d'emploi» que je produisais à l'époque, également sur France Culture. Là encore, elle avait su nous faire réfléchir sur ce que les plates-formes numériques changeaient à notre quotidien de citoyens ou de citadins, tout comme à l'imbrication du privé et du public dans la fabrication des villes.

Ces trois rencontres ne m'autorisent évidemment pas à dire que je connais Isabelle Baraud-Serfaty, même un peu. En revanche, j'ai pu me rendre compte d'une chose : son enthousiasme pour ses sujets n'a pas varié en dix ans. L'évident plaisir (et le stress aussi, sans doute !) qu'elle prend à faire avancer la réflexion et la connaissance sur les problématiques au croisement de l'économie et de la ville n'a pas faibli. Ce plaisir de comprendre et de transmettre se ressent à sa façon de s'investir dans les sujets, de s'attarder sur ce que d'autres ne considéreraient pas de prime abord comme important, d'aller voir la tuyauterie de la ville pour en saisir les soubassements et les modes de fonctionnement cachés, bref, d'aller le plus possible au fond des choses et d'en tirer le maximum. Cet enthousiasme, Isabelle Baraud-Serfaty le projette aussi vers le futur, ce qui fait de cette prospectiviste dans l'âme et dans les faits une chercheuse de solutions pour l'avenir.

Chirurgienne, chineuse et réalisatrice

Stéphan de Faÿ Directeur général de Grand Paris Aménagement

La nomination d'Isabelle Baraud-Serfaty au Grand Prix de l'urbanisme témoigne de la reconnaissance de ce que l'on peut être urbaniste sans pour autant dessiner l'espace urbain. Ou plutôt, car ce serait infiniment plus exact, que dessiner (au sens notamment de révéler) l'espace urbain peut se faire sans utiliser de Rotring, fût-il numérique.

Ce qui frappe de prime abord dans sa pratique est un étonnant mélange de créativité et de rigueur analytique, de conceptualisation et de sens pratique, de capacité à mettre en lumière des catégories supposément étanches dont elle donne à voir la porosité et les interactions. Elle mobilise pour ce faire souvent l'économie, qu'elle définit elle-même comme l'art du partage des richesses, en contrepoint de l'urbanisme, défini selon Nicolas Détrie comme l'art du partage des espaces ; on notera que le mot commun aux deux définitions « partage » lui sied comme un gant.

Mais pour mieux se figurer — pour celles et ceux qui ne la connaîtraient pas encore — Isabelle Baraud-Serfaty, je convoquerai trois métiers dont les pratiques disent quelque chose de la sienne propre : chirurgienne, chineuse, réalisatrice.

Chirurgienne : Isabelle manie avec adresse le questionnement comme un scalpel. Elle dissèque les chairs du projet, mais aussi de la ville, pour mettre en lumière l'agencement des organes, leur innervation, leurs interdépendances, dans un mouvement proche de celui d'un Léonard de Vinci qui, pour pouvoir dessiner l'homme en mouvement, n'hésitait pas à manier le bistouri pour saisir dans toute sa subtilité l'anatomie et la physiologie humaines. Ses incisions sont précises et efficaces. Efficaces car elles permettent d'aller loin dans l'enchevêtrement des idées reçues, des faux semblants, du prêt à penser. Précises car nourries d'une réelle expérience pratique du projet urbain, acquise dans une diversité de « positions »

Chineuse : Derrière la pratique d'Isabelle se cache, je crois, une insatiable curiosité, de celles qui amènent à fréquenter les brocantes ou les cabinets de curiosités. Elle explore ainsi sans *a priori* les lieux où le réel se glisse dans les interstices de nos villes, cette matière première de nos vies que l'on risque d'oublier tant elle est banale. Elle n'hésite pas à regarder ailleurs, loin des modes, loin de ce qui brille, et déniche ainsi des réalités qu'elle dépoussière, qu'elle met sous nos yeux dans une lumière nouvelle, comme ce trottoir déniché sous nos pieds dont elle révèle tout à la fois l'histoire, les fonctionnalités, l'économie sans oublier la poésie.

Réalisatrice : Je ne suis pas sûr qu'elle en ait conscience, mais il y a chez Isabelle un véritable talent de la mise en scène, un je ne sais quoi du Chris Marker de la Jetée. Peut-être est-ce là la marque de tous les pédagogues qui ont soif de transmettre non seulement des connaissances, mais des questionnements ? Elle fait d'ailleurs sienne l'expression de Bruno Latour selon laquelle « la politique n'est pas la révolution, mais l'explicitation ». Car révéler ce qui se cache sous la peau du projet ne lui suffit pas. Elle a besoin, par ses cadrages et ses *travellings*, d'attiser la curiosité de celles et ceux avec qui elle travaille, de les amener à réfléchir par eux-mêmes, au-delà d'eux-mêmes, parfois contre eux-mêmes. Elle les invite ainsi à se saisir des réalités qu'elle leur dévoile tout en nuances, au détour d'un questionnement qui décale leur perception et stimule leur propre créativité.

Au travers de cette pratique si singulière de l'urbanisme, au travers de sa rigueur comme de sa générosité, Isabelle Baraud-Serfaty réussit le tour de force de vous embarquer dans une redécouverte de la ville et du projet urbain que vous croyiez connaître, pour vous amener à le concevoir différemment, à revenir à ses racines, aux communs qui en constituent la trame irréductible, à revenir à son sens : partager, c'est-à-dire produire du vivre-ensemble.

D.J.P.

2070, quelque part, en France

Christine Leconte

Avant-propos

Ça y est, nous y sommes ! Des années que les scientifiques l'annonçaient. Progressivement les températures moyennes dans notre village ont augmenté année après année, jusqu'à atteindre +4° par rapport à 2000. Les conséquences sont nombreuses : les saisons ont disparu et avec elles de nombreuses cultures. Les glaciers alpins ont fondu, limitant l'accès à l'eau douce, à l'énergie hydroélectrique et entraînant des répercussions économiques et sociales catastrophiques. À présent nous subissons annuellement en moyenne vingt jours de canicule à +40°. L'eau potable est devenue un bien précieux et les sols s'assèchent. Le niveau de la mer est monté de plusieurs dizaines de centimètres, les inondations sont plus fréquentes, les dômes de chaleur aussi. Tout ce que le Giec[1] avait expertisé en termes de « trajectoire climat » s'est avéré exact. Et pourtant dans mon village nous sommes sereins. Nous arrivons à faire face à ces phénomènes.

Pourquoi ? Car la France a réagi à temps. Elle a su prendre le virage et s'adapter, regardant en face ce qui allait advenir sans se contenter d'attendre et de subir, en tentant de réparer ce qui ne peut plus l'être. Tout a changé en 2025.

Une stratégie a été mise en place selon un projet pour la France. Le déclic s'est produit grâce au basculement de l'opinion publique, après une nouvelle tragédie. Pour la deuxième année de suite, le nord de la France subissait de graves inondations avec des conséquences encore plus désastreuses faisant de nombreuses victimes. Les experts avaient insisté pour construire une vision stratégique d'avenir pour « ménager le territoire », et protéger les hommes et les milieux. Cela ne pouvait plus durer. Pourquoi reconstruire à l'identique au même endroit si cela devait faire subir, à nouveau et annuellement, le même cauchemar ? Les assureurs eux-mêmes refusaient d'assurer le bâti et les maisons ne se vendaient plus. Partout en France, la bascule était faite.

Nous devions regarder l'avenir en face pour faire évoluer la France d'ici 2050. N'était-ce pas le rôle régalien d'un gouvernement d'anticiper et de protéger ses populations ? Les enjeux climatiques ne rythmaient malheureusement pas le temps politique souvent asservi aux problèmes jugés plus urgents. Après cinquante ans de planification, il était temps de ne plus opposer l'agriculture et l'aménagement urbain, pour repenser le lien entre la politique du logement et celles de la mobilité et du travail. L'adaptation des villes si minérales ne pouvait plus attendre. Les maladies dues aux pollutions devenaient de plus en plus fréquentes, impactant une

[1] Groupe d'experts intergouvernemental sur l'évolution du climat.

énorme partie du budget de la Sécurité sociale. Le logement manquait et pourtant la vacance des villes moyennes était une réalité. L'érosion côtière progressait mais la construction le long du littoral se poursuivait avec les conséquences que l'on connaissait. Tous ces sujets faisaient partie d'un même écosystème à imaginer et à planifier pour donner des clés aux territoires afin qu'ils réagissent immédiatement. Le temps du projet à grande échelle était né.

La décision du Président de la République est alors arrivée, courageuse, à l'encontre de nombreux équilibres installés. Organiser l'aménagement du territoire pour nous protéger devenait une priorité nationale. Toutes les politiques publiques ont été ainsi repensées à l'échelle nationale, établissant des stratégies fines appuyées sur des données précises. L'urbanisme, l'architecture, le paysage sont devenus des outils au cœur des décisions, au service des enjeux écologico-urbains et des habitants.

Ainsi la rénovation s'est faite par quartier et non plus à la parcelle pour en mutualiser les coûts et trouver les solutions les plus efficaces, apportant un meilleur confort d'été et une meilleure gestion de l'eau. Des filières de matériaux ont été définies pour limiter leurs trajets : en trente ans chaque région, chaque territoire a pu créer des filières locales selon ses ressources. Chaque euro d'argent public dépensé dans la rénovation thermique s'investissait dans une nouvelle forme d'économie. Ont été réhabilités massivement villes et villages, avec une densification qualitative. La fiscalité a été aménagée pour le permettre, et les Villes ont été accompagnées dans leurs stratégies de valorisation d'un foncier « invisible ». Nous avons recomposé nos modes de vie à proximité des côtes, utilisant des solutions fondées sur la nature, parfois en déplaçant des villages. Certains territoires ont été abandonnés, d'autres requalifiés. L'agriculture est devenue un enjeu collectif d'aménagement et de proximité. La nature a été remise au cœur du dispositif, l'eau potable gérée pour moins la gaspiller notamment dans les espaces domestiques. Nous avons porté un projet commun et collectif pour mieux appréhender le futur.

Nous nous sommes adaptés partout, pour vivre.

« Déjà repérée lors du Grand Prix 2023, Christine Leconte impulse une vraie réflexion sur la sobriété, sur la production de logements en réhabilitation, sur l'inventaire du déjà bâti avant de produire du neuf. Une telle impulsion à la tête du conseil de l'Ordre des architectes a une influence notable sur la manière de penser la ville de demain, la manière de la transformer, de l'adapter au climat de 2050.

Emeline Cazi, journaliste, *Le Monde*

Propos issus de la consultation des experts, printemps 2024

Un récit pour l'intérêt public

Christine Leconte

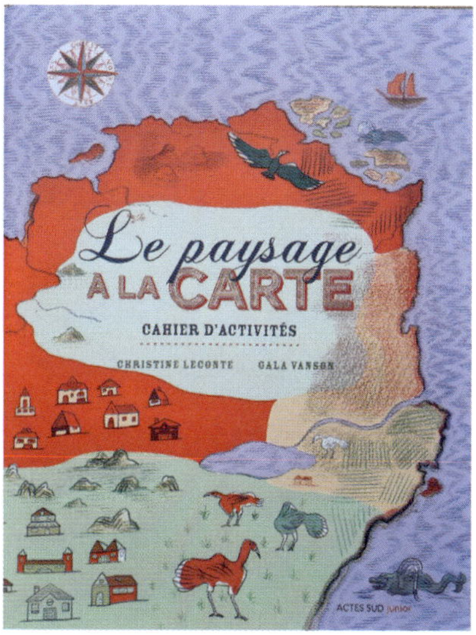

Le paysage à la carte, avec Gala Vanson (illustrations), Éditions Actes Sud Jeunesse, 2015 : Écrire un livre destiné aux enfants, pour raconter le rapport que nous entretenons avec les territoires dans lesquels nous habitons.

Prendre de la hauteur

J'ai 5 ans, je regarde par la fenêtre. Le porte-conteneurs, gigantesque, presque démesuré, pénètre lentement dans le port du Havre, entouré d'abeilles. Un instant la vie s'arrête, suspendue à cette vision. D'où vient-il ? Ce géant en mouvement explique les équilibres construits, redonne des échelles au paysage et questionne nos modes de vie. Enfant, j'ai vécu dans des lieux aux vues lointaines : mon père, ingénieur, aime la géographie. Les écrits de Braudel, de Vidal de la Blache sont nos lectures partagées. J'aime surtout les descriptions qui permettent de comprendre où l'on se situe. Au Havre, le rapport au grand paysage portuaire, la vue sur les cheminées des usines et sur la ville reconstruite après-guerre par Auguste Perret ont bercé mes souvenirs d'enfance. Puis nous avons déménagé en région parisienne, sur les hauteurs de Marly-le-Roi. Le grand ensemble des Grandes Terres qui se dégage en haut de la colline est mon quotidien. C'est toujours à ce lieu que je pense lorsque j'évoque Michel Corajoud : « Le paysage, c'est là où le ciel et la terre se touchent[1] ». De ces lieux d'enfance, je garde la sensation très claire que nous habitons un espace géographique façonné par l'eau. Ces cinquante dernières années, les villes ont été zonées, ultra standardisées, oubliant l'essentiel. De cette époque j'ai appris à dézoomer toute situation pour la recontextualiser.

Mon père dirigeait les services techniques de Saint-Germain-en-Laye. Dès l'adolescence, je l'ai suivi dans les conseils municipaux, ressentant l'engagement des élus locaux pour l'intérêt général. Je retrouverai cela plus tard en travaillant à leur côté au sein du CAUE de l'Essonne. À 17 ans, les études d'architecture se sont imposées à moi. J'y voyais le moyen de lier nombre de disciplines très complémentaires qui m'attiraient (sciences sociales et géographie notamment) et d'en tirer de manière transversale des solutions spatialisées. Ce choix s'ancrait dans l'idée de construire des lieux qui feraient du bien aux gens. Choisir l'école d'architecture de Versailles, réputée pour son apprentissage partant de l'échelle du territoire, n'était guère anodin. Richard Sabatier, enseignant, architecte et géographe, a guidé mes projets de mémoire et mon diplôme aux thématiques transcalaires. Luigi Snozzi[2], de passage à l'école, m'a transmis l'importance du récit dans la fabrique du projet. De nos échanges à la visite de son village Monte Carasso, j'ai perçu l'urbanisme comme un projet politique à part entière.

[1] Michel Corajoud, *Le paysage, c'est là où le ciel et la terre se touchent*, Arles, Actes Sud, 2010.
[2] L'architecte Luigi Snozzi « était partisan d'une vision selon laquelle toute architecture est liée au territoire et contribue à en déterminer le caractère », Luca Ortelli, « Snozzi, l'architecte militant », *Espazium*, janvier 2021 [en ligne].

Rétablir le lien entre l'homme, l'eau et le sol

Très tôt dans mes études, je me suis intéressée à l'eau comme ressource sensible. Durant mon diplôme réalisé en binôme[3], nous questionnions la relation entre l'aménagement du sol et la protection du sous-sol, interrogeant la gestion de la nappe phréatique située sur le territoire de Seine-Aval en partenariat avec la Lyonnaise des eaux qui gérait la concession. Nous proposions un postulat pas toujours établi en 2004 en école d'architecture : ne pas craindre de réaliser un diplôme parlant du grand paysage plutôt que de microarchitecture. Les territoires de la réalimentation en eau, de la pollution et des risques ont marqué la naissance de l'agence d'architecture et d'urbanisme que j'ai créée, obtenant plusieurs missions urbaines et architecturales où l'enjeu était de préserver la ressource. Gérer l'eau ramène à l'importance de la prise en compte des sols et des milieux. Certains hydrogéologues disaient déjà que l'eau serait l'or du XXIe siècle. Si l'école d'architecture n'éveillait pas à l'aspect écologique du métier, ces premiers pas professionnels m'ont rapidement immergée dans ces questionnements jusqu'à être lauréate du palmarès des jeunes urbanistes en 2010. « Le territoire français est le patrimoine commun de la nation » est la première phrase du code de l'urbanisme. À cet égard, la puissance publique a un rôle politique de premier plan à jouer. Il n'est pas anodin que le mot « politique » vienne du grec « Polis », la cité. Le « politique » devrait favoriser une juste organisation de la cité et donc, des sols.

Accompagner les élus locaux

En 2007, je rejoins le Conseil d'Architecture, d'Urbanisme et de l'Environnement (CAUE) de l'Essonne et côtoie des architectes engagés comme Francis Kéré[4] ou Anna Heringer[5]. Des voyages d'études en Autriche ou en Finlande confirment mon désir de faire évoluer notre secteur d'activité face à son impact sur le climat. Nombre d'élus impliqués dans le territoire semblaient débordés par une forme d'urbanisme « d'opportunité » et non de projet. Au CAUE, j'ai pris le temps d'écouter et d'échanger car il n'y a rien de plus précieux que d'arpenter un territoire avec élus et habitants pour gagner leur confiance et les aider à découvrir d'autres voies que celles que la financiarisation de l'aménagement voudrait leur faire prendre. L'Essonne a toujours été un département de conquête politique qui a vu émerger de grandes figures nationales. Plus tard, en arrivant au Conseil régional de l'Ordre des architectes, j'ai retrouvé certains élus que j'avais conseillés : la confiance fondée à l'époque s'est alors développée.

S'engager pour le changement

Avec la naissance de mes enfants, j'ai souhaité avoir un impact plus fort qu'à travers mes projets. Les conséquences de nos actes sur la planète sont désastreuses : nos modèles urbains sont défaillants, aggravant le réchauffement de la planète. Les pollutions que nous causons

Page de gauche : Colloque au couvent des Récollets, Paris.

[3] Diplôme en collaboration avec Nicolas Fromageot, architecte.
[4] Diébédo Francis Kéré, tout d'abord charpentier, est un architecte germano-burkinabé. En 2022, il est le premier Africain à recevoir le Pritzker Prize d'architecture.
[5] Son travail d'architecte se caractérise par un respect pour les techniques et matériaux locaux, ainsi que par un engagement envers l'autonomisation des communautés du Bangladesh à l'Autriche.

sont incontrôlables. La sixième extinction de masse est en marche. Le constat étant scientifiquement posé, il n'est plus possible que le débat public ignore cet état de fait, comme c'est trop souvent le cas. Il suffit de regarder le contenu des événements professionnels entre 2000 et 2015 : combien mettent en avant l'urgence écologique ? Mon engagement au sein de l'Ordre des architectes est ainsi né, considérant que mon rôle sociétal en tant qu'architecte était de prendre position. Participer à élargir le débat politique était essentiel car nos actions et nos décisions en tant que professionnels déterminent le futur du monde et celui de nos enfants. Dès lors, amener les enjeux urbains et architecturaux sur la scène publique en partant de l'intérêt général s'imposait. Il est possible de réorienter les choix des décennies précédentes pour préparer l'avenir dans les meilleures conditions.

Mettre l'urbanisme au cœur du débat public

En 2017, élue à la tête du Conseil régional de l'Ordre des architectes d'Île-de-France, la commande publique est en plein reflux et le changement climatique en passe de reconfigurer les enjeux de l'époque. La plupart des acteurs s'accrochent encore à des logiciels d'aménagement obsolètes, bien qu'économiquement rentables. Il paraît essentiel de modifier ces modes de faire en profondeur. Ma présidence a été l'occasion d'un rôle d'activiste sur de nombreux sujets telles la lutte contre l'étalement urbain ou encore la démolition systématique de nombre de bâtiments. Démocratiser les enjeux de l'urbanisme auprès du grand public semblait également essentiel, notamment lors de mes prises de position dans les médias. « Faut-il encore construire ? » : une forme de provocation était parfois de mise pour faire avancer les débats, au risque de déranger. En témoigne la lettre recommandée reçue de l'un des membres de la filière béton au lendemain de l'une de mes interventions sur France Inter. Mais ces prises de parole sont nécessaires pour faire bouger les lignes. Nous avons ainsi multiplié les événements pour mettre au cœur des débats des problématiques qui ne l'étaient pas encore, comme la mutation des métiers avec « Architecte, un métier en (r)évolution » en 2016, puis « Réparer la ville » en 2019.

En 2016, l'occasion du vote de la Loi relative à la liberté de la création, à l'architecture et au patrimoine (LCAP), nous avons rédigé avec Frédéric Bonnet[6] un courrier signé par plusieurs grands prix de l'architecture et de l'urbanisme à destination des ministres pour inciter à plus « d'urbanisme de projet ». En 2018, lors de la Loi Elan[7], fut lancée avec les élus de l'Ordre régional d'Île-de-France une tribune intitulée « Pour des logements de qualité au bénéfice de tous », signée par plus de six mille architectes et urbanistes. Consacrée à la qualité du logement neuf, elle préfigurait des idées devenues centrales après les confinements des années 2020 et 2021. Une thématique qui a permis d'ouvrir le débat sur les limites du dispositif Pinel[8].

[6] Ariella Masboungi (dir.), *Extension du domaine de l'urbanisme, Frédéric Bonnet, Grand Prix de l'urbanisme 2014*, Marseille, Parenthèses, 2014.
[7] La loi Elan (évolution du logement, de l'aménagement et du numérique), promulguée le 23 novembre 2018 avait pour ambition de « construire plus de logements, simplifier les normes, protéger les plus fragiles et mettre les transitions énergétique et numérique au service des habitants ».
[8] L'article 5 de la loi de finances pour 2015 a introduit, à compter du 1er septembre 2014, un dispositif d'investissement locatif dit « Pinel », qui permet à l'investisseur de choisir sa durée d'engagement et de louer à ses ascendants ou descendants, sous conditions.

En 2019, auditionnée par la Convention Citoyenne pour le Climat, j'ai 15 minutes pour convaincre sur les sujets qui me touchent. J'y aborde nombre de considérations, toutes retenues par les citoyens présents mais insuffisamment intégrées dans la loi Climat et résilience qui s'ensuit. Consciente de la crise des ressources, il s'agit alors d'aider au développement des filières locales, évoquant l'« architecture en circuit court » pour sensibiliser le grand public. En Île-de-France, ces filières sont balbutiantes. Le chanvre est par exemple soutenu par le Parc naturel régional du Gâtinais et le conseil départemental de l'Essonne sans toutefois permettre l'émergence d'une filière cohérente de l'amont à l'aval. Je co-supervise alors une exposition baptisée « Construire en chanvre » puis nous créons avec la chambre d'agriculture « le comité de liaison des matériaux biosourcés » pour multiplier les formations, les prises de parole, les visites de site et les rencontres avec les ministres. Cette énergie favorisera le déploiement de politiques publiques (le pacte bois-biosourcé par exemple, signé par de nombreux acteurs publics et privés s'engageant à utiliser un pourcentage significatif de matériaux biosourcés dans leur construction). Dans le cadre du Fonds vert, de la Loi Industrie verte ou des Conférences des parties (COP) régionales, nous développons alors un argumentaire régulier pour que les dépenses de l'État (entre autres les aides à la rénovation thermique) deviennent des investissements à part entière (en finançant par exemple l'ouverture de filières locales).

Provoquer la mutation des formations

À l'École nationale supérieure d'architecture de Versailles, l'enseignement évolue. Ainsi dès 2014, les cours que je dispense parlent d'écologie appliquée à l'architecture (risques majeurs, réparation de l'existant, utilisation des ressources locales, gestion des déchets). Plus d'architectes et d'urbanistes mieux formés sont nécessaires tant la culture du projet synthétise des enjeux complexes. Les cours deviennent des lieux de débat sur le nécessaire engagement des architectes à cet égard. En 2022 nous rédigeons, avec la sénatrice Sylvie Robert, une note pour la Fondation Jean Jaurès[9] sur le sujet, alors que les écoles d'architecture s'animaient de grèves témoignant d'un foisonnement d'idées et du rôle qu'elles pourraient jouer. L'intégration des nouveaux paradigmes de la transition écologique et numérique doit se poursuivre et s'amplifier : l'enseignement et la transmission ont aussi à faire leur transition. Nous sommes à un moment charnière pour préparer les architectes de demain à travers la recherche, l'innovation et le décloisonnement des savoirs. Cela nécessite d'accompagner les mutations de la pédagogie et de conforter la recherche pour aider les étudiants à mieux comprendre et agir dans un monde en transformation. Aujourd'hui, alors que je prends la direction de l'École nationale supérieure d'architecture de Paris-Belleville, cet enjeu est au cœur de mon travail quotidien.

[9] « Quelle place pour l'architecture dans les politiques publiques », en ligne sur www.jean-jaures.org.

Réparer la ville

Former les architectes de demain importe tout comme sensibiliser architectes et décideurs d'aujourd'hui. C'est l'axe clé de l'action politique que j'ai menée au sein de l'Ordre. La reconnaissance de l'existant comme matière première de la ville de demain est essentielle, non comme une contrainte mais comme un atout pour la créativité. Le colloque intitulé « Réparer la ville » organisé au Conseil régional de l'ordre des architectes d'Île-de-France a marqué un tournant en la matière. En introduction, nous avons avec Jean-Louis Borloo partagé nos visions entre la rénovation urbaine d'hier et la réparation de la ville d'aujourd'hui, amenant à reconsidérer notre rapport à la construction neuve. Face aux démolitions radicales, notamment des grands ensembles, j'ai pris appui sur l'emblématique cité-jardin de la Butte-Rouge (Châtenay-Malabry) pour en faire un cas d'école. Cette cité-jardin exceptionnelle possédant toutes les qualités d'un éco-quartier est menacée d'une démolition conséquente en lien avec l'arrivée du tramway. J'ai mobilisé nombre de leviers pour entraver la quasi-destruction de cette merveille d'urbanisme écologique et social où vit le tiers le plus pauvre de la commune. Pourtant, son destin n'est toujours pas tranché, dans un contexte fortement politisé et malgré la mobilisation de nombreux acteurs ayant attiré l'attention des services de l'État. Depuis ce combat, je reçois des demandes de soutien contre des démolitions intempestives à Paimpol, Toulouse, Lille et ailleurs. La plus récente vient de Normandie et concerne la démolition de trois bâtiments de logement sociaux construits en pierre calcaire : 800 m³ de matière première que le bailleur veut… concasser en dépit de tout bon sens écologique.

Réparons la ville ! Propositions pour nos villes et nos territoires, avec Sylvain Grisot, Éditions Apogée, 2022.

Suite à la pandémie liée au Covid-19, nous décidons avec l'urbaniste Sylvain Grisot de rédiger un livre intitulé « Réparons la ville, proposition pour nos villes et nos territoires », dont la date de sortie concorde avec les débats de l'élection présidentielle de 2022. Volontairement facile à lire, le livre tente de traduire simplement les enjeux qui concernent directement le grand public, dans le sillage des gilets jaunes ou encore des conséquences de la guerre en Ukraine. « Réparons la Ville » propose une refonte du logiciel de l'aménagement. Il s'agit d'intégrer une nécessaire frugalité dans l'usage d'un monde aux ressources finies, pour certaines gravement menacées. C'est aussi un projet de société, celui d'une ville bienveillante, ouverte à la diversité des vécus, même les plus difficiles ; d'une ville qui prend en compte l'immatériel, à commencer par la culture si nécessaire au vivre-ensemble. Biodiversité, ressources, changement climatique sont les thèmes jalonnant l'ouvrage qui, en une dizaine de chapitres, cherche à expliquer les renoncements nécessaires et à développer de possibles solutions aux enjeux systémiques de l'époque. Le livre semble apprécié : de nombreux élus s'en emparent, comme ce maire qui l'a acheté pour l'ensemble de son conseil municipal ou encore ce président d'une grande métropole confrontant les projets de son territoire à nos propositions.

La Reconstruction, nouveau territoire d'exploration

En 2021 je m'installe à Caen, ville reconstruite après-guerre qui, malgré ses qualités urbaines et architecturales, manque de la reconnaissance dont bénéficie Le Havre. J'affectionne ce territoire construit autour du lit de l'Orne dont on ne lit plus les méandres. Je me rapproche du Pavillon, lieu de rencontre des acteurs publics et privés. Les villes reconstruites ont un potentiel d'adaptation au changement climatique évident. Dans la suite de l'ouvrage « Réparons la ville » se dessine un terrain d'action pour accompagner élus et techniciens dans l'élaboration de stratégies efficaces. La qualité du bâti, l'espace public, la gestion des cœurs d'îlots..., les héritages de la modernité offrent une belle possibilité de transformation pour régénérer la ville, à l'instar des « supers îlots » créés à Barcelone à partir de la trame d'Ildefonso Cerdà [10]. J'ai tout d'abord porté cela en tant qu'architecte-conseil de l'État puis assuré le co-commissariat de deux biennales d'architecture et d'urbanisme à destination du grand public. Depuis deux ans, avec le « Club Prisme [11] », nous interrogeons le patrimoine dans sa capacité à s'adapter aux enjeux de demain via colloques et rencontres pour mutualiser les expériences opérationnelles de chacune des collectivités.

Les limites planétaires : un guide pour habiter la terre

Lorsque mon mandat à l'Ordre régional des architectes s'achève, en février 2021, j'ai déjà constitué une équipe pour candidater aux élections nationales en juin de la même année. Même s'il garde une dimension nécessairement régalienne, notre programme est militant : mettre en mouvement la profession face aux enjeux écologiques que la France doit relever et installer ces enjeux dans le débat public. Le début de mandat correspond à la campagne présidentielle et se veut repolitiser les questions du logement social et de l'étalement urbain via un grand débat. Nous déployons une stratégie sur trois ans : rédaction d'un plaidoyer, renforcement de la relation entre élus et architectes et mise en valeur des solutions architecturales et urbaines territorialisées. Le plaidoyer se fonde sur une concertation mobilisant les 300 élus de l'Ordre national pour mieux s'assurer de pouvoir le décliner en région. Outil au service de l'intérêt général, il s'articule autour de 5 axes et définit des directions précises (stopper l'étalement urbain, freiner les démolitions intempestives), engage des réflexions (habiter plutôt que se loger, inscrire la culture du risque dans nos métiers), propose des solutions concrètes

[10] Ildefonso Cerdà, l'architecte et ingénieur catalan, voulut faire de la construction des villes une « science à part entière », concepteur du plan d'extension de Barcelone.
[11] Le Club Prisme est une association regroupant des territoires (villes et intercommunalités) de France qui ont en commun des caractéristiques de la période de la Reconstruction. Il permet de mutualiser les expériences, de partager des connaissances et de faire connaître les spécificités des villes reconstruites (Brest, Dunkerque, le Havre, Lorient, Caen...).

(création d'une cartographie nationale sur les ressources locales, encourager la rénovation à l'échelle de l'îlot ou du quartier…). Il définit une priorisation des moyens économiques nécessaires aux changements attendus : mobiliser plus d'ingénierie pour les territoires, créer des plates-formes de réemploi, accélérer la formation des professionnels. Ce plaidoyer a servi à faire émerger un débat public. Avec les équipes, nous avons multiplié les interventions médias et visites dans les collectivités et nous sommes impliqués dans différents groupes de travail tels la stratégie française énergie-climat ou le Conseil national de la Refondation sur le sujet du logement. De nombreux élus locaux ont repris ce plaidoyer à leur compte pour adapter leurs objectifs territoriaux.

Dans un second temps, dans le cadre de l'objectif Zéro Artificialisation Nette[12], nous avons mis en place à l'échelle nationale un dispositif d'accompagnement des collectivités. Les nouveaux enjeux (sobriété foncière, rénovation…) sont souvent vécus comme une contrainte par les élus locaux. L'objectif est de les accompagner et de montrer que nous pouvons faire autrement. Les élus manquent d'ingénierie de proximité à même d'élaborer des projets de territoires répondant à l'urgence climatique. Nous devrions renforcer l'accompagnement des communes dès qu'un territoire s'engage en faveur de la sobriété. Les élus écoutant les élus, nous avons créé les binômes « un maire / un architecte » afin de partager des histoires de projets lors de tables rondes et rencontres, nous appuyant sur le Salon des maires pour aller à la rencontre des élus. Depuis un an, nous recherchons des financements publics pour aider au déploiement attendu de cette initiative, notamment dans la ruralité.

Et demain : un projet de société

J'ai décidé de construire autrement : à travers l'établissement de liens transversaux pour susciter des synergies fructueuses, politisant mon approche de l'aménagement pour mieux placer l'intérêt général au cœur des projets. Il s'agit de s'appuyer sur des acteurs qui osent relever les défis à toutes les échelles : ici ces jeunes architectes reconstruisant une maison avec des matériaux produits à moins de 100 km de distance ; là, ce bailleur qui a transformé des bureaux en programme mêlant logements et équipement. Il s'agit pour moi de créer des récits pour relier les acteurs, leur donner envie et surtout rassembler les conditions du passage à l'acte. Et parfois dire avec courage que nos décisions doivent s'opposer à certains intérêts économiques, renoncer à certaines pratiques pour mieux renforcer nos capacités d'action. Les rapports du Groupe d'experts intergouvernemental sur l'évolution du climat (Giec) montrent à quel point notre territoire est vulnérable. Les inégalités et les drames mènent aux conflits dans un monde où la paix est très fragile. Une mission régalienne de l'État de protection des populations face aux risques s'impose. Penser l'adaptation à travers l'aménagement du territoire devient prioritaire. Qui en aura le courage ? Comment déployer un mouvement de solidarité

[12] Défini par la loi Climat et résilience adoptée en août 2021, l'objectif d'atteindre le « zéro artificialisation nette des sols » en 2050 a été renforcé par la loi ZAN du 20 juillet 2023.

nationale, économique et spatiale, à grande échelle ? Comment s'inspirer de ce qui fonctionne çà et là et en faire un mouvement de grande ampleur ? En 2022, lorsque le ministre du Logement Olivier Klein nous confie, avec la députée Marjolaine Meynier-Millefert, l'animation du troisième groupe du Conseil national de la Refondation consacré logement, nous imaginons un plan « France 2050 » dont l'objectif est de replacer l'urbanisme au cœur des décisions politiques afin d'adapter spatialement la France aux enjeux climatiques : le plan national d'adaptation au changement climatique, porté auprès du Premier Ministre, nécessite cette indispensable spatialisation, car si l'adaptation des territoires ne devient pas une priorité des politiques publiques, la précarité s'aggravera encore à l'échelle nationale, sans parler des inévitables et justifiées migrations climatiques. Pour y parvenir, nous manquons d'une vision partagée à décliner localement pour embarquer tous les acteurs des territoires : élus, associations, entreprises, et en premier lieu les habitants. À cet égard, chaque acteur a un rôle à jouer.

Spatialiser les risques, construire le récit

À l'échelle nationale, il y a urgence à spatialiser les risques et à les croiser pour déterminer les priorités et définir ainsi la meilleure façon de s'adapter (face aux inondations, à la submersion, aux vagues de chaleur, mais aussi à la gestion de l'eau potable…). Ce travail rigoureux doit reposer sur les données nationales décrivant avec précision chaque territoire : l'état du parc de bâtiments, la disponibilité des friches, l'acuité des risques majeurs, l'impact des aléas climatiques, l'exposition des populations et des milieux ou encore les causes sociales du risque. Il n'est plus question de demander aux élus s'ils veulent que leur territoire apparaisse sur une carte : si les risques sont connus, ils doivent non seulement être pris en compte aujourd'hui mais aussi être envisagés dans une démarche prospective, car la situation environnementale comme démographique de la fin du siècle reste une inconnue. Sortons des politiques publiques de « tableurs Excel » et cartographions un récit collectif afin qu'il soit partagé : depuis l'école jusqu'aux entreprises, les Français doivent prendre conscience et apprendre à vivre avec les risques qui les concernent. La donnée a ainsi vocation à alimenter un récit culturel porté au plus haut niveau de l'État, déployé sur chaque territoire et défini avec les habitants : apprenons des territoires ultramarins déjà exposés ! À la manière des récits d'anticipation, libérons les imaginaires positifs afin d'accepter les transitions nécessaires. En 2025 s'ouvrira la biennale d'architecture de la région Île-de-France. En tant que co-commissaire avec Cécile Diguet de l'Institut Paris Région, j'y développerai dix récits d'imaginaires pour notre futur, complétés d'exemples et de solutions : un récit culturel croisant des politiques publiques s'exprimant aujourd'hui en silo (comme l'agriculture et l'aménagement pourtant indissociables, mais aussi le logement, la mobilité ou le travail). La réorientation des politiques publiques vers plus de transversalité est inévitable, quitte à renoncer à certains projets — notamment infrastructurels — s'ils entrent en contradiction avec l'adaptation au changement climatique. Transformer le territoire de fond en comble est à ce prix, et ne pourra se faire sans une forte solidarité.

Agir solidairement avec les territoires et les populations les plus exposées

Dans un second temps, je propose de redéfinir l'échelle des territoires les plus exposés (concentration de risques, population fragile, îlot de chaleur intense…) pour agir plus rapidement et efficacement. Les aides à la rénovation, ciblées et sans approche d'ensemble, fonctionnent mal et peuvent conduire à des absurdités (subventionner le polystyrène produit en Asie et découpé par les particuliers dans leurs jardins au mépris de la qualité des sols). Nous devons ainsi mutualiser l'expertise à juste échelle, en priorisant les quartiers les plus exposés et, au-delà de l'isolation des bâtiments, élargir les financements aux sujets d'économie de la consommation en eau, du déploiement d'îlots de fraîcheur, de la préservation des ressources, au service de vrais projets de mutation. À ce titre, la démarche brestoise de Siamorphose, qui envisage l'îlot comme échelle de travail au contact des habitants, pourrait inspirer la mutation des quartiers pavillonnaires et faire émerger de nouvelles solutions.

Stopper la standardisation, développer des projets par territoire

Pour mettre en œuvre ces transformations, il est vain de vouloir massifier des solutions standardisées. Si certaines problématiques sont partagées par nombre de territoires, chacun doit pouvoir bénéficier de solutions « sur-mesure », fondées sur ses propres ressources et construites avec les habitants. Pour reprendre les mots de l'architecte Julien Beller, ce sont « sept millions de projets existants et à inventer » pour repenser toute vie en société. Il s'agit de réapprendre à spatialiser notre démocratie et pour cela de renoncer à certains aspects de nos modes de vie actuels pour retrouver de nouvelles formes de liberté. La transition écologique est l'occasion de rendre nos lieux de vie plus agréables à vivre, plus confortables, de renforcer le lien social, de rendre la ville plus équitable, inclusive et partagée. Ces transformations parlent de notre capacité à habiter ensemble autrement : c'est là que l'on peut s'appuyer sur des projets de paysage ou d'architecture, par exemple, personne n'acceptera la densité sans logements de qualité.

Cette vision pour la France manque encore d'un portage politique fort. Il ne dépend que de notre volonté collective que de l'imposer pour mettre l'entraide au cœur de nos priorités. Voici quelques années, lorsque le sénateur Yves Dauge a remis son rapport sur les quartiers historiques dégradés des villes petites et moyennes, le Premier Ministre de l'époque lui a déclaré : « vous posez un problème de civilisation ». Oui : nous sommes aujourd'hui devant un choix de civilisation. Mais comment être militant dans des cadres existants, comment s'engager ? Hormis à titre personnel, les architectes ont rarement porté à travers leurs institutions une pensée militante d'intérêt public. L'Ordre des architectes avait du retard en la matière : il a fallu quitter une approche corporatiste au profit d'une vision d'intérêt général. Patrick Bouchain, qui ne tient pas particulièrement l'institution ordinale dans son cœur, a su m'encourager à porter une voix militante au service de tous. Depuis le début de ma carrière, j'ai ainsi vu les acteurs de la conception s'engager de plus en plus nombreux, se disant encouragés par cette voie qui s'ouvre et qui est nécessaire : ne serait-ce qu'au Parlement, les professionnels du cadre de vie se comptent sur les doigts d'une main. Ils sont absents de la vie publique comme des débats. Pourtant, chacune et chacun porte une partie du changement. Par mon parcours et mon engagement, je souhaite donner un élan à ceux qui hésitent encore à s'engager : nos pratiques n'évolueront pas sans cela. Nous fabriquerons alors une culture commune qui, je l'espère, donnera une place essentielle à la solidarité et à la préservation de notre maison commune, la Terre.

Née en 1978 au Havre d'un père ingénieur et d'une mère au foyer philosophe et historienne, ma famille a quitté la Normandie pour s'installer à Saint-Germain-en-Laye. Notre maison avait vue sur le grand paysage des grandes Terres de Marly-le-Roi, attisant mon attrait pour la géographie.
Avant-dernière de famille nombreuse, j'ai été élevée en groupe. L'attirance de mes frères aînés pour le bricolage et le sport ont rythmé mon quotidien, de sorte que je pratique la gymnastique rythmique entre création chorégraphique et spatiale, rigueur et technique. Le sport m'a structurée.
Mon sens de l'engagement et du partage est venu de débats politiques familiaux tendus mais courageux. Prendre position me semblait signifier «exister».
Nous randonnions en montagne à travers les paysages du Beaufortain, parlant géologie, gestion de l'eau, topographie, histoire des lieux : les barrages de Roselend et de Saint-Guérin écrivent l'interaction entre l'intervention humaine et le territoire montagnard. Le lien entre géographie et production d'hydroélectricité me fascine.
Mon père, féru de géographie, aimait cartographie et livres, m'amenant à regarder ses atlas, à lire Braudel et Vidal de la Blache, et à redessiner des cartes pour représenter ma vision du monde. Mon intérêt pour le lien entre architecture, eau et grand paysage vient des espaces alpins tant arpentés.
Voulant suivre le chemin paternel et construire des ouvrages d'art, je m'engage dans des études d'architecture. Visiter l'école de Versailles et découvrir les petites écuries du Roi ont fini de me convaincre. J'apprécie les cours de géographie urbaine de Richard Sabatier, insistant sur l'apprentissage du regard et l'observation pour développer l'esprit critique et l'approche transcalaire. Nathalie Régnier-Kagan, Jacques Ripault m'ont façonné une large culture architecturale et notamment la découverte de la Finlande et du génie d'Alvar Aalto.
Le diplôme est un moment marquant en condition réelle d'une commande privée. Suite à un mémoire de master autour du lien entre géographie et construction des villes, la Lyonnaise des Eaux nous commande, avec mon binôme une étude urbaine sur le territoire du champ captant de Flins Aubergenville pour aménager le sol préservant le sous-sol et la nappe phréatique où est stockée l'eau de la région parisienne.
Diplômée de l'Ensav en 2005, je crée mon agence pour poursuivre la collaboration avec les acteurs de l'eau. J'enchaîne dix ans études urbaines et architecturales : protection de la nappe phréatique, construction d'usine d'eau potable, de château d'eau, appréciant le lien avec les ingénieurs. Ce travail est récompensé par le Palmarès des jeunes urbanistes en 2010.
Souhaitant être plus en interaction avec les élus locaux, je rejoins le CAUE de l'Essonne en parallèle de mon exercice libéral, travaillant à l'échelle urbaine (époque du passage du POS au PLU). Les équipes municipales sont parfois démunies face à des bureaux d'étude vendant des documents d'urbanisme copiés/collés. À la naissance de mes enfants, je m'intéresse aux activités de l'Ordre des architectes et au tournant que pourrait prendre la profession.
Je rejoins l'équipe de vacataires de l'École de Versailles pour enseigner en première année, devenant plus tard maître-assistante associée et continuerais à accompagner des étudiants de la première année au diplôme. Intéressée par les instances des écoles, je siège au CA de Paris Malaquais et m'impliquerai plus tard en tant que présidente de l'Ordre pour renforcer les relations entre les écoles et le collège des directeurs des Ensa pour renforcer les liens formations/professions.
Élue à l'Ordre des architectes d'Île-de-France, comme secrétaire générale puis présidente pour porter l'intérêt général et l'intégration des nouveaux paradigmes de la transition écologique et numérique face au réchauffement climatique, je décide de porter attention au vivant, à la réparation de l'existant, à l'utilisation respectueuse des ressources. Nous organisons expositions, conférences et colloques. Je m'investis dans un think tank, la Fabrique écologique, sur le devenir des quartiers pavillonnaires. Lors de la loi LCAP nous défendons la qualité du cadre de vie, et durant la loi Elan celle des logements. Cette dernière ayant mis à mal la qualité architecturale, je participe à la rédaction d'un rapport «Valeurs de l'architecture» commandé par Françoise Nyssen au ministère de la Culture, jamais rendu public.
2020 aura permis une pause productive écrivant avec l'urbaniste Sylvain Grisot «Réparons la ville». Ce manifeste, sorti à l'aube de la campagne présidentielle sans retenir l'attention des candidats, sera repris par de nombreux élus locaux.
Avec mon équipe, nous sommes élus à l'Ordre national en 2021 sur un programme souhaitant redonner place à l'architecture et à l'urbanisme dans le débat public. Nous enchaînons les prises de position d'intérêt général touchant au dérèglement climatique, notamment à travers l'écriture d'un plaidoyer concerté avec les 300 élus de l'Ordre. Nous abordons la financiarisation de la ville et la qualité du logement neuf, fortement dégradée. Auditionnée par la Convention citoyenne pour le climat, je suis chargée d'un groupe de travail sur le logement et la transition écologique pour le Conseil national de la Refondation du président de la République, pour construire des ponts entre les acteurs en charge de l'urbanisme et de l'architecture sur les changements à opérer face à l'urgence climatique.
La transmission, la fabrication de liens et la pédagogie sont mes constantes. Après avoir été enseigné quinze ans, j'ai souhaité m'investir au service d'une École d'architecture d'avant-garde. Dans un contexte écologique et social où la formation est essentielle, je suis nommée en juillet 2024 directrice de l'école nationale supérieure d'architecture de Paris-Belleville.

Port du Havre.

La question essentielle de la réparation de la ville

Éric Piolle, Maire de Grenoble (propos issus d'un échange avec Ariella Masboungi)

Il est réjouissant de voir Christine Leconte dans le trio de femmes nominées au Grand Prix de l'urbanisme 2024. C'est le signe que ce prix cherche toujours à saisir les enjeux précurseurs et les débats du moment. J'ai eu le plaisir d'amorcer un dialogue avec Christine Leconte, aussi bien en direct que par lectures interposées, à la suite d'une première rencontre à l'Institut de la Ville Durable. Elle porte un regard particulièrement riche qui s'adresse dans un même mouvement aux architectes, aux professionnels de toute la chaîne de production de la ville et aux décideurs publics. Elle pointe la dimension essentielle de la réparation de la ville. Ne pas penser uniquement le neuf et les zones d'aménagement pour mieux placer au centre des réflexions la réparation de l'existant, de la construction à la gestion des déchets en passant par la disponibilité des matières premières.

Cette pensée concerne autant la ville dense que les zones pavillonnaires dont la densification est un sujet clé bien que sous-analysé aujourd'hui. La prise en compte des sols, qu'elle prône, sera j'en suis convaincu l'enjeu majeur des prochaines années, que cela soit à des fins de reconnexion avec le vivant, de lutte contre l'artificialisation ou de lutte contre les nouvelles formes de spéculations qui se profilent.

De l'engagement à la pratique du métier en passant par la formation des prochaines générations et le dialogue avec des acteurs très variés, Christine Leconte ouvre des chemins renouvelés pour les architectes et l'ensemble du secteur de la production de la ville.

Oser agir dans des systèmes hostiles

Patrick Bouchain, Grand Prix de l'urbanisme 2019 (propos issus d'un échange avec Ariella Masboungi)

Je suis admiratif de ceux qui osent quitter leur exercice professionnel libéral pour assumer une fonction publique, administrative ou encore au sein d'une institution pour faire évoluer les modes d'exercice au profit d'une vision généreuse pour le territoire. Face aux dérives fréquentes de ces organismes, les intégrer pour s'y confronter est chose rare. Telle a été l'attitude de Christine Leconte qui a pris la direction de l'Ordre national des architectes, non pour le prestige et le pouvoir mais pour s'y confronter. Pour ma part, je n'ai jamais eu que des conflits avec cette institution mais j'ai encouragé Christine dans sa démarche. En effet elle y a été avec courage pour faire en sorte que l'Ordre, qui a été créé pour défendre le titre d'architecte, devienne le lieu qui défende l'exercice de la profession en faveur du bien public. Il s'est également agi de nourrir le mode d'exercice d'approches multiples, culturelles, relevant du design, de l'urbanisme, de l'art et de l'environnement, toutes choses qui ont été mon leitmotiv dans ma vie professionnelle. J'ai alors affirmé à Christine mon soutien total tout en l'alertant sur le fait qu'elle recevrait des coups et serait combattue. Elle est un être éminemment politique et a même été tentée par une carrière politique pour défendre ses idées mais a préféré l'exercice qui a été le sien pour ce faire. Je l'ai encouragée à candidater à l'Ordre national, ce qui paraissait inatteignable. Or elle a été élue et je l'ai soutenue pour ma part dans une interview au journal Le Monde me réjouissant de cette performance dans laquelle je mettais beaucoup d'espoir. Christine Leconte correspond à mon sens à l'attente face à un Grand Prix de l'urbanisme : fuir le consensus et agir pour que faire bouger les choses dans un contexte qui paraît impossible, dans le cadre d'une institution qui n'était pas prête à évoluer.
Nous avons eu peu de rencontres lors de son mandat mais je me souviens d'un beau débat à Caen avec elle et Alexandre Chemetoff. Je lui ai suggéré à cette occasion d'élargir son approche à l'Europe et à d'autres professions, ce qu'elle a entrepris.
Mais au-delà de ses réussites nombreuses, de ses tribunes, de ses prises de position publiques en faveur d'une autre manière de construire et d'aménager le territoire, elle s'est heurtée à des écueils qui expliquent son départ de sa fonction de présidente pour s'attaquer à une tâche non plus aisée : l'enseignement de l'architecture en dirigeant l'école d'architecture de Paris Belleville. Elle y fera preuve de la même attitude : entrer dans un système pour le faire évoluer, quitte à prendre des coups et à être à rebrousse-poil. L'école de Belleville a toujours fait partie de ce qui était considéré comme l'excellence en la matière, une école académique. Mais dans un système figé se sont nichées des innovations multiples de petite taille comme celle de l'architecture de l'urgence, le traitement des risques, et le réemploi.
J'ai encouragé Christine à prendre appui sur ces signaux faibles pour régénérer l'école et la diversifier. S'orienter vers la réhabilitation et la reconversion, devenues attractives pour le marché, s'impose et amène à une évolution significative de l'enseignement.
Les logiques de marché, la demande sociale, les exigences environnementales interdisent que l'on demeure sur le modèle historique de la formation des architectes. L'école pourra bénéficier de tout l'investissement de CL en la matière pour prendre un nouveau tournant.
À sa demande je lui apporterai soutien et conseils si elle le souhaite.
J'ai du respect pour les gens courageux, et tout particulièrement pour les femmes courageuses. Je rajouterai pour les femmes architectes courageuses qui n'ont pas la place qui leur revient dans le monde contemporain, qui plus est pour celles qui osent des défis apparemment hors de portée dans des institutions qui y sont a priori hostiles.

Un Grand Prix de l'urbanisme

Matières, Manières

Consultation des experts et débats du jury

Un nouveau contexte pour l'action urbaine

Ariella Masboungi

Le contexte en ce printemps 2024 est particulier sans pour autant être nouveau, malgré une perception plus vive des effets du changement climatique renforçant celle de la précarité sociale, sur fond de confusion démocratique. Les défis à relever pour les urbanistes n'en sont que plus prégnants.

La question écologique n'est pas nouvelle, tant s'en faut ! Mais elle interpelle de plus en plus la question urbaine appréhendée au sens large du terme : artificialisation des sols, agriculture, effets cumulés des sécheresses et des inondations, recul du trait de côte, pollutions... Elle va jusqu'à interroger le fait de construire car le béton, même « bas carbone », est nocif et les alternatives rares et coûteuses. Les sujets sont nombreux : le rôle de la voiture, indispensable dans les territoires peu denses, est à adapter en termes d'usages au regard de ses conséquences énergétiques, d'émissions de gaz à effet de serre et de pollution aérienne, tandis que la mutation électrique n'est encore pas pour demain ; les énergies renouvelables se généralisent lentement, la maison individuelle peine à muter vers un modèle plus dense tout en restant un idéal à atteindre pour beaucoup. Ces interrogations parmi bien d'autres nourrissent une prise de conscience éthique quant à la responsabilité individuelle de ce que nous consommons, en France comme à l'international. Une « empreinte carbone » que l'on ne calcule pas assez.

Dans ce contexte, la question démocratique n'est pas mineure. Si les élus locaux ont longtemps échappé au désamour des habitants, ils sont désormais confrontés à différentes formes de violence et leurs décisions peinent à s'appliquer face à des oppositions de plus en plus confuses, désordonnées, parfois radicales. Comment dès lors lancer voire même poursuivre de grands projets, même en les faisant évoluer pour répondre plus directement aux aspirations, sans compter que le modèle économique dit équilibré des opérations d'urbanisme souffre grandement, appelant sa révision.

Malgré l'amélioration des processus de concertation en France, le désir de participation se traduit malheureusement trop souvent par une réaction de refus plus que de co-construction. Même si nombre de collectivités tentent de construire des consensus pour l'avenir (comme dans le cadre du grand débat à Nantes), il reste très difficile de toucher toutes les couches sociales et le résultat de la participation citoyenne n'est pas aisément communicable à l'ensemble des citoyens, posant la question de la représentativité des dispositifs.

Malgré l'urgence à engager la transition écologique des territoires, les décideurs ont de plus en plus de mal à prendre des arbitrages nécessairement impopulaires car touchant à la liberté de construire, ou contraignants au quotidien, comme lorsqu'il faut articuler les dispositifs de gestion de la ressource (eau, énergie), des déchets ou de mobilité. Échapper à l'impasse d'un dialogue de sourds entre deux radicalismes (*business as usual* d'un côté, approche écologique inflexible de l'autre souvent assortie de *small is beautifull*) reste un défi.

Face à un vocabulaire courant associant « projet urbain » à « opération d'urbanisme », il est nécessaire d'affirmer que l'urbanisme concerne « tout » le territoire, urbanisé ou non ! Porter un projet urbain, c'est produire une vision de ce qu'un territoire habité peut et veut devenir, en établissant du lien entre les espaces et entre les fonctions. Il s'agit désormais de moins se centrer sur les opérations urbaines des métropoles pour dépasser l'échelle de la seule ville dense et penser le reste du territoire en termes d'aménités, d'économie et de transports. Comment donner sens à l'objectif de « bien habiter la France », partout sur le territoire ? Comment développer le savoir-faire de la reconquête de l'existant ? Comment densifier sans construire ? Comment intégrer l'ensemble des sujets dans une vision projectuelle ? Comment penser un « Projet France » qui intégrerait *les territoires oubliés* ?

Des sujets moins connus émergent qui touchent aux modes de vie, au confort urbain, à la santé, voire au plaisir de la ville, qui sont des enjeux majeurs, peut-être même des enjeux de civilisation. Aimer la ville, c'est la pratiquer à pied, faire l'expérience de l'altérité tout en étant ensemble, jouir de la surprise, de l'inattendu, et de bien d'autres choses. Cela implique de questionner le droit à la ville, et d'engager la réflexion sur un « urbanisme féministe » comme sur la ville équitable et l'intégration des questions de précarité. Cela induit aussi un rapport au temps différent. Si le temps long est de mise pour les stratégies à mener, le temps court s'impose vis-à-vis de la demande sociale comme de l'urgence climatique qui exige de se donner des feuilles de route pour agir sans attendre.

Qu'attendre alors de l'urbanisme ? Sans doute une pensée complexe et non des messages simplistes (la « ville du quart d'heure ») ainsi qu'une clarté d'expression issue d'une pensée limpide, capable de s'éloigner du politiquement correct et de situer sa pensée et son travail par rapport aux défis sociétaux, environnementaux et urbains. Quitte pour cela à sortir de la simple réponse aux commandes relevant de l' « opération d'urbanisme » pour ouvrir des pistes d'avenir et des horizons à même de donner confiance, dans un monde de plus en plus incertain et complexe.

Porter un message optimiste en temps incertains

Antoine Petitjean

Être en capacité de faire avancer une discipline en croisant pensée et action : pour Philippe Mazenc, Directeur général de l'Aménagement, du Logement et de la Nature, voilà LA qualité première dont doit être dotée la personnalité du Grand Prix de l'urbanisme. Le tout sur fond d'une «époque déstabilisante qui appelle à faire preuve d'intelligence mais aussi à travailler les imaginaires» rappellera Ariella Masboungi en introduction. Les deux tours se situant à cheval de l'annonce inattendue de la dissolution de l'Assemblée nationale à l'issue des élections européennes, le jury 2024 se trouve confronté aux soubresauts d'une période politique incertaine à l'échelle nationale. Un trouble diffus qui, s'il s'est ressenti en fond de toile, n'a pas empêché les 16 membres du jury de se positionner tout en questionnant le sens profond à donner au Grand Prix, tout à la fois récompense et encouragement, vecteur de mise en lumière des mondes de l'urbanisme et plateforme de débat critique sur ses défis contemporains.

Un premier tour de jury pour dresser un «paysage des incertitudes»

Outre les préoccupations propres à chacun en ce printemps 2024, le premier tour de jury débutera par une mise au point : Emmanuelle Cosse, citée à plusieurs reprises dans le cadre de la consultation préalable des experts, appellera explicitement le jury à ne pas voter pour elle afin, entre autres, de ne pas brouiller le message du prix en regard de ses engagements de présidente (alors en fin de mandat) de l'Union sociale pour l'habitat. Cette dernière d'enclencher le débat sur une question ouverte, à l'appui des conclusions de la consultation préalable rappelées par la commission technique : «comment se positionner face à des personnalités qui, année après année, continuent d'être citées par les experts comme légitimes lauréats potentiels du Grand Prix de l'urbanisme ?» Reconnaissant que toutes disent quelque chose de la réalité des métiers de l'urbanisme, Emmanuelle Cosse de souligner l'absence d'évidence à l'heure de faire face aux crises écologiques et sociales et à leurs multiples déclinaisons. S'il devient urgent d'échafauder de nouvelles méthodes au service de nouvelles visions, «qui peut être en mesure d'incarner un aménagement inclusif qui n'accélère pas la ségrégation sociale s'exprimant sur l'ensemble du territoire national» ? Emeline Cazi enfoncera le clou : «le changement climatique et ses implications sociales nous placent au pied du mur ; la question centrale est désormais de mettre en place

une gestion de la pénurie qui ne laisse personne sur le côté de la route». Sophie Ricard rebondira en dézoomant encore : «quelle valeur accorde-t-on aux métiers de l'urbanisme à l'heure de changer nos prismes de pensée et d'actions ?» Le Grand Prix devrait «redonner confiance aux institutions, aux corps intermédiaires comme aux administrations locales, c'est-à-dire aller au bout du processus de décentralisation» en replaçant les bassins de vie, renforcés dans leurs ingénieries locales, au cœur des politiques de territoires.
Forte de son expérience d'aménageur, Sarah Bellier soulignera la difficulté à faire face, au quotidien, aux injonctions paradoxales dans un contexte d'accélération et de multiplication des crises, un propos repris par Nathalie Moutarde qui y ajoutera la nécessité de mieux relayer l'acceptation, de plus en plus complexe, des projets par les citoyens. Catherine Sabbah alertera pour sa part sur la crise démographique qui s'amorce sur le vieux continent, en particulier en France. Soulignant l'impact massif (et pas seulement spatial) de la décroissance et du vieillissement de la population sur les systèmes urbains occidentaux, cette dernière appellera à mettre en lumière un parcours «en dehors des clous institutionnels, apte à enclencher des dispositifs performatifs» tout en dénonçant la sous-représentation des femmes récompensées depuis l'origine du prix. Florian Bercault s'inscrira en continuité de ces propos, soulignant la nécessaire prééminence de la dimension politique du prix tout en appelant à faire un pas de côté pour débusquer des profils issus du monde de la culture ou de l'économie, rejoint en cela par Aldo Bearzatto qui proposera d'aller puiser dans le vivier des acteurs de terrains capables de créer du débat sur les enjeux contemporains.
Hélène Peskine nuancera ces propos en rappelant la vertu du long terme en urbanisme. Dans un monde où les repères évoluent rapidement, «mettre à l'épreuve du terrain ses méthodes et ses idées, se coltiner le quotidien du projet est une qualité à ne pas minimiser dans le cadre du Grand Prix». Reprenant la terminologie proposée par la commission technique, Philippe Estèbe se prononcera en faveur des «discrets indispensables», rappelant que selon lui, le Grand Prix de l'urbanisme devrait «s'inspirer du Goncourt plus que du Nobel», c'est-à-dire récompenser une œuvre en train de se faire plutôt qu'honorer un parcours arrivé à son acmé. Robert Pyka, membre européen du jury mettra enfin en avant son «regard polonais» pour ajouter une crise à celles déjà évoquées : la crise militaire questionnant la fragilité de l'organisation métropolitaine en Europe occidentale, «centralisée et peu résiliente», convoquant l'instabilité géopolitique liée à la guerre en Ukraine dans les débats, ajoutant à l'inquiétude ambiante de ce premier jury lucide.
Impulsant un peu d'optimisme, Philippe Mazenc esquissera alors l'horizon d'un second tour de jury, s'inscrivant dans l'idée collective de mettre à l'honneur une pratique du «pas de côté», à condition «qu'il ne soit pas un feu-follet». Ce dernier de donner comme feuille de route au jury de

débusquer une personnalité « intégratrice et disruptive » : en soi un défi. Après trois tours de vote, le jury sélectionnera ainsi trois nominées, se félicitant du panel féminin retenu : l'experte en économie urbaine Isabelle Baraud-Serfaty, Christine Leconte, alors encore présidente du Conseil national de l'Ordre des architectes (CNOA) et Claire Schorter, fondatrice de l'agence Laq.

Un second tour de jury pour proposer un horizon optimiste

Quelques jours après les élections européennes, les débats ne pouvaient manquer de faire écho à l'incertitude de la situation politique, dans un jury mêlant participants à distance et procurations aux jurés réunis dans la paroi Sud de la Grande Arche de La Défense. Philippe Mazenc lancera les travaux du jury en appelant à une prise de distance pour mieux expliciter, par le débat, le sens profond du Grand Prix de l'urbanisme. Un appel qui sera moyennement entendu, les échanges ayant tôt fait de se concentrer sur les trois « autobiographies scientifiques » remises par les nominées. Force est de constater l'aubaine d'un panel 2024 dessinant la chaîne des métiers de l'urbanisme, allant de l'assistance aux maîtres d'ouvrage, en l'occurrence aux manettes des montages économiques de projets (Isabelle Baraud-Serfaty) aux « faiseurs » de la maîtrise d'œuvre urbaine et architecturale (Claire Schorter) en passant par les « militants institutionnels » dotés d'une épaisseur politique apte à imposer des sujets dans le débat public (Christine Leconte). Aussi, Ariella Masboungi soulignera en propos liminaires la complémentarité des trois profils tout en ciblant les aspects à interroger selon elle : un profil de conceptrice à la fois sensible et efficace mais « questionnant sa propension à intégrer l'enjeu politique » (Claire Schorter); un profil analytique de haut niveau qui a fait ses preuves auprès des aménageurs mais qui « questionne dans sa capacité à être situé dans le monde de l'urbanisme, a fortiori prospectif » (Isabelle Baraud-Serfaty) ; un profil, enfin, d' « activiste engagée » au sein d'un ordre professionnel partiellement revigoré par son action, qui « questionne de fait sa part en propre au sein d'un organisme d'une telle portée, dans un exercice complexe d'incarnation de la fonction ».

Trois femmes puissantes

Malgré la crainte de le galvauder, reprendre le titre du roman de Marie NDiaye est tentant dans le contexte de ce Grand Prix 2024. L'entre-deux tours de jury a permis aux trois nominées de livrer des textes puissants, nuancés et inspirants, descriptifs de démarches alternatives soumises à l'appréciation du jury. De fait, outre le constat partagé de la cohérence de leur choix initial, les jurés s'accordent en préambule sur… l'absence d'évidence a priori, reconnaissant unanimement un exercice difficile. Comment départager ces trois formes d'engagement toutes valeureuses et sincères ? Jérôme Goze appellera à ne pas rester sur une première lecture des textes et, appuyé par Sophie Ricard, à dépasser l'apparente triade des personnalités (l'urbaniste « intellectuelle », l'urbaniste « politique » et l'urbaniste « praticienne ») pour mieux explorer leurs particularités respectives. Hélène Fernandez appellera à se pencher sur les différences plus que sur les complémentarités tout en rappelant que ces trois personnalités sont, qu'elles le revendiquent ou non, des « voix féministes, en tant que professionnelles fortes et surtout indépendantes ».

Isabelle Baraud-Serfaty sera louée pour son texte offrant une lecture perçue comme passionnante même si difficile voire ardue, illustrant une démarche foisonnante qui pourrait aboutir à l'énonciation de nouveaux montages économiques nécessaires aux territoires, et plus généralement à esquisser des perspectives claires pour les acteurs de l'urbanisme, notamment au plan national. L'opiniâtreté de l'urbaniste à ne pas être « casée » dans un domaine en particulier, préservant sa liberté conceptuelle et sa curiosité professionnelle au mépris d'un supposé défaut de lisibilité sera saluée et perçue comme la volonté farouche de battre en brèche toute réduction du spectre de l'urbanisme. La notion transversale de partage, au cœur du texte, de nature à interpeller les aménageurs, fût jugée plus que stimulante, appelant la nominée à mettre encore plus les mains dans le cambouis des bilans économiques pour aller au bout de l'exercice en prenant position sur des enjeux nationaux.

À l'heure du bilan de son mandat de présidente du CNOA, Christine Leconte sera louée pour un engagement dont elle explore les différentes déclinaisons dans son texte, jugé par certains un peu elliptique bien qu'explicitant utilement la justesse (voire l'abnégation, elle aussi saluée) de ses motivations. Si cette dimension assumée de porte-drapeau est, selon les jurés, à porter au crédit de la nominée, elle interroge quant à l'explicitation, complexe dans une fonction de représentation, de ses apports personnels dans la mécanique d'un lobby aux maintes ramifications. Le militantisme de la nominée, tout comme son goût du contact des élus de tous bords sans oublier son engagement dans la formation des jeunes praticiens, décrits avec passion dans le texte, seront remarqués. Cette aptitude à parler à l'immense diversité des acteurs de l'urbanisme, des habitants aux élus en passant par l'éventail des professionnels et des acteurs économiques est un atout-maître à l'heure de rassembler les forces vives et d'expérimenter des alternatives viables. C'est aussi dans sa capacité à agir auprès de ceux qui écrivent la commande urbaine et territoriale que l'ancienne présidente est saluée, mettant à profit la sincérité de son engagement au service de la vulgarisation d'un métier trop souvent jugé hermétique par les citoyens.

D'abord questionnée quant à sa propension à monter en généralité à partir de ses expériences de terrain, Claire Schorter finira par cristalliser les échanges autour de sa pratique du projet. Ses principaux terrains d'action (les métropoles et territoires urbains économiquement attractifs) seront un sujet de controverse, les uns saluant une conceptrice capée dans des contextes de haute complexité opérationnelle, les autres soulignant une relative « facilité » à opérer au sein d'épicentres urbains dotés d'une ingénierie excellente et d'outils opérationnels affûtés. Un faux débat pour d'autres encore, qui rappellent le talent et l'agilité tactique de la conceptrice en milieu métropolitain, sujet parfaitement légitime et contemporain. D'autant que l'urbaniste ne rechigne pas à se coltiner des sujets moins bien cernés, quitte à « aller à la castagne » lorsque cela lui semble nécessaire. Aussi, agir depuis l'intérieur du système de production de la ville pour le transformer en douceur semble lui être un trait distinctif unanimement reconnu. Tout comme la dextérité à manier les échelles du projet, Claire Schorter jouant avec le parcellaire comme avec la granulométrie des espaces et des architectures à l'appui d'une grande précision.

L'urbaniste, attentive à la diversité des espaces, c'est-à-dire à la diversité des êtres qui les habitent, sera enfin louée pour sa ténacité et sa capacité à tenir un discours parfois radical mais toujours avec douceur, tout comme à porter des projets forts mais dotés de nuances et de subtilité, la limpidité de ses prises de position et de leurs conséquences spatialisées étant jugée peu commune. Ce talent à manier des arguments pragmatiques et à convoquer le quotidien dans la fabrique de la ville pour mieux le hausser à la hauteur des grands projets et finalement l'imposer sur la table des arbitrages n'est certes pas la moindre des qualités du Grand Prix de l'urbanisme 2024 !

Rafraîchir le paysage des métiers de l'urbanisme

Contrairement à certaines années, la consultation des experts n'aboutit pas à l'émergence claire d'une personnalité ou d'un collectif qui aurait particulièrement le vent en poupe, malgré un « peloton de tête » bel et bien présent. Dans la pluralité des propositions, la commission technique a repéré cinq « familles » d'acteurs qui se répondent et, d'une certaine manière, dressent le portrait d'une pratique professionnelle diverse qui assume de mettre en avant à la fois des profils plus discrets et plus alternatifs. Et ce faisant, de décrire d'une nouvelle manière la chaîne des acteurs nécessaires à la pratique, collective, de l'urbanisme. Même si d'autres clefs de lecture, plus thématiques, sont envisageables. À ce titre, la question du logement sous ces différentes facettes (des politiques territoriales à leurs concrétisations en projets urbains et architecturaux) occupe le devant de la scène. C'est aussi le cas du rapport urbain/agriculture/nature, exploré par une diversité croissante d'acteurs (associations, expérimentations institutionnelles et artistiques, praticiens, chercheurs et enseignants). À noter également dans le panel proposé par les experts, la présence de métiers engagés en matière d'assistance à maîtrise d'usage, esquissant de nouvelles interfaces entre pratiques tout en faisant part belle à la médiation artistique et culturelle au cœur du projet urbain.

Dans le spectre assez large des personnalités proposées on retrouve d'abord, sans surprise mais avec une conviction réaffirmée dans l'argumentation des experts, une petite dizaine de noms présents pour certains de (très) longue date. Ces derniers sont principalement issus de la conception urbaine et architecturale, et pour deux d'entre eux d'une recherche en urbanisme appliquée au travers d'engagements professionnels divers. Sont mis en valeur des parcours jugés remarquables dans l'idée de valoriser une trajectoire inspirante au titre de sa cohérence et/ou de son caractère pionnier. Mais aussi une capacité à transmettre et à partager des connaissances et des convictions, via l'enseignement ou l'édition tout en défrichant de nouvelles capacités d'action. Parmi les concepteurs figurent le duo TVK dont l'engagement de longue date sur les rôles des infrastructures, ainsi que les interventions métropolitaines et la livraison récente du village des médias sont mises en avant ; Jean-Marc Bichat salué pour son engagement de long terme pour un renouvellement urbain plaçant l'enjeu du logement au cœur du projet urbain ; Philippe Madec, personnalité fédératrice pour les acteurs engagés en matière de bifurcation environnementale, le lien étant fait avec le Manifeste pour une frugalité heureuse dont il est cofondateur. Mais également Claire Schorter notamment pour son travail sur l'île de Nantes ou Anne-Mie Depuydt saluée, outre ses projets de longue haleine, pour son récent travail de coordination urbaine (village des athlètes). Sur un autre plan, sont cités Jean-Marc Offner et sa mobilisation à cheval entre recherche et planification/prospective en lien avec les enjeux de mobilité, ou encore Sébastien Marot, pour son effort historique et théorique en lien avec les sujets de paysage et d'agriculture.

Une deuxième famille correspond à des personnalités aux formations et parcours plus inhabituels, qui ont en commun de pointer des enjeux complexes, de nommer les crises pour engager le débat public au niveau national et de proposer des leviers d'action plus que d'apporter des réponses spatialisées à travers leur pratique. Ce, dans un climat de relative inquiétude quant à la capacité collective des urbanistes d'être à la hauteur des enjeux contemporains, transition environnementale et défis sociaux en tête. Régénérer la compréhension de dynamiques fondamentales (le logement, la mobilité, l'économie des territoires) impose de se placer entre les domaines d'expertise et les champs d'action. Outre leurs compétences et profondeur d'analyse, ces personnalités sont souvent mentionnées pour leur capacité à relier les domaines d'action et, ce faisant, amorcer une redéfinition des méthodes du projet urbain et des cadres de réflexion et d'action en matière d'aménagement, quitte à puiser dans des formes de militantisme plus ou moins institutionnalisé. À cet égard, la personnalité d'Emmanuelle Cosse (présidente de l'Union sociale pour l'Habitat) émerge clairement, ainsi que celle de Catherine Sabbah (Idhéal), toutes deux issues du journalisme et présentes dans les débats relatifs aux politiques de logement, d'un point de vue opérationnel ou plus réflexif à l'appui de think-tank échafaudés à dessein. Sur un autre plan, le travail d'Alexandre Labasse (directeur général du Pavillon de l'Arsenal) apparaît comme un maillon essentiel de vulgarisation et d'animation du débat public en matière d'urbanisme.

Une troisième génération, de « jeunes » acteurs confirmés, se révèle comme inspirante dans son agilité à renouveler les métiers de l'urbanisme et à miser sur l'énergie et l'intelligence du collectif (quitte à brouiller ce qui relève des personnalités individuelles et du groupe). Ils cherchent des voies de consolidation à l'urbanisme « transitoire » ou « tactique » dont ils ont été les figures de proue, et se saisissent de nouveaux terrains d'expression, au cœur des métropoles mais aussi au-delà. Ainsi, Nicolas Détrie, fondateur de Yes We Camp, continue d'expérimenter une nouvelle manière d'intégrer la participation directe et la capacitation citoyenne pour moduler la programmation des projets urbains tandis que Paul Citron, cofondateur de Plateau Urbain, consolide une nouvelle approche de la promotion immobilière, esquissant de nouvelles logiques économiques. Mathieu Delorme (depuis 2023 directeur de l'ENSVA – Paris Est) œuvre à la transversalité des métiers de l'aménagement (urbanisme, paysage et architecture) fidèle à l'« hypothèse collaborative » qu'il porte en tant que fondateur de l'Atelier Georges. Parmi ces défricheurs de territoires et sujets nouveaux mais sur un tout autre plan, Pierre Janin (Fabriques) avance la notion d'« urbanisme agricole » pour qualifier sa pratique à l'interface entre architecture, paysage, urbanisme et agriculture, non sans échos à certaines des figures tutélaires citées ci-avant.

La quatrième famille se réfère aux personnalités trop souvent assimilées de manière réductrice à l'« assistance à maîtrise d'ouvrage ». Ce faisant, les experts expriment le souhait de réhabiliter ce rôle « d'urbaniste de l'amont » tel qu'endossé par les personnalités citées : une pratique de projet au plein sens du terme, discrète mais cruciale, aux antipodes d'un exercice technique hyperspécialisé. C'est alors la capacité à traduire les enjeux à la confluence des métiers de l'aménagement qui est mise en valeur. Bien qu'elle pourrait figurer dans la catégorie précédente, Gwenaëlle d'Aboville à la tête de l'Agence Ville Ouverte comme Guillaume Hébert (associé fondateur d'Une Fabrique de la Ville) présentent une nouvelle manière d'agir aux sources du projet urbain et territorial. Le groupement Acadie fait, quant à lui, figure de « grande référence » dont l'excellence des analyses et la qualité d'accompagnement des acteurs et gouvernances du projet continue d'inspirer.

Enfin, la famille des aménageurs est saluée en ce printemps qui a particulièrement mis en valeur la dimension opérationnelle de ce métier avec la livraison des villages et installations olympiques. Ce sont bien les « grands projets » et la capacité d'action d'acteurs chevronnés qui sont cités ici, dans des contextes métropolitains outillés. Il s'agit de saluer un savoir-faire et une chaîne efficace de « production de la ville », qui met toutefois en lumière le contraste entre territoires outillés/dotés et les autres. Non sans nuance : Virginie Vial est citée dans sa capacité à poursuivre le « grand projet nantais », référence hexagonale, tout en imposant le sujet climatique au cœur de l'île de Nantes tandis que Nicolas Ferrand est salué certes pour la réalisation dans des temps records des villages mais aussi pour les pas concrets en matière de décarbonation de la construction et de l'exigence de la phase « héritage ».

Texte de synthèse issu du rapport de la commission technique (analyse de la consultation des experts), coécrit par Delphine Négrier, Antoine Petitjean et Océane Ragoucy

Le président

Philippe MAZENC – Directeur général de l'aménagement, du logement et de la nature (DGALN).

Diplômé de l'Institut d'études politiques de Bordeaux, ancien administrateur des affaires maritimes, Philippe Mazenc commence sa carrière à la direction régionale des Affaires maritimes de Haute-Normandie. Il travaille un temps au ministère de l'Équipement puis à la direction du Budget à Bercy avant de devenir sous-directeur de la législation de l'habitat et des organismes constructeurs à la direction de l'habitat, de l'urbanisme et des paysages, au ministère de l'Environnement, de l'Énergie et de la Mer.

Il est ensuite nommé directeur régional et interdépartemental adjoint de l'hébergement et du logement de la région Île-de-France. Secrétaire général pour les affaires régionales auprès du préfet de la région Bretagne, préfet de la zone de défense et de sécurité Ouest, préfet d'Ille-et-Vilaine, de février 2019 à janvier 2023, Philippe Mazenc fut ensuite directeur adjoint du cabinet du ministre de la Transition écologique et de la Cohésion des territoires, avant d'être nommé Directeur général du logement, de l'aménagement et de la nature en août 2023.

Les membres de droit

Simon TEYSSOU – Architecte-urbaniste, Grand Prix de l'urbanisme 2023

Il a fondé l'atelier du Rouget, dans le Cantal. Il est directeur de l'école nationale supérieure d'architecture de Clermont-Ferrand. Il a reçu le Global Award For Sustainable Architecture en 2023 et a été nominé pour le Grand Prix national de l'Architecture (2022).

Hélène FERNANDEZ – Architecte-urbaniste, directrice adjointe au directeur général des patrimoines et de l'architecture, chargée de l'architecture, ministère de la Culture

Architecte et urbaniste générale de l'État, docteure en architecture et urbanisme (Université Paris 8), elle a exercé dans plusieurs agences d'architecture avant de rejoindre la fonction publique. Entre 2009 et 2013, en charge de Paris Métropole et des coopérations territoriale, elle a conseillé le maire de Paris Bertrand Delanoë. De 2014 à 2018, elle exerce les fonctions de sous-directrice de l'architecture, de la qualité de la construction et du cadre de vie au ministère de la Culture. Entre 2018 et 2023 elle est chargée de l'égalité entre les femmes et les hommes et de la lutte contre les discrimination au ministère de la Transition écologique et de la Cohésion des territoires.

Les élus

Florian BERCAULT – Élu en 2020 maire de Laval et président de Laval Agglomération,

Diplômé de Sciences Po et HEC, Florian Bercault a participé en tant qu'entrepreneur au développement d'une plateforme de financement participatif dédiée aux énergies renouvelables avant de fonder une société d'analyse et d'évaluation des jeunes entreprises pour déceler leur potentiel de développement au jour de critères financiers, sociaux et environnementaux.

Les personnalités internationales

Robert PYKA – Sociologue, professeur de l'université de Silésie à Katowice (Pologne).

Ancien directeur scientifique de l'Institut de sociologie, il est depuis 2019 doyen adjoint chargé de la recherche et de la coopération internationale de la faculté des sciences sociales. Ses recherches portent sur l'évolution de l'État et des institutions territoriales dans le contexte de la globalisation et au regard des phénomènes de métropolisation.

Les professionnels

Henri BAVA — paysagiste, Agence Ter, Grand Prix de l'urbanisme 2018

Après une enfance en Tunisie puis à Paris, Henri Bava consacre le début de ses études à la biologie végétale avant de s'orienter vers le paysage dont il sera diplômé en 1984 (ENSP Versailles). Il fonde l'Agence TER en 1986 avec Michel Hössler et Olivier Philippe et s'ancre en Allemagne au début des années 2000. Nommé professeur titulaire et directeur du département paysage de la faculté d'architecture de l'Institut de Technologie de Karlsruhe (KIT), il reviendra piloter l'Agence TER Paris en 2007 et, dès 2010, sera appelé à enseigner dans le cadre de studios à la Graduate School of Design de Harvard. En tant qu'associé de l'Agence TER, Henri Bava a reçu le Grand Prix de l'urbanisme en 2018.

Sarah BELLIER – directrice générale de l'Établissement public d'Aménagement Nice Ecovallée

Juriste de formation, Sarah Bellier est titulaire d'un Mastère en management stratégique des ressources humaines (HEC). Ses expériences de cadre dirigeante dans le secteur public l'auront entre autres conduite chez Côte d'Azur Habitat (bailleur social de la Ville de Nice) où, de responsable des ressources humaines à secrétaire générale, elle sera amenée à piloter la transformation de l'établissement public vers son nouveau statut à caractère industriel et commercial.

Emmanuelle COSSE – Présidente de l'USH, ancienne ministre du Logement

Emmanuelle Cosse a un long parcours d'engagement. Militante de la lutte contre le sida dans les années quatre-vingt-dix, elle fut la première présidente d'Act Up. Juriste de formation, elle est devenue journaliste, avant de s'engager en politique en 2009. Âgée de 44 ans, Emmanuelle Cosse fut secrétaire nationale du parti écologiste EELV. Elle a été ministre du Logement et de l'Habitat durable (2016-2017), après avoir été Vice-Présidente au Logement à la Région Île-de-France. Elle dirige aujourd'hui MTEV Consulting, société de conseils en matière de logement, aménagement et de la ville durable. Elle préside également l'ESH Coallia Habitat.

Philippe ESTÈBE – Directeur d'études sénior chez Acadie Coopérative

Diplômé de Sciences Po Paris en 1982, il est docteur en sciences politiques et en géographie (1999). Spécialiste de l'aménagement du territoire, notamment au sein des quartiers populaires il a piloté l'évaluation nationale de la «politique de la ville» au début des années 1990. Après avoir enseigné à Sciences Po Paris, il a dirigé l'Institut des hautes études d'aménagement et de développement des territoires en Europe. Professeur associé au conservatoire national des arts et métiers, il est directeur de publication de la revue Tous Urbains et exerce en tant que consultant.

Jérôme GOZE – Directeur de la Fabrique de Bordeaux Métropole (La Fab)

Architecte et urbaniste général de l'État, directeur de La Fab, il est enseignant à Sciences Po Bordeaux. Attentif aux enjeux relatifs à l'habitat et à l'emploi sur la métropole bordelaise, il relie en tant qu'aménageur et par le projet les pratiques allant des sciences politiques à l'architecture, par ailleurs attaché à valoriser l'expertise étudiante, apte selon lui à requestionner les pratiques professionnelles et la conception des villes de demain. Il a dirigé l'opération campus de l'Université de Bordeaux (2009-2013) et a été délégué territorial adjoint de l'Anru (Département de la Gironde, 2006-2009).

Hélène PESKINE – Secrétaire permanente du Puca jusqu'à septembre 2024.

Architecte et urbaniste en chef de l'État, Hélène Peskine est depuis le 1er octobre 2024 directrice des programmes et directrice générale adjointe en charge de la coordination du réseau territorial du Cerema, après avoir été secrétaire permanente du Plan Urbanisme Construction Architecture (Puca) de 2017 à 2024. Elle a occupé précédemment la fonction de directrice adjointe de Cabinet auprès de la ministre de l'Environnement, de l'Énergie et de la Mer, après avoir été sa conseillère en charge de la transition énergétique, du climat, de l'écomobilité et du bâtiment durable.

Sophie RICARD – Membre de Notre Atelier Commun, Palmarès des jeunes urbanistes 2020

Architecte et urbaniste, elle est co-directrice de la Preuve par 7 (démarche expérimentale d'urbanisme, d'architecture et de paysage) initiée par Patrick Bouchain et cofondatrice de l'Hôtel Pasteur (Rennes). Elle a, entre autres, piloté le dispositif de Permanence architecturale à Boulogne-sur-Mer (réhabilitation de 60 logements en site occupé).

Catherine SABBAH – Déléguée générale de l'institut des hautes études pour l'action dans le logement (Idhéal)

Ancienne journaliste aux *Échos* et présidente de l'Association des journalistes de l'habitat et de la ville, elle a été commissaire de l'exposition « Hôtel Métropole » au Pavillon de l'Arsenal (Paris, 2019). Elle a fondé l'Idhéal pour faciliter le partage de connaissance entre les acteurs de l'habitat et proposer des formations aux élus, responsables politiques et autres acteurs publics et privés de la fabrique de la ville.

Les personnalités qualifiées

Aldo BEARZATTO – Cofondateur du festival Close-Up dont il est directeur artistique, il est animateur-producteur de l'émission La Fabrique Urbaine.

Titulaire d'un DESS Urbanisme et aménagement du territoire (Institut français d'urbanisme, Paris 8), il s'est formé en montage d'opérations en Aménagement Urbanisme et Immobilier (Euromed-Management-EFE). Il est désormais responsable urbanisme de Nantes Métropole après avoir été chef de projet en charge du logement d'utilité publique pour le Canton de Genève.

Emeline CAZI – Journaliste au *Monde*

Emeline Cazi est journaliste au *Monde*, chargée de la rubrique ville et urbanisme, depuis le printemps 2020. Elle écrit à la fois sur les grands projets, les politiques urbaines, les territoires, mais aussi sur les questions climatiques et de transition écologique liées à ces sujets. Auparavant, elle a été enquêtrice au sein du service société pendant près de dix ans. Elle a débuté sa carrière au *Parisien*, où elle a travaillé au sein des éditions de Seine-et-Marne, de Paris, du Val d'Oise, avant de rejoindre le service enquête du quotidien.

Nathalie MOUTARDE – Journaliste au *Moniteur*

Journaliste, elle est en charge de la rubrique Île-de-France au *Moniteur des Travaux publics* (*Le Moniteur*).

La conseillère de la mission Grand Prix

Ariella MASBOUNGI – Conseillère spéciale, Grand Prix de l'urbanisme 2016

Architecte-urbaniste, elle a été chargée du « Projet urbain » au ministère en charge de l'Urbanisme, où elle a dirigé le Grand Prix de l'urbanisme et les « Ateliers Projet urbain » générant des livres tels *Penser la ville par le paysage*, *Penser la ville par lumière* et enfin *Penser la ville par l'art contemporain*, *Berlin, génie de l'improvisation*. Elle explore des sujets tels « L'énergie au cœur du projet urbain », «territoires oubliés » et à présent « l'urbanisme féministe » au Club Ville-Aménagement où elle dirige les « 5 à 7 » sur des thèmes de société – écologie et économie, ville numérique. Elle a synthétisé son travail dans *Le plaisir de l'urbanisme* à l'occasion du Grand Prix de l'urbanisme qui lui a été décerné en 2016. Parmi ses derniers ouvrages, *La ville pas chiante, alternatives à la ville générique* (avec Antoine Petitjean, 2022), *Les territoires oubliés, un futur désirable* (avec Guillaume Hebert, 2024).

Rapporteurs de la commission technique

Delphine NÉGRIER – Urbaniste-programmiste, Alphaville, Palmarès des Jeunes Urbanistes 2007

Antoine PETITJEAN – Architecte-urbaniste, (APM) &associés, Palmarès des Jeunes Urbanistes 2016

Océane RAGOUCY – Architecte, curatrice indépendante, maîtresse de conférence associée à l'école d'architecture de Paris-MaLaquais (ENSAPM)

Crédits photos

© **Damien Valente / Terra**
p. 4.

La grande majorité des documents des parties 1 à 3 ont été produits par l'agence Laq

© **LAQ**
En particulier (par ordre de lecture) :
Myriam Toulouse : p.14
Pauline Marty : p.47 hg ; p.110
Claire Schorter : 29 b, p.36 ; p.47 hd, hb ; p.54 ; p.59 ; p.60-61 ; p.67 b ; p. 70-71 ; p.72 ; p.130 ; p. 147
Loïe Jacotey : p.89 b
Hélène Guillemot : p.82, p.148-149

À l'exception de :
© **11h45**
p.8-9 ; p.24 ; p.50-51 ; p.64 ; p.75 b ; p.76 ; p.113 b ; p.114-115

© **SAMOA**
p.138-139

© **DW / SPL EURALILLE**
p.28 h

© **DR**
p.32 ; p.33 ; p.54 ; p.116 ; p.146

© **Jean Félix Fayolle**
p.28 b ; p.29 h

© **Quand Même**
p.43

© **Ah bon ? Productions / Katoki Studio**
p.43 b

© **Baptiste Renault**
p.44

© **Raphaël Gabrion / RGA**
p.46 hg

© **Guillaume Lachat / DATA Architectes**
p.46 hd

© **François Dantart**
p.46 b

© **Sylvain Lefeuvre**
p.52

© **Julien Sylvestre**
p.92

© **mrw zeppeline bretagne**
p.94

© **Guillemette Albert**
p.120

© **André Chemetoff**
p.136

© **Sébastien Jarry**
p.137

Partie 4

© **Lilas Ozanne pour Isabelle Baraud-Serfaty**
p.152

© **Isabelle Baraud-Serfaty**, mise en forme par Les Mots Qui Manquent
Toutes les illustrations de la p.152 à la p.167
p.159 – illustrations utilisées au sein du document : © Micaël et Parisencommun, © Simon Boudvin © Boris Transinne, © Michel Desvigne

© **Jean-Pierre Djivannides**
p.172

© **Cécile Septet / Ordre des architectes d'Île-de-France**
p.176 – Colloque du couvent des Récollets

© **Christine Leconte**
p.183 ; p.187

Partie 5

© **DR**
p.202 à 207

© **Etcheverria**
p.204 hg

© **Violette Franchi**
p. 207 bd

Achevé d'imprimer le 13 décembre 2024 sur les presses
de l'imprimerie Sepec à Péronnas
pour le compte des Éditions Parenthèses à Marseille.
Numéro d'imprimeur : 07964241072
Dépôt légal : décembre 2024
Imprimé en Union européenne